全国大学生创新创业通识教育新业态实训教材

Two things make a company great, ideas and the people who have them

可拓创新思维及训练

第2版

主　编　李兴森　张玲玲
副主编　杜青平　刘艳彬　李　莉　熊宗慧
参　编　汤　龙　王　涛　连　菲　徐军军　张浩澜
　　　　袁　平　董翠玲　唐文艳　李绍英

教育部人文社会科学研究项目（18YJAZH049）
和广东工业大学新业态教材项目"可拓创新思维及训练"资助

机械工业出版社
CHINA MACHINE PRESS

本书系统阐述可拓创新思维的原理、方法及其实践应用，比较全面地反映了近 30 年来可拓学与创新方法交叉研究的进展，并根据创新思维培养的发展趋势对一些传统内容做了取舍。

全书以丰富的生动有趣的案例、故事解读、游戏分析与难题破解训练等方式，深入浅出地阐述以流程化、形式化模型产生系统性创意、拓展思维与解决难题的科学方法论，培养大学生创造性学习专业课、考研、求职面试、竞赛等理论性和实用性相结合的可拓创新思维方法。本书每章后面都附有习题，以供读者练习。

本书可作为高等院校各专业本科生和研究生的通识课教材，也可作为企事业单位管理层、科技人员应对不确定性、提高创新能力和解决问题能力的参考用书。

本书一些章节内容在智慧树慕课学习平台有视频讲解及案例解读等学习资料，可扫码进入"趣味可拓学"公开课程学习并参加测试等。

图书在版编目（CIP）数据

可拓创新思维及训练/李兴森，张玲玲主编. —2 版. —北京：机械工业出版社，2024.7

ISBN 978-7-111-75953-9

Ⅰ.①可… Ⅱ.①李… ②张… Ⅲ.①思维训练 Ⅳ.①B80

中国国家版本馆 CIP 数据核字（2024）第 111590 号

机械工业出版社（北京市百万庄大街 22 号　邮政编码 100037）
策划编辑：李万宇　　　　　　责任编辑：李万宇　王春雨
责任校对：贾海霞　宋　安　　封面设计：鞠　杨
责任印制：常天培
北京机工印刷厂有限公司印刷
2024 年 7 月第 2 版第 1 次印刷
170mm×240mm・13.75 印张・208 千字
标准书号：ISBN 978-7-111-75953-9
定价：49.00 元

电话服务　　　　　　　　　　网络服务
客服电话：010-88361066　　　机　工　官　网：www.cmpbook.com
　　　　　010-88379833　　　机　工　官　博：weibo.com/cmp1952
　　　　　010-68326294　　　金　书　网：www.golden-book.com
封底无防伪标均为盗版　　　机工教育服务网：www.cmpedu.com

preface 前言

　　创新创业能力和创意生成能力是高校大学生教育培养的重要目标，是大学生综合素质提升的关键要素。综合利用各类信息和知识生成创意、解决难题是社会急需的核心能力。然而，依赖个人经验与灵感思维进行创新和创意生成具有极大的不确定性和偶然性，互联网大数据时代快速提升创新思维能力急需科学、实用的新方法。

　　国家级有突出贡献专家蔡文研究员历经 30 多年探索，从集合论、辩证逻辑和古往今来大量解决问题的奇谋妙计中，抽象出产生创意的规律，形成了一套研究创新规律、处理难题的新理论、新方法，创立了新学科——可拓学（http://extenics.gdut.edu.cn）。国家最高科技奖获得者吴文俊院士及李幼平院士为主任的鉴定委员会对"可拓论及其应用研究"的成果鉴定指出，它是"一门由我国科学家自己建立的、具有深远价值的原创性学科"。

　　可拓创新思维来自于可拓学的理论与方法体系，它从对事物与问题的基元建模入手，通过形式化、流程化的拓展和变换，产生创新思路和解决矛盾问题的新方向、新路径。任何事物都具有可拓展性，可拓展性是提供思考维度、创新性解决问题的基本特征。把可拓学中处理问题的理论和方法应用于人类思维领域，解决了"怎样提高发散思维的系统性""如何提高思考的信息维度""对创新思维的结果如何评价其系统性和全面性"等问题。可拓创新思维在机械产品设计、建筑设计、营销与策划、知识管理、商业模式创新、人工智能等领域，已经取得了可喜的成效。

　　基于新工科建设及国家创新型人才培养的新形势，以及社会各界对创新思维提升的需求，本书第 2 版内容聚焦智能新时代与和谐创新发展，补充了更多生动有趣的案例、故事等训练可拓创新思维，突破网络信息环境下学生知识爆炸、创新思维缺乏的瓶颈，为大数据环境下的思维拓展与问题解决培养多维度、多粒度、多层次交叉的高阶思维范式。通过日常生活难题的实践训练与解读，读者可进一步掌握可拓创新思维模型与问题拓展的系统方法，掌握可拓变换思维方法，流程化、形式化地产生较为全面的创意，用类似列方程解应用题一样的方法处理矛盾问题，实现从人脑创新到网络信息资源+可拓思维辅助创新的转变。本教材注重在潜移默化中厚植爱国主义情怀，加强品德修养，培养奋斗精神，增强专业学习的兴趣，提高考研、求职面试、竞赛等多方面的创新思维能力、解决问题能力等综合素质。

本书由李兴森、张玲玲任主编，由广东工业大学杜青平教授、浙大宁波理工学院商学院副院长刘艳彬教授、上海对外经贸大学李莉副教授和新疆大学熊宗慧副教授任副主编。参加本书编写的有南京信息工程大学人工智能学院汤龙副教授、北京理工大学王涛副教授、哈尔滨工业大学连菲教授、深圳慧心心理教育服务有限公司徐军军董事长、浙大宁波理工学院张浩澜副教授、浙江万里学院袁平教授、珠海市职业技术学院董翠玲副教授、广东工业大学唐文艳副教授、浙大宁波理工学院李绍英讲师。

广东工业大学可拓学与创新方法研究所蔡文教授和杨春燕教授对本书的编写多次给予指导，杨春燕教授和中国科学院大学、浙江大学、哈尔滨工业大学、浙江工业大学等很多专家学者提供了很好的修改建议，中国科学院大学邢颖、薛博文、彭亦谐、张奕林、王富强参与了资料的收集工作，在此一并致谢。

为给同学们留出足够的自我思考时间，强化训练，提高思维拓展能力和解决问题的能力，本书习题的思考方向、解答提示均未列出，任课老师可联系编者索取课件及习题解答的提示，联系方式为QQ：64787168；手机：1504191585；Email：extenics@vip.163.com；电话：020-39322973；微信搜索上述QQ号添加微信，确认购书读者可拉入微信群：可拓创新思维及训练教学分享。

受编者水平限制，错误在所难免，恳请广大读者不吝指正。

contents 目录

前言

第 1 章 创新思维方法纵览及思维拓展度测试 / 1

  1.1 寻找智慧故事背后的本质规律 / 1
  1.2 思维拓展度测试 / 3
      1.2.1 看看你能想出多少种方法 / 3
      1.2.2 自相矛盾的寓言故事能否自圆其说 / 4
  1.3 创新思维方法纵览 / 4
      1.3.1 创新思维方法溯源 / 5
      1.3.2 主要创新思维方法介绍 / 7
          1.3.2.1 试错法 / 7
          1.3.2.2 头脑风暴法 / 9
          1.3.2.3 "5W2H"法 / 13
          1.3.2.4 TRIZ 发明原理 / 14
          1.3.2.5 仿生创新法 / 18
          1.3.2.6 六项思考帽法 / 21
          1.3.2.7 属性列举法 / 24
          1.3.2.8 "635"法 / 26
          1.3.2.9 综摄法 / 27
          1.3.2.10 信息交合法 / 29
          1.3.2.11 形态分析法 / 31
          1.3.2.12 和田 12 法 / 33
          1.3.2.13 中山正和法 / 35

        1.3.2.14　KJ 法 / 36
        1.3.2.15　水平思考法和垂直思考法 / 38
        1.3.2.16　六西格玛法 / 42
        1.3.2.17　三螺旋创新法 / 45
        1.3.2.18　人工智能背景下的创新思维方法 / 46
    1.3.3　可拓学及可拓创新方法介绍 / 48
思考与训练 / 54

第 2 章　可拓创新思维的理论基础 / 55

2.1　基元理论概述 / 55
2.2　集合论——康托集合、模糊集合和可拓集合 / 56
    2.2.1　康托集合 / 56
    2.2.2　模糊集合 / 57
    2.2.3　可拓集合 / 57
2.3　可拓集合创新的三类变换对象 / 61
    2.3.1　元素 / 62
    2.3.2　准则 / 62
    2.3.3　论域 / 63
2.4　可拓逻辑 / 65
2.5　可拓距 / 66
思考与训练 / 66

第 3 章　可拓创新思维的信息基础及其模型 / 69

3.1　从自然语言到基元模型 / 69
3.2　基元的类型 / 70
    3.2.1　物元 / 70
    3.2.2　事元 / 72
    3.2.3　关系元 / 73
3.3　复杂信息的基元表达——复合元 / 75
3.4　基元库构建的策略 / 78

    3.4.1 大数据环境下的基元库构建 / 78
    3.4.2 TRIZ 理论与基元库构建 / 78
  3.5 基元模型的应用——基元学习法 / 80
  思考与训练 / 82

第 4 章 思维拓展的基本方法 / 86

  4.1 发散树思维方法 / 86
    4.1.1 一对象多征 / 86
    4.1.2 一征多对象 / 87
    4.1.3 一征多值 / 87
    4.1.4 一值多征 / 88
  4.2 特征拓展的共轭分析方法 / 89
    4.2.1 虚实部分析 / 89
    4.2.2 软硬部分析 / 91
    4.2.3 正负部分析 / 93
    4.2.4 潜显部分析 / 95
    4.2.5 资源利用的共轭思维 / 98
  4.3 相关网思维方法 / 103
  4.4 蕴含系思维方法 / 105
  4.5 分合链思维方法 / 107
  思考与训练 / 108

第 5 章 可拓变换思维 / 113

  5.1 可拓变换的分类 / 113
  5.2 可拓变换的基本方法 / 114
    5.2.1 置换变换 / 114
    5.2.2 增删变换 / 116
    5.2.3 扩缩变换 / 117
    5.2.4 组分变换 / 118
    5.2.5 复制变换 / 119

5.3 可拓变换的三类对象 / 122

  5.3.1 元素的基本变换 / 122

  5.3.2 关联准则的基本变换 / 123

  5.3.3 论域的基本变换 / 124

5.4 可拓变换的运算 / 125

  5.4.1 积运算 / 125

  5.4.2 与运算 / 126

  5.4.3 或运算 / 126

  5.4.4 逆运算 / 126

5.5 变换的传导效应 / 127

思考与训练 / 128

第6章 矛盾问题处理 / 135

6.1 矛盾问题的分类与建模 / 135

  6.1.1 矛盾问题的分类 / 135

  6.1.2 不相容问题的模型 / 135

  6.1.3 对立问题的模型 / 136

6.2 解决问题的路径 / 138

  6.2.1 变换条件 / 138

  6.2.2 变换目标 / 139

  6.2.3 同时变换条件和目标 / 140

6.3 解决问题的可拓创新METS四步法 / 141

  6.3.1 基元建模 / 141

  6.3.2 拓展 / 142

  6.3.3 变换 / 143

  6.3.4 优度评价 / 145

6.4 问题的解空间生成路径 / 146

6.5 转换桥思维 / 150

  6.5.1 转换桥的基本原理 / 150

  6.5.2 转换桥中转折部的构造 / 152

6.5.3 转换桥中转换通道的构建 / 155

6.6 识别核问题与真问题 / 158

6.6.1 识别核问题 / 158

6.6.2 识别真问题 / 159

6.6.3 解决问题的基本思路 / 160

思考与训练 / 162

第 7 章 可拓创新思维案例分析与综合训练 / 165

7.1 应用案例分析 / 165

7.1.1 可拓营销策划 / 165

7.1.2 可拓旅游策划 / 173

7.1.3 可拓设计与新产品构思 / 175

7.1.4 人工智能环境下的客户流失预防 / 180

7.1.5 创新能力培养的可拓模式 / 183

7.2 解读故事背后的可拓创新思维 / 186

7.2.1 油篓的玄机 / 186

7.2.2 旧衣服增值的故事 / 187

7.2.3 在免费中盈利上亿元的秘密 / 188

7.3 可拓创新思维综合训练 / 191

7.3.1 资源的可拓利用训练 / 191

7.3.2 个人吉尼斯训练 / 191

7.3.3 营销思维训练 / 192

7.3.4 如何摆脱手机控 / 193

7.3.5 创意设计的可拓思维解读 / 193

7.3.6 古希腊半费诉讼难题的判案 / 195

7.4 可拓思维方法总结 / 196

7.4.1 基元模型化思维 / 196

7.4.2 拓展分析思维 / 198

7.4.3 可拓变换方法 / 199

7.4.4 可拓集合与动态转化思维 / 199

7.4.5 优度评价方法 / 200

7.4.6 可拓思维模式的特点 / 200

思考与训练 / 202

参考文献 / 204

进一步学习的渠道 / 208

后记 / 209

第 1 章
创新思维方法纵览及思维拓展度测试

1.1 寻找智慧故事背后的本质规律

【故事 1-1 草船借箭】

三国时期,周瑜在商议军事时提出让诸葛亮在十天内赶制十万支箭,而诸葛亮却淡定地表示只需三天,并立下了军令状。众人均为他捏了一把汗。诸葛亮却不急于收集军匠打铁造箭,而是请鲁肃帮他借军士、船和草把子,鲁肃疑惑不解。到了第三天,诸葛亮请鲁肃一起去取箭。

这天,大雾漫天,江上连面对面都看不清。天还没亮,诸葛亮下令开船直奔曹营,并让军士擂鼓呐喊。曹操以为东吴联军来进攻,令弓弩手朝来船一齐射箭。船两边的草把子上都被射满了箭(图 1-1)。

诸葛亮下令回师,等曹操发现时已经来不及追了,就这样,十万支箭"借"到了手。

图 1-1 草船借箭示意图

这就是有名的诸葛亮草船借箭的故事。变"造箭"为"借箭"的创新,不仅周瑜,就是今天的人们看了也会感到无比佩服。

【故事 1-2 曹冲称象】

一天,吴国孙权送给曹操一只大象。曹操带领文武百官和小儿子曹冲一同去看。这头大象又高又大,腿有大殿的柱子那么粗,可是它到底有多重呢?

这可怎么称呀?!大臣们想了许多办法,一个个都行不通。

这时,还是个孩子的曹冲说了一个办法(图1-2)。曹操一听连连叫好,吩咐立刻准备称象,然后对大臣们说:"走,咱们到河边看称象去!"

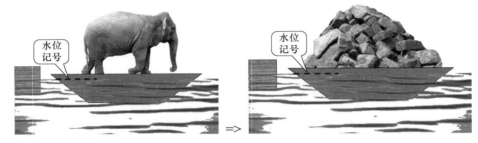

图1-2 曹冲称象示意图

众臣跟随曹操来到河边。河里停着一艘船,曹冲叫人把大象牵到船上,等船身稳定了,在船舷上齐水面的地方做了一个记号。他再叫人把大象牵到岸上来,把大大小小的石头,一块一块地往船上装,船身就一点儿一点儿往下沉。

等船身沉到刚才做的那个记号和水面一样齐了,曹冲就叫人停止装石头。

大臣们刚开始还摸不到头脑,但看到这里,均恍然大悟并连连称赞:"好办法!好办法!"现在谁都明白,只要把船里的石头都称一下,再把全部石头的重量加起来,就知道大象有多重了。

对于曹冲称象这个故事,国家级有突出贡献专家、可拓学创始人蔡文教授培训学员时,经常问这样一个问题,请问曹冲是不是最聪明的?如果有一位更聪明的曹冲在场,他会怎么做?请读者思考,后续有解读。

【故事 1-3 围魏救赵】

公元前353年,魏国国君指派大将庞涓率兵进攻赵国,大军团团围住了赵国的都城邯郸。赵国国君派使者到齐国去求援兵。齐国国君齐威王立刻拜田忌为主将,拜孙膑为军师,一起带兵救援赵国。

田忌想马上到邯郸与魏军大战一场,救赵国脱离困境,可孙膑并没有表示赞同。

孙膑认为,现在魏国出兵攻打赵国,魏国的精兵锐卒一定会开赴邯郸,只剩一些老弱残兵留守国内。如果利用这个机会，袭击他们守备空虚的魏国都城，那样，他们在围攻赵国的大军，必然会赶回相救（图1-3）。这样一来，可以一举解决赵国的危急，同时还叫魏国尝尝我们的厉害！

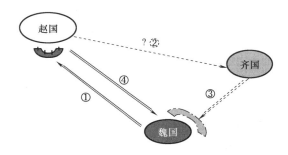

图1-3　围魏救赵示意图

注：①魏国攻打赵国，赵国被围。②赵国向齐国求救。③田、孙商议，直取大梁。
④魏国从赵国退兵，支援大梁，赵国解围。

田忌认为孙膑的话很有道理，便带兵直捣魏国的都城大梁。

齐兵攻打大梁的情报送达魏王，魏王命令庞涓马上从赵国退兵支援大梁，于是赵国之围不战自解。

【故事1-4　司马光砸缸】

有一次，司马光跟小朋友们在院子里一起玩耍。院子里有一口大水缸，一个小伙伴爬到缸沿上玩，一不小心，掉到了缸里，眼看那孩子快要没顶了。小伙伴们都急得边哭边喊并纷纷向大人求救。司马光却急中生智，从地上拾起一块大石头，用力砸向水缸。"砰！"水缸破了，缸里的水流了出来，被淹在水里的小孩也得救了（图1-4）。

试比较上述故事的主要策略，寻找共同点和本质规律。

图1-4　司马光砸缸

1.2　思维拓展度测试

1.2.1　看看你能想出多少种方法

1）一位销售员普通话讲得很不标准，但每次拜访客户都成功签约，这是为什么？可扫码（图1-5）填写。

2）大学毕业生A去宁波工作，月薪9000元，如何在3年内拥有一套自己的房子？

3）有一位初中生的数学考试只考了56分，家长却很高兴地请他吃大餐。对此，你能给出多少合理的解释？可扫码（图1-6）填写。

图1-5　思维拓展测试A

图1-6　思维拓展测试B

也可把想到的方法和理由的关键词写在下面的表1-1里，限时10分钟，写出的理由越多越好。

表1-1　思维拓展度测试表

1	2	3	4
5	6	7	8
9	10	11	12
13	14	15	16
17	18	19	20
21	22	23	24

1.2.2　自相矛盾的寓言故事能否自圆其说

有个卖矛和盾的人，称赞他的盾，"我的盾坚固极了，任何矛都穿不透它。"一会儿又赞美自己的矛，说："我的矛锋利极了，什么盾都能刺穿。"

有人问他："用你的矛来刺你的盾，结果会怎么样呢？"那人便无言以对了。请利用所学的物理、化学、生物学等自然科学知识，帮这个卖矛和盾的人想出3条可自圆其说的且不冲突、不诡辩、不狡辩的解释。

1.3　创新思维方法纵览

创新是指人们为了满足日益增长的需求，利用已有的知识和信息，在不断尝试和发展的过程中，发现或产生某种新颖、独特并且有社会价值或个人价值的新事物、新思想的活动。创新的本质是突破固有思维，打破常规模式，从中探索一种全新的方法。

人们对创新的关注从未停止过。创新是很多书籍、文章、演讲、咨询和奖项的主题。那么，为什么创新确实能够发挥积极作用？为什么创新如此重要？

创新之所以重要，主要出于以下两个基本原因：

1）首先，最重要的一点是，创新是提高民众生活质量的关键所在。现今，不论是作为公司、机构，还是作为国家、社会以及整个地球，人类都面临无数艰巨的挑战，其中绝大多数可以通过创新来解决。目前的创新还不够，远远低于人类能够并且应该达到的水平。

2）其次，创新是社会发展的主要推动力。所有长期保持繁荣和发展的公司或国家，无一不同时也是创新的领导者。

创新的这种根深蒂固的重要性，使得其成为组织领导的要素之一。不仅实验室或大学需要杰出的创新领导者，在企业、立法与政策层面，以及非营利机构的高级管理层也同样需要创新领导者。

1.3.1 创新思维方法溯源

创新方法是指人类在不断探索和发展创新的过程中，依靠不断积累创新经验，将创新过程进行实践、总结以及不断完善、发展之后，总结出一套便于今后再次创新的思想体系和理论方法。其根本作用在于根据一定的科学规律，启发人们的创造性思维，提升人们的创新效率。

一方面，创新的成功不只是突破已有的传统提出新的创意，它更取决于如何充分利用既有的知识和技术，尽可能地去降低形成和实现创意过程中的不确定性。

另一方面，从创新的特点分析，研究创新方法的目的不是寻找保证创新必然发生、必然成功的途径和方法，这是指其研究的重点不在于找到指令性的方法，而在于研究可以提高创新效率的途径。

因此，人类的创新行为包含可组织性以及可设计性等方面的规律。显然，这种可组织性和可设计性并不是否定创新的不确定性，而是在承认其不确定性的前提下，充分利用已有资源和创新方法，对资源进行有效配置的同时，创造特定的社会条件，从而降低创新过程中可能出现的不确定性，最终增大创新成功的概率。

下面首先回顾创新思维方法的历史。

自人类出现以来，可追溯到的创新思维方法为公元4世纪左右的启发法，然后创新思维方法经过不断的探索、发展，逐渐总结出不同的独特体系，各体系的创新理论也随之不断发展。

创新思维方法的发展主要可以分为三个历史阶段：远古研究阶段（公元4—19世纪）、近代研究阶段（20世纪初—20世纪50年代）、现代研究阶段（20世纪 60 年代至今）。

1. 创新思维方法发展的远古研究阶段

创新思维方法发展的远古阶段是指公元 4—19 世纪的启发法，也称为探索法，是人们根据一定的经验，在问题空间内进行搜索，寻求解决问题的经验，从而快速解决目标问题的一种思维方法。人们最早对于已有的生活现象和自然现象存在疑惑，慢慢地开始敢于对现有事物发起猜测质疑。启发法就起源于人们从对事物的不断思考中发现问题，并且选择性地运用大脑中存储的知识提出质疑、发起猜想的过程。启发法的内涵实质上是有根据的推测、直觉的判断或者只是常识。典型的启发法是试错法。

2. 创新思维方法发展的近代研究阶段

创新思维方法发展的近代研究阶段是指 20 世纪初—20 世纪 50 年代，主要的创新思维方法是头脑风暴法、形态分析法、综摄法、"5W2H" 法、检核表法、TRIZ 方法等。

头脑风暴法（Brain Storming，BS）是美国 BBDO 广告公司创始人亚历克斯·奥斯本（Alex Osborn）于 1938 年提出的。它最早是精神病学上的术语，指精神病患者精神错乱的状态，现在则是无限制的自由联想和讨论的代名词。

形态分析法（Morphological Analysis，MA）是瑞士天文学家弗里茨·兹维基（Fritz Zwicky）于 1942 年提出的。它是一种系统化构思和程式化解题的方法，通过将对象各要素所对应的技术形态进行组合，从中寻求创新性设想来进行创新。

综摄法（Synectics Method，SM）是威廉·戈登（William Gordon）于 1944 年提出的，意思将表面上互不相关的各种元素连接在一起。它是一种运用类比进行创新的思维方法，主要思想是"变陌生为熟悉，变熟悉为陌生"。

5W2H 法由美国陆军在第二次世界大战中首创。5W2H 的含义是：Why、What、Where、When、Who、How、How much。人们利用这七个词语进行设问，探寻创新思路，构思设计，实现新的发明创造。

在 5W2H 法的基础上，检核表法逐渐发展起来。最早的检核表法是奥斯本检核表法，其引导性思维源自奥斯本，所以以奥斯本的名字命名。奥斯本在其著作《发挥创造力》一书中介绍了很多激励思维的方法，美国麻省理工学院工程研究室从中选择出 75 个，并归纳为 9 大类问题，编制出"新创意检核用表"，作为提示人们进行创新的工具。人们可以根据检核表上所列的条目逐一分析问题的各个方面。

TRIZ 方法是由苏联发明家根里奇·阿齐舒勒（Genrich S. Altshuller）提出的，是俄文"теории решения изоб ретате льских задач"的英文音译"Teoriya Resheniya Izobreatatelskikh Zadatch"的缩略语，其英文表意全称是 Theory of the

Solution of Inventive Problems（TIPS）。TRIZ 理论核心包括 9 个部分：八大技术系统进化法则、最终理想解（Ideal Final Result，IFR）、40 个发明原理、39 个通用工程参数和矛盾矩阵、物理矛盾和分离原理、物-场模型分析、标准解法、发明问题标准算法（ARIZ）、物理效应库等。

3. 创新思维方法发展的现代研究阶段

创新思维方法发展的现代研究阶段是指从 20 世纪 60 年代至今，主要的创新思维方法有中山正和法、信息交合法、六顶思考帽法、公理化设计法等。

中山正和法简称 NM 法，是日本创造学家中山正和发明的，以巴甫洛夫的高级神经活动学说为基础，他认为人的记忆力分为第一信号系统与第二信号系统。第一信号系统只能反射类似记忆的事物，中山正和称之为"点的记忆"；第二信号系统可用语言表达有条理的记忆，中山正和称之为"线的记忆"。

信息交合法认为，主体对大脑中储存的信息和新接受的信息进行巧妙的系统综合，必然产生新的信息。

六顶思考帽法（Six Thinking Hats）的实质是利用白、绿、红、黑、黄、蓝六种颜色代表不同的思维角色，帮助人们在分析问题的过程中通过变换思维角色进行创新。人们在思考问题的时候运用该方法，能有效地区分感性认识与理性认识，使得思维变得清晰，并针对目标问题进行全方位的剖析。

公理化设计（Axiomatic design，AD）法是指在设计时，以用户需求为出发点，从用户域到功能域，再到物理域，最后到过程域，进行曲折映射，得到四个域各自的层次结构树，从而得到清晰的设计框架和具体的参数、变量。

随着信息技术特别是人工智能技术的快速发展，更多潜在的智能创新思维方法正在不断涌现中。

1.3.2 主要创新思维方法介绍

1.3.2.1 试错法

（1）试错法的概念

试错法是指人们通过自身经历总结出经验，然后依据经验对面临的问题进行不断的尝试，直到尝试出想得到的结果便停止的方法。

试错法最常用的策略为优先试错策略，即在面对问题时，首先尝试成功概率最大的方法，其次再不断地依次尝试相对成功概率较低的方法，直到实验结果达到或接近理想结果为止，如图 1-7 所示。

（2）试错法的特点

试错法的核心是猜测与反驳。这两个步骤既相互孤立，又密切联系、相辅相成。猜测即为人类运用现有知识存储，依照逻辑推理出结果；反驳则是从结果中寻求证实，寻找原因。倘若没有反驳精神而是一味地去猜测，则结果很可

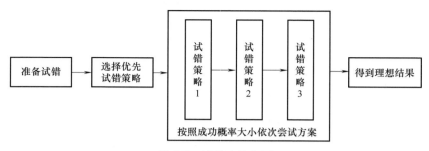

图 1-7 试错法流程图

能出现较大的偏差；倘若一味地去反驳而不注重猜测，则会使人们探索的视野变得狭窄。两者是相互补充的。

　　试错法的第一步即为猜测。猜测行为是人类具有质疑事物发展变化特征的阶段性成果。这种质疑并不是盲目的质疑，并不是对于周围一切人、事、物的质疑，而是为了发现我们所关注领域内的问题，从而由发现问题、优化问题，到解决问题。这整个过程离不开人类的认识。一方面，认识需要通过人类平时生产劳动中的大量实践活动映射出来，形成一种规律的、能被人类所认知的抽象思维；另一方面，随着人类的不断发展，把已有的实践经验总结成理论，使后人能直接学习变成知识存储，从而提高认识事物的效率。所以，质疑一定是人们在相关领域中将先前学习到的脑内存储知识结合具体的实践之后，才能够有方向地进行猜测。

　　反驳为试错法的第二步。在猜测的过程之中，人类需要从结果中去验证效果，这样就需要从批判的角度去改正猜测思路，从而在反驳中继续猜测。反驳是试错法的目的，即要排除错误，避免在下次思维中踏入死循环。因此，反驳是一种"从错误中学习"的方法。没有错误，人类就无法前进，科学也无法发展。生活中的每项方针、政策，都是在吸取以前经验的基础上制定的；科学的重大发现也是在无数次发生错误、排除错误，再发生错误、再排除错误的无限交替中实现的。

【案例 1-1　桑代克饿猫迷笼实验】

　　桑代克著名的试错法实验，是研究一只饥饿的猫如何通过试错从笼子里逃脱出来并取得食物。

　　桑代克首先把一只饥饿的猫放在一个封闭的笼子里，笼子外摆着一盘可望而不可即的食物。如果笼子里面的一个杠杆被碰到的话，那么笼子的门就能开启。重复此实验，当猫出来时再放回笼子，统计猫每次碰到杠杆所需要的时间，包括猫出现乱碰的现象。

实验阶段：起初猫在笼子里乱窜，并用爪子在笼子里乱抓。如果猫碰到那个杠杆，门就会打开。随着猫一次次地实验之后，有趣的现象发生了：当猫刚被重新放回笼子的时候，它还是像先前那样在笼子里动来动去，但是渐渐地，猫好像领会了门是通过那个杠杆才开启的。于是，随着实验次数的增加，猫开门所需时间不断缩短。最终，当它再被放回笼子里的时候，它就会直接去碰那个杠杆并逃离笼子。

1.3.2.2 头脑风暴法

（1）头脑风暴法的概念

头脑风暴法就是通过会议的形式，让所有参加者在自由愉快、畅所欲言的气氛中，自由提出想法或点子，并以此相互启发、相互激励、引起联想、产生共振和连锁反应，从而诱发更多的创意及灵感。头脑风暴法的基本原则：注重数量，禁止批评，鼓励奇思妙想，组合和改进设想。

头脑风暴法又称智力激励法。奥斯本最初将此法用于创造广告的新花样上，总结成著作《思考的方法》和《创新性想象》后，经世界各国创造学研究者的实践和发展，至今已经形成了一个发明技法群，如奥斯本智力激励法、默写式智力激励法、卡片式智力激励法等。

（2）头脑风暴法的流程

运用头脑风暴法分为三个阶段，分别为准备阶段、头脑风暴阶段、评价选择阶段，如图1-8所示。

1）准备阶段：

① 选定基本议题。

② 选定参加者（一般不超过10名），并挑选记录员1名。

③ 确定会议时间和场所。

④ 准备好海报纸、记录笔等记录工具。

⑤ 布置场所，将海报纸（大白纸）贴于黑板上；座位的安排以"凹"字形为佳。

⑥ 会议主持人应掌握头脑风暴法的一切细节问题，应彻底了解该方法的基本原则、实施要点等。

2）头脑风暴阶段：

① 召开智力激励会议，主持人首先必须向参加者简介该方法大意、应注意的问题，如基本原则。

② 让与会人员畅所欲言。

③ 记录员记录参加者激发出的灵感。

④ 结束会议。

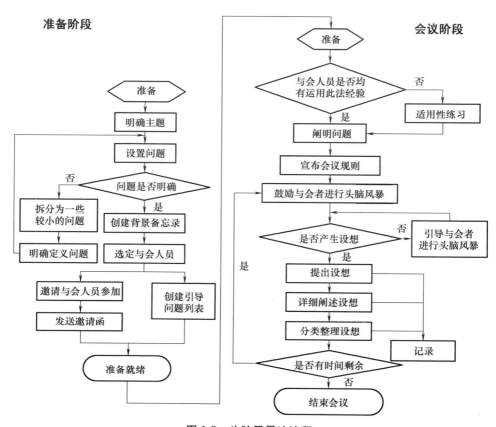

图 1-8　头脑风暴法流程

3）评价选择阶段：
① 将会议记录整理分类后展示给参加者。
② 从效果和可行性两个方面评价各个点子。
③ 选择最合适的点子，尽可能采用会议中激发出来的点子。
（3）头脑风暴的特点

头脑风暴法旨在为人们营造一种宽松的环境，最大限度地激发人的创造力，使人们相互启发，提出大量的创新性设想，从而获得问题的解决方案。但是，由于其时间成本较高，并且效果的好坏很大程度上依赖于会议召集者的引导，所以该方法不太适合解决一般性的问题，主要针对的是需要探索创新性解决方案，并且需要获得相关的大量设想的特殊问题。头脑风暴法的主要特点如下：

1）自由思考。即要求与会者尽可能解放思想，无拘无束地思考问题并畅所欲言，不必顾虑自己的想法或说法是否"离经叛道"或"荒唐可笑"，不准参加者私下交流，以免打断别人的思维活动。

2）延迟评判。禁止与会者在会上对他人的设想评头论足，排除评论性的判断。至于对设想的评判，留在会后进行。

3）以量求质。鼓励与会者尽可能多地提出设想，以大量的设想来保证质量较高的设想的存在，即设想多多益善。

4）组合改善。鼓励与会者积极进行智力互补，善于利用别人的思想开拓自己的思路，在增加自己提出设想数量的同时，注意思考如何把两个或更多的设想组合成另一个更完善的设想。

（4）头脑风暴法的改进

虽然许多研究表明，群体互动头脑风暴法相比单独思考提出的设想数量少，但在企业中群体头脑风暴法仍被普遍采用。许多个体认为他们在群体中会比自己单独时产生更多的观点，甚至认为他们以群体方式思考更有效率。鉴于人们的执着、研究者的不断努力，人们这些年来在典型头脑风暴法基础上做出了一些改进，开发出了一些新的产生设想的方法，并对它们的有效性做了大量的研究。

1）德尔菲法。传统的头脑风暴法有一些缺点，例如，易受权威的影响而不利于充分发表意见，易受表达能力和心理因素的影响而容易随大流。为发扬优点、克服缺点，美国兰德公司做出了改进，把专家会议改为专家函询。专家由主持预测的单位挑选，人数视预测课题大小而定，一般问题可安排20人左右，与专家建立直接的联系，而联系的主要方式是函询。通过函询收集专家意见并加以综合，整理后再匿名反馈给各位专家即再次征询意见。这样反复经过3~5轮，逐步使专家意见趋向一致，可以作为最后的预测意见。德尔菲法有匿名性、轮回反馈沟通情况、以统计方法处理征询结果三个特点。它可以对未来发展中可能出现或期待出现的前景做出概率估价，为决策者提供多种方案选择的可能性。

2）名义群体法。名义群体法的做法是在决策制定过程中限制参与者讨论，就像参加传统会议一样群体成员必须出席，但他们必须独立思考问题。名义群体法遵循以下步骤（罗宾斯，1997）：①成员集合成一个群体，在进行任何讨论之前，每个成员独立地写下对问题的看法；②经过一段时间沉默后，首先每个成员将自己的想法提交给群体，然后一个接一个地向大家说明自己的想法，直到每个人的想法都表述完毕并记录下来为止（通常记在小黑板或活动挂图上），在所有的想法都记录下来之前不进行讨论；③群体开始讨论，以便把每个想法弄清楚并做出评价；④每一个群体成员独立地把各种想法排出次序，最后的决策是综合排序最高的想法。名义群体法的主要优点是允许群体成员正式地聚在一起但又不像互动群体那样限制个体的思维，因而适合需要较复杂的独立思维的情境。

3）电子头脑风暴（Electronic Brain Storming，EBS）法。电子头脑风暴法是在头脑风暴法中采用新技术。它用网络连接的计算机使得群体成员产生的观点可以从一个成员的计算机上输入，并且显示在群体其他成员的计算机显示屏上。观点采用匿名的方式输入并且可以同时进行；成员通过观看计算机显示屏知晓他人的观点；同时对成员的输入进行在线记录，使个体成员的观点随时备查，减少了信息超载和记忆障碍。对群体电子头脑风暴法的研究表明，使用电子头脑风暴法的群体能够比使用口头头脑风暴法的群体产生更多的观点，而且和个体单独思考相比，使用电子头脑风暴法的群体产生的观点质量有过之而无不及。电子头脑风暴法兼具互动群体与名义群体的优点。电子头脑风暴法小组所产生的设想的数量随着小组规模的增大而变大，但传统的头脑风暴法小组并不会这样。

【案例1-2 积雪影响通信的问题】

有一年，美国北方格外严寒，大雪纷飞，电线上积满冰雪，大跨度的电线常被积雪压断，严重影响通信。过去，许多人试图解决这一问题，但都未能如愿以偿。后来，电信公司经理应用奥斯本发明的头脑风暴法，尝试解决这一难题。他召开了一种能让头脑"卷起风暴"的座谈会，参加会议的是不同专业的技术人员，要求他们必须遵守头脑风暴法的基本原则。

按照会议规则，大家七嘴八舌地议论开来。有人提出设计一种专用的电线清雪机；有人想到用电热来融化冰雪；也有人建议用振荡技术来清除积雪；还有人提出能否带上几把大扫帚，乘坐直升机去扫电线上的积雪。对于这种"坐飞机扫雪"的设想，大家尽管心里觉得滑稽可笑，但在会上也无人提出批评。相反，有一位工程师在百思不得其解时，听到"坐飞机扫雪"的想法后，大脑突然受到冲击，一种简单可行且高效率的清雪方法冒了出来。他想，每当大雪过后，出动直升机沿积雪严重的电线飞行，依靠高速旋转的螺旋桨即可将电线上的积雪迅速扇落。他马上提出"用直升机扇雪"的新设想，顿时又引起其他与会者的联想，有关用飞机除雪的主意一下子又多了七八条。不到一小时，与会的10名技术人员共提出90多条新设想。

会后，公司组织专家对设想进行分类论证。专家们认为设计专用清雪机，采用电热或电磁振荡等方法清除电线上的积雪，在技术上虽然可行，但研制费用大，周期长，一时难以见效。那种因"坐飞机扫雪"激发出来的几种设想，倒是大胆的新方案，如果可行，将是既简单又高效的好办法。经过现场试验，发现用直升机扇雪真的能奏效，一个久悬未决的难题，终于用头脑风暴法得到了巧妙的解决。

1.3.2.3 "5W2H"法

(1) "5W2H"法的概念

"5W2H"法是由美国陆军部队所创立的,分别从 Why、What、Where、When、Who、How、How much 7 个角度去思考问题。它广泛用于企业管理和技术创造,对于决策和执行性的活动也很有帮助,有助于弥补考虑问题的疏漏。

"5W2H"法的 7 个角度分别为:

① When(时间)。什么时间做,什么时候开始,什么时候结束,需要多长时间等。

② Where(地点)。在哪儿做,在什么地方开始,在什么地方结束等。

③ Who(人物)。谁来做,谁是主管,谁是监督,谁是员工等。

④ What(是什么)。工作的内容是什么,要做什么,要准备什么等。

⑤ Why(为什么)。为什么要做,为什么要采用这种办法做,为什么结果是这样等。

⑥ How(如何做)。怎么做,怎么实施,怎么分配等。

⑦ How much(成本多少)。成本是多少,开销是否接受等。

(2) "5W2H"法的特点

这种方法主要是从一个问题的 7 个角度去分析考量,发现其不足,再经过不断完善,直至最后全部解决为止。如果现有的创新方法思路已经经过 7 个角度的评估并且合格再无漏洞,便认为这一方法可取。如果 7 个角度中存在任何一个令人不是特别满意的地方,则表示这方面还尚有改进余地。假如某一角度的方法思路具有独创特点,则可以扩大这方面的效用。

"5W2H"法简单,易于理解,富有启发意义,应用于技术创新、企业管理、广告营销策划等领域,对决策和执行性的活动措施也非常有帮助,还有助于弥补考虑问题的疏漏。

【案例 1-3 笔记本电脑用户购买行为分析】

笔记本电脑公司为了扩大营销,赚取销售额,雇用市场调研公司开展调研工作,已经拿到了一部分数据。结合数据情况,再采用"5W2H"法来研究用户行为,做出决策。

经过调查研究,购买笔记本电脑的最大人群为在读高校大学生,因此根据高校大学生常选择的笔记本电脑品牌进行分析,得出高校大学生更加倾向于购买一线品牌产品。从购买笔记本电脑的原因来看,主要是追求笔记本电脑卓越的可移动性及无线上网功能;从笔记本电脑购买的用途来看,一半以上大学生是用于一般娱乐、游戏,少部分是用于学习和编程。

进一步用"5W2H"法分析如下：
- Why：笔记本电脑一直受消费者青睐，尤其是以大学生为主，所以市场定位为大学生并进行策划。
- What：大学生需求的笔记本电脑主要以大型游戏、高清电影、配置高的用户体验为主。
- Where：从笔记本电脑性能、价位、适合人群入手，即针对大学生策划性能高、价格适中的笔记本电脑。
- When：避开新笔记本电脑上市高峰，在大学生开学前推出新产品。
- Who：由 IT 公司来研究、策划、制定此次方案，并计划推出新产品。
- How：将已有的研发重心转移到如何平衡高性能和适中价格的工作中。
- How much：考虑外观简洁、性能更强、易于清洁、舒适度较高、价格适中的成本预算。

基于以上分析，得出以下结论：理性消费是主流，价格、质量和潮流是吸引大学生消费的主要因素。在实际消费过程中，讲求实际、理性消费仍是当前大学生的主要消费观念。他们追求商品的使用价值，关注商品的质量，而对外表不是十分挑剔，只要实用就行。此种心理在当代大学生消费群体中最具有普遍性和代表性。由于消费能力有限，大多数大学生在购物消费时十分谨慎，力求物有所值，注重商品的实用性、质量的可靠性及商品价格。

1.3.2.4　TRIZ 发明原理

（1）TRIZ 发明原理的概念

从 1946 年开始，根里奇·阿奇舒勒（G. S. Altshuller）带领一批学者在研究了 250 万份发明专利后，得出一个惊人的结论：人们解决技术问题的方法很多是重复的。阿奇舒勒一共总结出 40 种最常用的方法，并起名为 40 个创新原理，随后提出了一套具有完整体系的发明问题解决理论和方法——TRIZ。整个 TRIZ 理论体系的内容分为术语、工具、算法三大部分，各部分主要内容的构成如图 1-9 所示。

TRIZ 理论核心包括 9 个部分：八大技术系统进化法则、最终理想解（Ideal Final Result，IFR）、40 个发明原理、39 个通用工程参数和矛盾矩阵、物理矛盾和分离原理、物-场模型分析、标准解法、发明问题标准算法（ARIZ）、物理效应库。

（2）TRIZ 的解决问题流程

在利用 TRIZ 解决问题的过程中，设计者首先将待设计的产品表达成 TRIZ 问题，然后利用 TRIZ 中的工具，如 40 个发明原理、76 个发明问题的标准解法等，求出该 TRIZ 问题的普适解或称模拟解，最后设计者再把该解转化为领域的解或特解，如图 1-10 所示。

第 1 章 创新思维方法纵览及思维拓展度测试

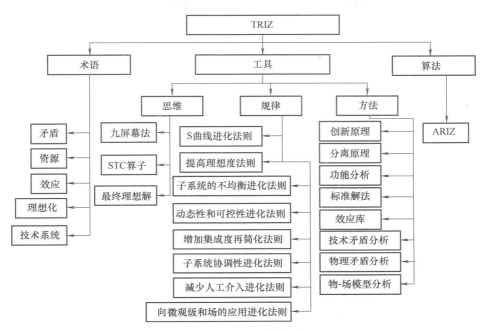

图 1-9 TRIZ 理论体系

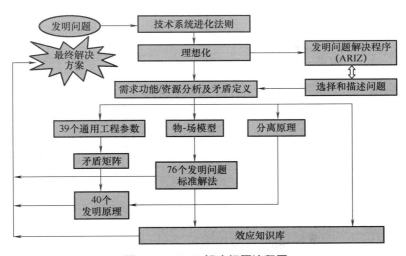

图 1-10 TRIZ 解决问题流程图

TRIZ 的核心是技术进化原理。按照这一原理，技术系统一直处于进化之中，解决冲突是其进化的推动力。进化速度随技术系统一般冲突的解决而降低，使其产生突变的唯一方法是解决阻碍其进化的深层次冲突。阿奇舒勒依据世界上的著名发明，研究出消除冲突的基于知识的逻辑方法，这些方法包括发明原理、

15

发明问题解决算法及标准解。

（3）TRIZ 的特点

通过对大量专利的分析，阿奇舒勒得出了 TRIZ 中最核心的三个思想：

1）类似的问题与解在不同的工业及科学领域交替出现。

2）技术系统进化的模式在不同的工程及科学领域交替出现。

3）创新所依据的科学原理往往属于其他领域。

TRIZ 理论创新方法实质上是依赖于逻辑推理规律来揭示事物之间的相互关系，并借助创新思维，将这种规律应用到变革或创造新事物上来，因而属于推理型创新方法。与前述其他创新方法不同的是，TRIZ 理论创新方法是建立在强有力的理论基础之上的一种创新方法，而且其创新的力量来自于创新的规则，能够有效地指导创新活动。因此，它受到社会各界越来越多的重视，不仅仅在技术领域得到广泛关注和应用，现在还逐步向自然科学、社会科学、管理科学、生物科学等领域发展。

相比传统的创新方法，比如试错法，头脑风暴法等，TRIZ 具有鲜明的特点和优势。它成功地揭示了创造发明的内在规律和原理，着力于澄清和强调系统中存在的矛盾。而不是逃避矛盾。其目标是完全解决矛盾，获得最终的理想解，而不是采取折中或者妥协的做法，而且它是基于技术的发展演化规律研究整个设计与开发过程，而不再是随机的行为。实践证明，运用 TRIZ，可大大地加快创造发明的进程，而且能得到高质量的创新产品。

（4）TRIZ 发明原理案例

【案例 1-4　分割挖掘机长柄勺唇缘】

挖掘机长柄勺唇缘是由一块硬钢成形的。如果唇缘上某部分磨损或损坏，就必须更换整个唇缘。这是一个极其耗费劳动力和时间的工作，会导致挖掘机停机怠工。提议用分割原理，使长柄勺的唇缘更耐用，可以将唇缘分割成单独、可分离的部分。当某一部分损坏或磨损，可以快速且容易地更换，如图 1-11 所示。

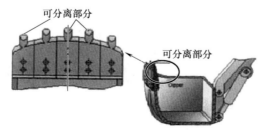

图 1-11　挖掘机长柄勺分离

分割原理:
1) 将一个物体分解成互相独立的部分。
2) 使物体容易分解。
3) 提高物体的分解度。

【案例1-5 牵引式人造卫星】

讨论能否使同一艘太空船在几个位置进行空间探索。

结合TRIZ,用分离/拆分原则改善太空船资源的使用。将太空船(带有推进系统)定位到某特定轨道。从母船中发射出一颗受缆绳牵引的人造卫星,这样就可以通过缆绳将人造卫星定位在二级轨道上。此时,对一艘太空船可以同时进行更多研究,如图1-12所示。

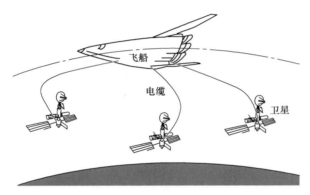

图1-12 牵引式人造卫星

分离/拆分原则:从物体中分离出"多余或妨碍"的部件(或性质),或是挑选出物体中必要的部件(或性质)。

【案例1-6 飞机发动机整流罩的改造】

为了采用功率更大的发动机,需要有更多的空气进入发动机,因而必须使发动机整流罩的直径增大,但它与地面的距离减小了,严重地影响了飞机的安全。利用TRIZ首先发现问题,分析出"运动物体的面积"(希望改善的技术特性)和"运动物体的尺寸"(恶化的技术特性)是该系统中发生冲突的两个参数。

通过参考39个通用工程参数中的运动物体的长度和运动物体的面积,进而从30个原理中过滤出最接近的4个原理方法的解决方案,分别是原理14-曲面化原理、原理15-动态化原理、原理18-振动原理、原理4-不对称原理。

其中，原理 14-曲面化原理为：
1）以曲线取代线性，以曲面取代平面，以球体取代立方体。
2）使用滚筒、球、螺旋。
3）以旋转运动取代线性运动，利用离心力。
原理 4-不对称原理为：
1）以非对称形式替代对称形式。
2）如果对象已经是非对称的，增加其非对称的程度。
通过比较分析，采用创新原理 4-不对称原理，将整流罩改为不对称形状，从而增大了整流罩与地面间的距离，保证了飞机的安全，如图 1-13 所示。

图 1-13　不对称的飞机发动机整流罩

1.3.2.5　仿生创新法

（1）仿生创新法的概念

仿生创新法是在两种条件的不断成熟下产生的：一种条件是人类科技取得了一定的研究成果，在科技与经济相结合之下，人们对绿色消费的需求日益上涨；另一种条件是人类已经从自然界生物的研究中取得了卓越的进步，从而更加激励人们从事自然界生物方面的研究。在以上两点的基础之上，人类开始不断摸索，探讨是否能将目前解决不了的问题结合自然界生物以寻求答案，又或者能否从自然界生物中获取灵感，从而继续为现有的人类进行科技研发。最简单的例子如人类观察自然界中青蛙的游泳方式，从而模仿将其应用在了人身上，使人类学会了蛙泳。

（2）仿生创新法的流程

仿生即通过对自然界生物的观察、分析，从而得到启发，创造出对人类问题的新的解决方案。仿生创新法是指在优先仿照自然界的原则下，寻求社会需求导向，通过观察、研究和模拟自然界生物各种特殊本领，从而为技术发明、产品设计提供新的思想，并能产生实际效益的科学方法。仿生创新法流程如图 1-14 所示。

在研究仿生创新的过程中，首先要以模仿生物优先为原则。其次要寻求社会的需求导向，即创新工作要在一定的目的下完成，而不是盲目创新。再次，

第1章 创新思维方法纵览及思维拓展度测试

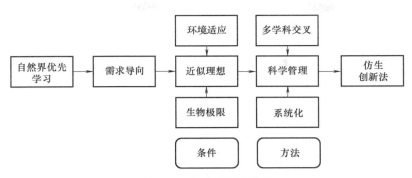

图 1-14 仿生创新法流程

要满足与环境相适应、与理想状态相近似以及考虑生物极限的条件。即创新方向与环境相适应,找到具有一定类比条件的生物进行创新,做出具有针对性的选择。在仿生创新工作中,不可能做到与自然界中的生物做到机理、功能完全匹配,只要有部分满足或达到一定的效果,与理想状态近似即可。最后,要考虑到生物的极限状态,因为每种生物生存的环境不同,其功能存在特殊性,在模仿过程中切勿生搬硬套,应研究其适用条件。在满足仿生创新的条件后,通过系统研究、学科交叉运用以及科学管理方法来进一步高效地研究仿生创新法。

(3) 仿生创新法案例

【案例 1-7 甲壳虫引发的新创意】

撒哈拉森林计划(图 1-15)是卡塔尔研究的一项利用温差解决灌溉的绿化计划,意在将世界上最不适合居住的沙漠区域变为一片繁茂而高产的绿洲。

图 1-15 撒哈拉森林计划——来自甲壳虫的灵感

整个计划将花费约522.48万美元,在1万m^2沙漠中建造聚光太阳能发电厂、海水温室、晒盐池、水藻收集装置、植物室外区和岩土植物耕种区等。虽然听起来不可置信,但是这个项目已经通过了计划阶段,并且已经在局部干旱地区执行落实,而且已经取得了不小的成绩。

这个项目中的一个核心组成部分,是从一种名为纳米布沙漠甲虫的小甲壳虫获得水分的奇特方式中得来的灵感。白天,这种甲壳虫的黑色外壳会吸收热量;晚上,它的体温会急剧下降,变得比周围物体更加低一些。这种温度差异会使水汽凝结在甲壳虫的硬壳上,形成小水滴。每天早上,这种甲壳虫都会饮用这些小水滴。

在自然环境中,类似甲壳虫获取水分的过程,海水经过太阳光照射蒸发到空中,遇冷凝结成云,再变成雨落到大地。"海水温室"就模仿这一过程:人们通过太阳能产生的动力,把地下200m深处的水抽到地表。在炎热阳光作用下,这些地下水会蒸发。科学家用经过巧妙设计的围篱,在地表冷却水蒸气,让"绿洲"保持适宜植物生长的温度。经过冷却的空气在"绿洲"内流动时,会遇到装有冷冽地下水的管子,遇冷液化,如雨般落在地表。这样,"绿洲"中的植物将有源源不断的水源滋养。

【案例1-8 像鲨鱼那样对抗细菌】

很多鲸类和海牛身上会长出藻类甚至藤壶,但是不知道你注意过没有,鲨鱼的身上却从来不会出现这种情况。这似乎得益于鲨鱼身上有一种被称为"盾鳞"的结构。这是一种软骨鱼类特有的结构,与牙齿结构近似,由表皮和真皮共同形成鳞片,这也是鲨鱼的皮肤摸上去非常粗糙的原因,如图1-16所示。

科学家们受到鲨鱼皮肤的构造启发,设计了一种被称为"鲨鱼"的表面结构。这种表面结构本身不需要借助任何其他手段,其本身就可以阻止细菌在其表面生长。一家名为"鲨鱼技术"的公司已经将这种仿生技术

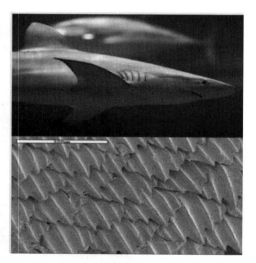

图1-16 利用鲨鱼皮技术进行防菌创新

的贴膜销售给许多需要防菌的用户,并生产了一些有价值的新型产品,如不会被细菌感染的导尿管等。

1.3.2.6　六项思考帽法

（1）六项思考帽法的概念

六项思考帽法是英国学者爱德华·德·博诺博士开发的一种思维训练模式，或者说是一个全面思考问题的模型。六项思考帽的思维方法是对过去230多年来人类思维方法最重大的变革。思考时应让自己的大脑保持清醒的意识，当遇到问题时，能够快速地思索，从而用更好的办法去解决问题。

六项思考帽法的实质是利用白、绿、红、黑、黄、蓝六种颜色的帽子代表不同的人员所扮演的思维角色，帮助人们在分析问题的过程中通过变换思维角色进行创新。运用本方法，人们在思考问题的时候，能有效地区分感性认识与理性认识，使思路变得清晰，并针对目标问题进行全方位的剖析。

（2）六项思考帽所代表的含义

1）白色思考帽。白色是中立而客观的，代表信息、事实和数据。努力发现信息和增强信息资料是思维的关键。使用白帽思维时，应将注意力集中在平行排列的信息上，要牢记三个问题：我们现在有什么信息？我们还需要什么信息？我们怎么得到所需要的信息？这些信息的种类既包括确凿的事实、需要验证的问题，也包括坊间的传闻以及个人的观点等。如果出现了意见不一致的情况，可以简单地将不同的观点平行排列在一起。如果这个有冲突的问题尤其重要，也可以稍后对它进行检验。

思考的真谛：白帽思维可以帮助你做到客观地提出事实和数据；要求尽可能接近事实本身，用最精确的语言中立、客观地描述事实，而不能加上自己的主观想象和解释。极端地说，在用白帽思考法的时候，要求一个人暂时放下主观判断的能力。白帽的问题是"客观数据和事实是什么"。

2）黄色思考帽。黄色代表阳光和乐观，代表事物合乎逻辑性、积极性的一面。黄帽思维追求的是利益和价值，是寻求解决问题的可能性。在使用黄帽思维时，要时刻想到以下问题：有哪些积极因素？存在哪些有价值的方面？这个理念有没有什么特别吸引人的地方？这样可行吗？

思考的真谛：通过黄帽思维的帮助，可以让我们做到深思熟虑，强化创造性方法和新的思维方向。说明一个主意是有价值的或者是可行的，必须给出理由，而黄帽的问题是"优点是什么"或"利益是什么"。

3）黑色思考帽。黑色是逻辑上的否定，象征着谨慎、批评以及对于风险的评估。使用黑帽思维的主要目的有两个：发现缺点，做出评价。思考中有什么错误？这件事可能的结果是什么？黑帽思维有许多检查的功能，可以用来检查证据、逻辑、可能性、影响、适用性和缺点。

思考的真谛：通过黑帽思维，可以让你做出最佳决策；指出遇到的困难；对所有的问题给出合乎逻辑的理由。特别是用在黄帽思维之后，黑帽思维是一个强效有力的评估工具。在绿帽思维之前使用黑帽思维，可以提供改进和解决问题的方法。总而言之，黑帽问的是"哪里有问题"。

4）红色思考帽。红色如火焰，使人想到热烈与情绪。是对某种事物或某种观点的预感、直觉和印象。红帽思维既不是事实思考也不是逻辑思考。与不偏不倚的、客观的、不带感情色彩的白帽思维相反，红帽思维就像一面镜子，反射人们内心的一切感受。

思考的真谛：使用红帽思维时，无须给出证明，无须提出理由和根据。红帽思维可以帮你做到：你的情感与直觉是什么样，你就怎么样将它们表达出来。在使用红帽思维时，将思考时间限制在 30s 内就要给出答案。红帽的问题是："我对此的感觉是什么"。

5）绿色思考帽。绿色是有生命的颜色，是充满生机的。绿帽思维不需要以逻辑性为基础，允许人们做出多种假设。使用绿帽思维时，要时刻想到下列问题：我们还有其他方法来做这件事吗？我们还能做其他什么事情吗？有什么可能发生的事情吗？什么方法可以克服我们遇到的困难？绿帽思维可以帮助寻求新方案和备选方案，修改和去除现存方法的错误，为创造性的尝试提供时间和空间。

思考的真谛：绿帽思维激发行动的指导思想，提出解释，预言结果和新的设计。绿帽思维用于寻找各种可供选择的方案以及新颖的念头。用一句话来说，与绿帽思维密切相关的就是"可能性"。"可能性"也许可当作思维领域中最重要的一个词语，它包括了在科学领域使用假设的工具。可能性为人类感知的形成、观点与信息的排列提供了一个框架，包括了不确定性的存在，也允许想象力的发挥。绿帽的问题是："我们有什么样的新想法"。

6）蓝色思考帽。蓝色是天空的颜色，有纵观全局的气概。蓝帽思维是"控制帽"，即掌握思维过程本身，被视为"过程控制"。蓝帽思维常在思维的开始、中间和结束时使用。我们能够用蓝帽来定义目的、制定思维计划，观察和得出结论，决定下一步。使用蓝帽思维时，要时刻想到：我们的议程是怎样的？我们下一步怎么办？我们现在使用的是哪一顶帽子？我们怎样总结现有的讨论？我们的决定是什么？

思考的真谛：蓝帽思维可以让你发挥思维促进者的作用；集中和再次集中思考；处理对特殊种类思考的需求；指出不合适的意见；按需要对思考进行总结；促进团队做出决策。用蓝帽提问的是："需要什么样的思维""下一步是什么""已经做了什么思维"。人们往往不知道什么时候该戴哪顶帽子。一个团队的成员常常在同一时刻戴着不同颜色的帽子，因此导致人们的大量思想混乱，相互争吵和错误的决策。

（3）六顶思考帽法的步骤

1）明确要沟通的目的。在这个过程中，你要了解沟通的对象，以及沟通对象的问题：是要帮助他解决一个问题，还是想建议他采取一项行动，或者是要在销售中完成成交的动作。也就是说，有一个问题界定的过程。

2）建立六帽序列。根据你的目的以及最终要达到的结果来设计六帽序列。换句话说，一切以结果为导向，六帽设计好坏的前提是对六帽中的每一帽都有深刻的认知。

首先戴上白色的中立帽子陈述问题；再戴上绿色的活力帽子提出设想方案；然后戴上黄色的正面帽子列举目标事物的优点；接着戴上黑色的负面帽子列举目标事物的缺点；继而戴上红色的评判帽子对所提出的设想进行评判；最后戴上蓝色的指挥帽子筛选方案。

3）六帽序列之问题转化。将对六帽的认知，通过问题很自然地流露出来，而且最好能让对方感觉不到你在使用技巧。六帽只是告诉了你一个思维方向，提什么样的问题、如何提，全看你个人的能力。

4）开始使用，有效倾听。当熟悉了以上步骤之后，就可以使用六项思考帽法了。六项思考帽法的使用范围很广，因为它是一种沟通术。要知道在当今社会中，沟通可谓无处不在。在这里，你还可以采用一些在沟通中建立信赖感的技巧，比如有效倾听、适度赞美和肯定。通过使用六项思考帽法，你将获得极大的信息量，并感到无限的乐趣和成就感。

5）纠偏，深度沟通。在发问的过程中，对方未必能完整地给出你要的答案，而沟通应以结果为导向，应通过重复发问来达到纠偏的目的。只有通过不断的提问与纠偏，沟通目的才更容易达成。

六项思考帽思维方法使人们将思考的不同方面分开，这样可以依次对问题的不同侧面给予足够的重视和充分的考虑。就像彩色打印机，先将各种颜色分解成基本色，然后将每种基本色彩打印在相同的纸上，就会得到彩色的打印结果。同理，对思维模式进行分解，然后按照每一种思维模式对同一事物进行思考，最终就能得到全方位的"彩色"思考。

【案例 1-9 六项思考帽法在讨论式教学法中的应用】

1）讨论式教学的学生参与广度不够，讨论为少数学生所把持。学生之间的差异是客观存在的，在讨论中，必然会有"活跃者"和"沉默者"。

2）小组讨论的组织效率低。小组讨论时，有些学生只顾发表自己的看法和见解，不认真听取他人的意见，甚至有时少数同学的讨论变为个人攻击；而有些学生很少有发表意见和提出问题的机会。

3）讨论离题。在课堂讨论活动中，教师往往放手让学生构建自己的学习目标，但有时会出现这些现象：随着讨论团体的兴趣发生变化，学习目标也发生变化；讨论团体的目标一开始就偏离教师所设想的目标；团体中个别学生的发言触及目标之外的学习内容，导致群体成员注意力转移、团体目标发生变化等。

4）讨论不充分，不深入。"形式主义""走过场"是课堂讨论中最突出的问题之一，即讨论问题时，学生不能充分表达自己的意见和看法，讨论问题不够深入。

以上问题在讨论式教学法的实践运用中常常出现，而六顶思考帽法为人们提供了一些解决的思路。它在讨论式教学法中的应用为其开辟了新的道路。

假如一个人需要考虑某一个任务计划，那么有两种状况是他最不愿面对的：一种是头脑之中一片空白，不知道从何开始；另一种是头脑混乱，过多的想法交织在一起造成思维的淤塞。六顶思考帽法可以帮助他设计一个思考提纲，按照一定的次序思考下去。它只能允许思考者在同一时间内只做一件事情。思考者要学会将逻辑与情感、创造与信息等区分开来。

六顶思考帽法限定了思考的界限和范围，人们在同一时间只讨论问题的一个方面，只戴一顶帽子，而问题所有方面的思考又是在蓝帽子指挥下进行的，从而有效避免了讨论偏离主题现象的出现。例如，在讨论进行前，教师和学生首先使用红色思考帽，确定需要达到的目标；其次，使用白色思考帽收集信息，使用绿色思考帽帮助发现可能的解决途径，使用黄色思考帽从可能的途径中找出最好的办法；再次，使用黑色思考帽找出缺点和不足；最后，再使用红色思考帽评估并选择最好的办法；蓝色思考帽要自始至终地控制、参与整个思考过程。六顶思考帽法从一开始就为人们限定了思维框架，使人们沿着框架逐一思考，这样就能很好地控制自己的思维，而不为问题复杂的方面所左右。没有了这种复杂导致的混乱，学生在思考问题时也就减少了离题的可能性。

六帽的思考模式，是一种基于环境与角色，发挥每个人长处，并有效地解决各种困难的完整的思考模式。这六顶思考帽的方法直接关注和约束人们的行为，而不是力图改变人们的思想个性，不但可以用于成年人，也可以直接运用于青少年的思考与探索过程。它在讨论式教学法中的应用证明了它在解决教育教学问题方面的巨大潜力。

1.3.2.7 属性列举法

（1）属性列举法的概念

20 世纪 50 年代，美国内布拉斯加大学的克劳福德教授提出了属性列举法。属性列举法是列举创新法的一种，是将某一事物或特定对象的属性全面列举出来，再针对列出的具体项目提出创新和改进意见。

在属性列举法中，你需要首先确定你想要思考的主题，然后列出与该主题相关的所有可能的属性或特征。这些属性可以是实际的物理属性，也可以是抽象的特征。例如，如果你正在思考一种新型的饮料，你可能会列举出以下属性：口感、颜色、味道、营养价值、包装、价格等。

一旦你列出了所有的属性，你可以开始探索每个属性的可能性。你可以尝试将属性组合在一起，或者寻找不同属性之间的关联。你还可以尝试将每个属性推向极端，以探索新的想法和可能性。例如，在考虑口感时，你可以考虑将饮料制作成极度冷或极度热的形式，或者将某些其他食材添加进去。

属性列举法可以帮助你发现新的思路和创意。通过列举与主题相关的所有属性，你可以更全面地了解该主题，并将其想象成一个更大、更复杂的概念。这种方法可以鼓励你以不同的方式思考，创造性地探索主题，并发现新的创意和解决方案。

（2）属性列举法的流程

实施属性列举法的流程包括以下几个基本步骤：

1）确定主题。首先，确定你想要思考的主题。主题可以是一个问题、一个挑战、一个机会，或者一个想法。

2）列举属性。列举与该主题相关的所有属性或特征。这些属性可以是实际的物理属性，也可以是抽象的特征。尝试尽可能地列举所有你能想到的属性。

3）探索属性。针对每个属性，尝试探索其潜在的可能性和影响。你可以将属性组合在一起，或者寻找不同属性之间的关联。尝试将每个属性推向极端，以探索新的想法和可能性。

4）思考结果。将你探索的结果记录下来，并思考如何将它们转化为具体的创意或解决方案。你可以尝试组合不同的属性和思想，发掘新的想法和概念。

5）实施行动。将你的创意或解决方案实施起来，并进行反馈和调整。你可以尝试将它们分享给其他人，以获取反馈和启示。

（3）其他列举法

属性列举法是列举法的一个特例，更一般的列举法是指运用了分解和分析的方法。作为一种最基本的创造技法，列举法应用广泛，常用于简单设想的形成与发明目标的确定。列举法的要点是将研究对象的特点、缺点、希望点罗列出来，提出改进措施，形成有独创性的设想。

按照所列举对象的不同，除了属性列举法，列举法还有希望点列举法、优点列举法、缺点列举法等。

【案例1-10 属性列举法挖掘餐厅菜单创新】

假设你是一家餐厅的经营者，你希望在菜单上添加一些新菜肴，以吸引更多的客人。你可以使用属性列举法来发掘新的菜肴想法。

首先，确定主题为"新菜肴"。接下来，列举与新菜肴相关的属性：

1）口味：咸、甜、酸、辣等。

2）风格：中式、西式、东南亚式、地方特色等。

3）食材：海鲜、肉类、蔬菜、豆腐等。

4）烹饪方法：烤、炒、煮、蒸等。
5）口感：脆、软、嫩、香等。
6）营养价值：低卡、高蛋白、低脂肪等。
7）包装：外卖、堂食、打包等。
8）价格：高档、中档、低档等。

接下来，对每个属性进行探索。例如，对于口味属性，我们可以尝试将咸、甜、酸、辣等口味进行组合，可以尝试烹制一道甜辣味道的海鲜炒饭，或者一道酸甜口感的蜜汁烤翅。

通过使用属性列举法，我们可以发掘出很多新的菜肴想法，从而增加餐厅的吸引力和客流量。此外，属性列举法也可以用于其他领域的创新，例如产品设计、营销策略等，可以帮助我们发掘新的创新思路和想法。

1.3.2.8 "635"法

（1）"635"法的概念

"635"法又称默写式智力激励法、默写式头脑风暴法，是德国人鲁尔巴赫根据德意志民族习惯于沉思的性格，以及为了克服由于数人争着发言易使点子遗漏的缺点，对奥斯本智力激励法进行改造而创立的。"635"法与头脑风暴法原则上相同，其不同点是把设想记在卡片上。

头脑风暴法虽规定严禁评判，自由奔放地提出设想，但有的人对于当众说出见解犹豫不决，有的人不善于口述，有的人见别人已发表与自己相同的设想的意见就不发言了，而"635"法可弥补这些缺点。

实施"635"法时，每次会议有6人参加，坐成一圈，如图1-17所示，要求每人5min内在各自的卡片上写出3个设想，故称"635"法，然后由左向右传递给相邻的人。每个人接到卡片后，在第二个5min内再写3个设想，然后再传递出去。如此传递6次，半小时即可进行完毕，可产生多至108个设想。

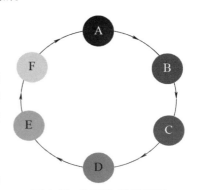

图1-17 "635"法示意图

（2）"635"法的流程

1）与会的6个人围绕环形会议桌坐好，每个人面前放有一张画有6个大格18个小格（每一大格内有3个小格）的纸。

2）主持人公布会议主题后要求与会者对主题进行重新表述。

3）重新表述结束后开始计时，要求在第一个5min内每人在自己面前的纸上的第一个大格内写出3个设想。设想的表述尽量简明，每一个设想写在一个小格内。

4) 第一个 5min 结束后，每人把自己面前的纸顺时针（或逆时针）传递给左侧（或右侧）的与会者。在接下来的第 2 个 5min 内每人再在下一个大方格内写出自己的 3 个设想。新提出的 3 个设想最好是受纸上已有的设想所激发的且又不同于纸上的或自己已提出的设想。

5) 按上述方法进行第三至第六个 5min，共用时 30min，每张纸上写满了 18 个设想，6 张纸共 108 个设想。

6) 整理分类归纳这 108 个设想。将这些想法贴在一个大板子或白板上，并进行评估。评估可以从不同的角度进行，例如可行性、实用性、创新性、市场需求等。评估的目的是选择最有潜力的创新想法，找出可行的先进的解题方案。

"635"法的优点是能弥补与会者因地位、性格差别而造成的压抑，缺点是激励不够充分。

【案例 1-11 科技公司 A 利用 "635" 法推出一款新的智能音箱】

科技公司 A 想要推出一款新的智能音箱，设想音箱可以自动识别用户的语音指令，并进行相应的操作，例如播放音乐、查询天气、控制家电等。该公司希望利用创新思维方法来帮助团队生成更多的创意，并选择最有潜力的想法来推进该项目。

首先，该公司找到了一组 6 个人，他们包括硬件工程师、软件工程师、用户体验设计师、市场营销专员、语音识别专家和商业分析师。在讨论开始前，每个人都阅读了相关的市场报告、用户调研和竞争分析，并清楚了解该项目的目标和要求。

在第一轮中，每个人有 5min 的时间来独立地生成 3 个创新想法，并将这些想法写在一个小纸条上。

在第二轮中，每个人将自己的 3 个想法交给旁边的人，有 10min 的时间来对这些想法进行评估、扩展和改进，并生成 3 个新的想法。

在第三轮中，每个人将自己的 3 个想法再次交给旁边的人，有 5min 的时间来完成最后的评估和改进，并生成 3 个最终的创新想法。

最后，每个人将自己生成的 3 个最终创新想法写在一个大纸板上，并为每个想法投上 5 票。最终，团队计算每个想法获得的总票数，并选择得票最高的 3 个想法作为最有潜力的想法。在本案例中，最终选出的 3 个想法是添加虚拟助手功能、情感识别技术和智能家居控制功能。

1.3.2.9 综摄法

（1）综摄法的概念

综摄法是由美国麻省理工学院的威廉·戈登（W. J. Gordon）教授于 1944 年

提出的,并在 1953 年出版的《综摄法:创造才能的开发》一书中写到的一种利用外部事物启发思考、开发创造潜力的方法。戈登发现,当人们看到一件外部事物时,往往会得到启发思考的暗示,即展开类比思考。而这种思考的方法和意识没有多大联系,反而是与日常生活中的各种事物有紧密关系。事实证明,我们的不少发明创造、不少文学作品都是由日常生活的事物启发而产生的灵感。这种事物,从自然界的高山流水、飞禽走兽,到各种社会现象,甚至各种神话、传说、幻想、电视等,比比皆是,范围极其广泛。戈登由此想到,可以综合利用外物来启发思考、激发灵感,从而解决问题,这一方法便被称为综摄法。

综摄法是指以外部事物或已有的发明成果为媒介,并将它们分成若干要素,对其中的元素进行讨论研究,综合利用激发出来的灵感,来发明新事物或解决问题的方法。综摄法的核心是类比,是以小组讨论的形式将互不相关的事物通过直接类比、拟人类比、矛盾压缩等步骤加以整合,激发思考者运用直觉、灵感和潜意识的心理过程,并通过异质同化和同质异化,产生新的类比概念,获得对概念的新认识,求得解决问题的新方法。

(2)综摄法的流程

综摄法的流程如图 1-18 所示。

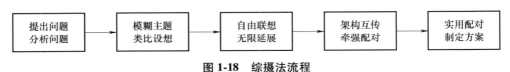

图 1-18 综摄法流程

1)第一阶段:提出问题,分析问题。创新就是不断提出问题并解决问题。问题可以是由外界提出的,也可以是由创意小组自己提出的。分析问题指对问题进行简短的分析,先由专家对问题进行解释和概要的分析,这个过程是将陌生的东西熟悉化(异质同化)。

2)第二阶段:模糊主题,类比设想。主持人引导小组成员讨论,将与问题本质相似的同质问题在会议上提出。将具体问题包含在广义的问题中提出,营造一种可以使构思自发产生的条件,以引起广泛的设想,从而激发创造力,然后使广义的问题逐步清晰和具体化,最终完成创意。

3)第三阶段:自由联想,无限延展。本阶段是综摄法的关键所在。目标十分抽象,与会者可以在本阶段对问题的讨论进行延展,当讨论内容对目标有利时,主持人应及时加以归纳、予以引导。

4)第四阶段:架构互传,牵强配对。小组成员围绕主题和类比元素展开讨论和研究,直到找出表现主题的创意为止。

5)第五阶段:实用配对,制定方案。在本阶段,要结合解决问题的目标,对上一阶段类比联想所得的启示进行艺术、技术、经济方面的可行性研究,将创意构思转化为问题的解决方案。

(3) 综摄法的特点

综摄法的宗旨是以已有的事物为媒介,将它们分成若干元素,并将某些元素构成一个新的设想,来解决问题。因此,它的最大用处在于利用其他产品取长补短,设计新产品,以及制定营销策略等。在采用综摄法的思考过程中,注重"异质同化"以及"同质异化",即把看不习惯的事物当成早已习惯的熟悉事物,或把熟悉的事物转化成陌生事物看待。

【案例1-12 应用综摄法的直接类比创造新型屋顶】

现在要解决的问题是发明一种新型的屋顶,使屋子冬暖夏凉,节约能源,其创造过程如下文所述。

1) 应用其他创造技法对问题进行研究和分析,得到一种新型屋顶的创造设想:新型屋顶夏天呈白色,能反射光线,减少吸收热量,降低室内温度;冬天呈黑色,增强吸收热量,提高室内温度。

2) 根据分析问题的结果,即在上述创造设想的指导下,寻找类似的事物,什么东西有时是白色的,有时却变成黑色。在上述内容的指导下,找到了类比物是比目鱼,如果比目鱼躺在白色砂子上,它就变成白色;如果它躺在黑色的泥地或砂子上,它就变成黑色。

3) 为了应用类比物进行创造,必须研究比目鱼颜色变化的原理。经研究发现其原理是,在它的真皮深处有黑色色素,当黑色色素靠近真皮的表面时,比目鱼就为黑点所覆盖,看起来是黑色的;当黑色色素退回到色素细胞底部时,比目鱼看起来是白色的。

4) 在比目鱼颜色变化原理启发下,构想类似的技术原理和手段,最后得到如下技术方案:考虑制造一种埋有微小的白色小球的黑色屋顶材料,当阳光照射使屋顶发热时,小白球受热发生膨胀,使黑色屋顶变成白色;反之,当屋顶变冷时,小白球遇冷收缩,屋顶又变成黑色。

通过以上步骤解决了问题,发明出一种新型的屋顶,保持冬暖夏凉。

1.3.2.10 信息交合法

(1) 信息交合法的概念

信息交合法,又称"要素标的发明法",或称为"信息反应场法",是华夏研究院思维技能研究所所长许国泰副教授于1983年首创的。

信息交合法是一种在信息交合中进行创新的思维技巧,即把物体的总体信息分解成若干个要素,然后把这种物体从与人类各种实践活动相关的用途角度进行要素分解,把两种信息要素用坐标法连成信息坐标轴——X轴与Y轴,两轴垂直相交，构成"信息反应场"，每个轴上各点的信息可以依次与另一轴上的信息交合，从而产生新的信息。

（2）信息交合法的流程

实施信息交合法的流程如图1-19所示。

图1-19 信息交合法的流程

1）第一步，确定一个中心，即零坐标（原点）。

2）第二步，划若干标线（信息标），即串起来的信息序列。

3）第三步，在信息标上注明有关信息点。

4）第四步，若干信息标形成信息反应场，信息在信息反应场中交合，引出新信息。

（3）信息交合法的特点

信息交合法作为一种科学实用的思考与发明方法，要遵循下列原则：

1）整体分解原则。先把对象及其相关条件整体加以分解，按序列得出要素。

2）信息交合原则。各轴的每个要素逐一与另一轴的各个要素相交合。

3）结晶筛选原则。通过对方案的筛选，找出更好的方案。如果研究的是新产品开发问题，那么，在筛选时应注意新产品的实用性、经济性、易生产性、市场可接受性等。

信息交合法也有自己的独特特点，主要表现在：信息交合法不但能使人们的思维更富有发散性，应用范围也广泛得多；而且，信息交合法能够有助于人们在发明创造活动中，不断地强化理性的、逻辑的思维能力的培养；同时，信息交合法在创造思维、创造教育中，作为教学、培养、培训方法，更有系统性和实用性。

【案例1-13 信息交合法在电信增值业务中的应用】

信息交合法可用于新产品设计和发明创造，同样也可以用于电信增值业务的策划和设计中。

在应用信息交合法时，将话音的属性（示意性地）分为编码方式、呼叫过程、用户年龄、用户人数、服务对象、付费方法、资费策略、计费方式、运营方式、声讯台、呼叫中心、秘书台、特种行业应用、承载网络等，把这些属性作为标线，并在每个标线上注明标点。例如，按编码速率可以分为AMR8k、

12.2k、64k、128k 等，其他标线也应相应注明标点。下面是一些通过信息交合法产生的增值业务。

（1）公共交换电话网络（Public Switched Telephone Network，PSTN）—信息类—6 岁以下—后付费

交合产生的业务：儿童通过固定电话听故事。

作用：减轻家长每天编故事的烦恼。同时，为运营商提高了网络利用率，可以带来明显的经济效益。

（2）PSTN—电话投注—计次—计费

交合产生的业务：电话投注。

作用：用户无须到彩票销售点购买彩票，直接通过电话按键输入投注号码，省时省事。既方便了用户投注，又可以大大提高彩票的投注额。

（3）彩铃—Internet—计次—计费

交合产生的业务：通过互联网订制个性化彩铃。

作用：交互式的方式订制个性化彩铃，可以吸引更多的用户使用彩铃业务，同时也可以为 ICP/ISP 带来更多的收入。其中 ICP 是互联网内容提供商（Internet Content Provider），ISP 是互联网服务提供商（Internet Service Provider）。

（4）96kHDCD（高清晰度兼容性数码技术，High Definition Compatible Digital）—音乐下载—Internet—计费

交合产生的业务：通过互联网下载高品质音乐。

作用：可以按首购买正版音乐，而不是购买一张 CD。因为大多数 CD 只有一、二首歌曲是用户喜欢的，其他歌曲是用户不喜欢的。传统的制作销售方法使用户多花了费用。推出这种业务可以提高正版音乐的发行量。如 SONY 音乐公司提供的音乐下载服务每天的下载量达 500 万首，每首收费 0.99 美元，收入相当可观。

1.3.2.11 形态分析法

（1）形态分析法的概念

形态分析法是根据形态学来分析事物的方法，是一种以系统搜索观念为指导，在对问题进行系统分析和综合基础上用网络方式集合各因素设想的方法。

（2）形态分析法的流程

瑞典的茨维基提出了形态分析法，并把形态分析法分为以下五个步骤：

1）明确地提出问题，并加以解释。

2）把问题分解成若干个基本组成部分，每个部分都有明确的定义，并且有其特性。

3）建立一个包含所有基本组成部分的多维矩阵（形态模型），在这个矩

中应包含所有可能的总的解决方案。

4）检查这个矩阵中所有的总方案是否可行，并加以分析和评价。

5）对各个可行的总方案进行比较，从中选出一个最佳的总方案。形态分析法最大的优点是对一项"未来技术"（即形态模型中的一个总方案）的可行性分析，不足的是当组合个数过多，即总方案的个数太多时，第四步的可行性研究就比较困难。形态分析法既可用来探索新技术，也可以估计出实现新技术的可能性，为探索未来描绘出一幅清晰的图景。

形态分析法的步骤：

1）明确用此技法所要解决的问题（发明、设计）。
2）把要解决的问题，按重要功能等基本组成部分，列出有关的独立因素。
3）详细列出各独立因素所含的要素。
4）将各要素排列组合成创造性设想。

（3）形态分析法的特点

形态分析法的特点是把研究对象或问题，分为一些基本组成部分，然后对某一个基本组成部分单独进行处理，分别提供各种解决问题的办法或方案，最后形成解决整个问题的总方案。这时会有若干个总方案，因为是通过不同的组合关系而得到不同的总方案的。所有的总方案中的每一个是否可行，必须采用形态分析法进行分析。

【案例1-14 茨维基博士获得技术情报】

在第二次世界大战期间，美国情报部门探听到别国正在研制一种新型巡航导弹，但费尽心机也难以获得有关技术情报。然而，火箭专家茨维基博士却在自己的研究室里，轻而易举地搜索出别国正在研制并严加保密的是带脉冲发动机的巡航导弹。茨维基博士难道有特异功能吗？没有。他能够坐在研究室里获得技术间谍都难以弄到的技术情报，是因为运用了他称之为"形态分析法"的思考方法。

用形态分析法进行新品策划，具有系统求解的特点。只要能把现有科技成果提供的技术手段全部罗列出来，就可以把现存的可能方案"一网打尽"，这是形态分析法的突出优点。但大量方案也为此法的应用带来了操作上的困难，突出地表现在如何在数目庞大的组合中筛选出可行的新品方案。如果选择不当，就可能使组合过程的辛苦付之东流。

在运用形态分析法的过程中，要注意把好技术要素分析和技术手段确定这两道关。比如在对洗衣机的技术要素进行分析时，应着重从其应具备的基本功能入手，对次要的辅助功能暂可忽视。在寻找实现功能要求的技术手段时，要按照先进、可行的原则进行考虑，不必将那些根本不可能采用的技术手段填入形态分析表中,以避免组合表过于庞大。当然,一旦能结合计算机应用形态分析法,从庞大的组合表中搜寻最佳方案也是可行的。

1.3.2.12 和田12法

(1) 和田12法的概念

和田12法,又称为"和田创新法则"(和田创新12法),指人们在观察、认识一个事物时,可以考虑的12个方法。它是我国学者许立言、张福奎在奥斯本核检表基础上,借用其基本原理,加以创造而提出的一种思维技法。它既是对奥斯本核检问题表法的一种继承,又是一种大胆的创新。比如,其中的"联一联""定一定"等,就是一种新发展。同时,和田12法中的技法更通俗易懂,简便易行,便于推广。

(2) 和田12法的流程

1) 加一加:加高、加厚、加多、组合等。是指把一件物品加大、加长、加高、加宽,或者把功能加多一点,在形态上、功能上、尺寸上有所变化,实现创造。例如:橡皮擦+铅笔=橡皮头铅笔;蓝圆珠笔+红圆珠笔=双色圆珠笔。

2) 减一减:减轻、减少、省略等。指把一件物品减少一点、薄一点、短一点、窄一点等。例如:无叶风扇,利用空气倍增技术吸纳空气和出风,由于没有转动叶片或网格外罩,安静,安全,易于清洁。

3) 扩一扩:放大、扩大、提高等。指把一个物品扩大一点、放宽一点,使功能产生明显变化。例如:自行车雨衣。

4) 变一变:改变形状、颜色、气味、音响、次序等。即改变一个物品的形状、尺寸、颜色、音响、滋味等,可使人有一种新感觉。例如:布制书本,用布代替纸张使其不易被撕破,适用于儿童书刊。

5) 改一改:改缺点、改不便、改不足之处。即通过对一个物品原来的形状、结构、性能的改进,使之出现新的形态和新的功能。例如:一只普通的圆形铅笔,做成棱形,放在桌子上就不会滚动了。

6) 缩一缩:压缩、缩小、微型化。即使一个物品体积缩小一点,长度缩短一点等。例如:压缩饼干,折叠伞。

7) 联一联:分析原因和结果有何联系,把某些东西联系起来。即把这个事物与另外的事物联系起来,也许就会产生新事物。例如:电动机和自行车联在一起可以组成为电动自行车。

8) 学一学:模仿形状、结构、方法,学习先进。即通过学习模仿别的物品、事物的形状、结构、色彩、性能、规格、功能、动作等来实现创造。例如:研究鱼在水中的游动发明了潜艇。

9) 代一代:用别的材料代替,用别的方法代替。是指日常生产、工作中广泛存在着的材料的代用、工具的代用、商品的代用等。例如：自动铅笔代替要不断削的木头铅笔。

10) 搬一搬：移作他用。把物品的某个部件搬动一下，使之形成一种新的物品，产生新的功能。这种方法在很大程度上包含了某一工艺技术的应用。例如：原来用来照明的电灯，经"搬一搬"，就有了紫外线灭菌灯。

11) 反一反：颠倒一下。这是逆向思维的一种体现，即把某一物品的形状、性质、功能反一反，做出新的创造。例如：吸尘器的发明。

12) 定一定：定个界限、标准，能提高工作效率。这是一种按照人类社会活动规范来创造发明新事物的方法。为了保证人类社会生活的正常进行，必须有一定的规范。对涉及人们社会生活的事物做出一定的规定，按照这些规定实现创造发明。对于一个产品，企业在设计、管理、工艺、产品定型等方面制定章程和标准，保证产品的质量和数量、品种，这也是创造。例如：使用声级计检测环境，85dB 以上就定为噪声。

如果按这 12 个"一"的顺序进行核对和思考，就能从中得到启发，诱发人们的创造性设想。和田 12 法、检核表法，都是一种打开创造思路获得创造性设想的"思路提示法"。

【案例 1-15　和田 12 法案例】

(1) 联一联的案例

澳大利亚曾发生过这样一件事，在收获季节里，有人发现一片甘蔗田里的甘蔗产量提高了 50%。这是由于甘蔗栽种前一个月，有一些水泥洒落在这块田地里。科学家们分析后认为，是水泥中的硅酸钙改良了土壤的酸性，从而导致了甘蔗的增产。这种将结果与原因联系起来的分析方法经常能使我们发现一些新的现象与原理，从而引出发明。由于硅酸钙可以改良土壤的酸性，于是人们研制出了改良酸性土壤的"水泥肥料"。

(2) 学一学的案例

江苏省的学生臧荣华做了一个十分有趣的实验，让猫狗怕小鸡，十分巧妙地运用了学一学的方法。村子里许多人都养了猫和狗，这些猫和狗总是想偷吃小鸡。臧荣华的妈妈也买来了小鸡，但放在哪里都不放心。臧荣华想要是能让猫和狗自己自动不来吃小鸡就好了。一天，他上学时，看到一群飞舞的蜜蜂。他想，人比蜜蜂大多了，可是人怕蜜蜂，因为怕蜂蜇。那么我们能不能学一学蜜蜂的办法，让猫狗怕小鸡呢？于是他做了别出心裁的试验。他右手抓起一只小鸡，让鸡头从手的虎口处伸出来，拇指与食指捏着一枚缝衣针，针尖在鸡的嘴尖处稍露出一点。然后，他抓来猫、狗，用藏在鸡嘴下的针尖去扎猫或狗的鼻子、嘴，每天扎十几次。连扎三四天后，他发现猫和狗见到小鸡就怕，他成功了。

（3）反一反的案例

最早的吸尘器和现在吸尘器的原理是完全相反的。最早的吸尘器是将灰尘吹进集尘盒。最初吸尘器在使用中，不能将许多灰尘吹到集尘盒里面。1901年英国工程师布斯使用吸尘法，用强力电泵把空气吸入软管，通过布袋将灰尘过滤，制成了吸尘器。

1.3.2.13 中山正和法

（1）中山正和法的概念

中山正和法是1970年日本创造工程研究所所长中山正和（Nakayama Masakazu）教授提出的一种创造技法，又称NM法。中山正和根据人的高级神经活动理论，将人的记忆分成"点的记忆"和"线的记忆"。由第一信号系统对具体事物形成的条件反射，称为"点的记忆"；由第二信号系统对事物的抽象化形成的条件反射，称为"线的记忆"。如果通过联想、类比等方法来搜集平时积累起来的"点的记忆"，再经过重新组合，把它们连接成"线的记忆"，这样就会涌现出大量的新的创造性设想，有可能实现新的发明。

根据中山正和的著作《构思的理想》一书所述，NM法着眼于人类具有的记忆本领，通过记忆的展开，可以了解自由联想性的构思具有哪些特色。线性记忆是以意志、理论为契机产生的关系性联想。点性记忆是在断断续续中联想出意想不到的结果。

（2）中山正和法的流程

1）宣布要解决的问题。

2）把与会者的想法全部写到各卡片上，将卡片排成一横列。

3）从上述横列卡片中每拿出一张，就让与会者运用类比法说出有关的想法和启示，分别写到另外的卡片上。相应的另外卡片纵列排在相应的横列卡片下边。

4）如果在几个纵列中出现"相同的"或"相似的"启示，就把这样的卡片摆的靠近一些。

5）如果发现可能实现的启示，就用文字或记号记在卡片上，摆在最下面。

6）将纵列中的卡片彼此组合起来，看看是否可以得到新的启示。

7）可实施的启示将呈现出来，可运用于发明创造。

【案例1-16 洗衣机的发明】

日本人发明洗衣机的构想过程是这样的：首先找出关键词"洗"，然后从这个"思维点"发射有关"洗"的"思维线"，得出"水流冲洗"能达到清洁和安全的目的。接着再从"水流冲洗"这个思维点发射出能加速水流速度机构的思维线，通过对几种设想的优选，最终得出"转盘甩水"这一机构最经济、简单又适于家用。洗衣机就这样发明了，如图 1-20 所示。

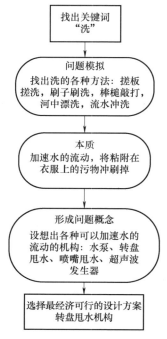

图 1-20　NM 法解决问题流程图——发明洗衣机的过程

【案例 1-17　NM 法在企业管理中的应用】

美国人在企业管理中也常用 NM 法来解决许多重大问题。当一家公司生产的产品在市场上面临滞销的危险时，总经理便会召集三五个智囊人物，在限定的单位时间内，以"促销"为思维点，每个人想几个办法，然后将大家的高见输入计算机进行论证，最后得出一个最科学的结论，立即付诸实施。这种企业管理中的 NM 法，既能博采众长，又能迅速提高效益，因而许多商界知名企业乐此不疲。NM 法还可广泛运用于科技、军事、行政决策等领域。

1.3.2.14　KJ 法

（1）KJ 法的概念

KJ 法又称 A 型图解法、亲和图法。KJ 法是将未知的问题、未曾接触过领域的问题的相关事实、意见或设想之类的语言文字资料收集起来，并利用其内在的相互关系制作成归类合并图，以便从复杂的现象中整理出思路，抓住实质，找出解决问题的途径的一种方法。

川喜田二郎（Kawakita Jiro）在多年的野外考察中总结出了这套科学发现的方法，即把乍看上去根本不想收集的大量事实如实地捕捉下来，通过对这些事实进行有机的组合和归纳，发现问题的全貌，建立假说或创立新学说。后来这套方法与头脑风暴法相结合，发展成包括提出设想和整理设想两种功能的方法，称为 KJ 法。

（2）KJ 法的实施流程

1）准备：主持人和与会者 4~7 人，准备好黑板、粉笔、卡片、大张白纸、文具。

2）头脑风暴法会议：主持人请与会者提出 30~50 条设想，将设想依次写到黑板上。

3）制作卡片：主持人同与会者商量，将提出的设想概括为 2~3 行话的短句，写到卡片上，每人写一套。这些卡片称为"基础卡片"。

4）分成小组：让与会者按自己的思路各自进行卡片分组，把内容在某点上相同的卡片归在一起，并加一个适当的标题，用绿色笔写在一张卡片上，称为"小组标题卡"。不能归类的卡片，每张自成一组。

5）并成中组：将每个人所写的小组标题卡和自成一组的卡片都放在一起。经与会者共同讨论，将内容相似的小组卡片归在一起，再给出一个适当标题，用黄色笔写在一张卡片上，称为"中组标题卡"。不能归类的自成一组。

6）归成大组：经讨论再把中组标题卡和自成一组的卡片中内容相似的归纳成大组，加一个适当的标题，用红色笔写在一张卡片上，称为"大组标题卡"。

7）编排卡片：将所有分门别类的卡片，按照其隶属关系，按适当的空间位置贴到事先准备好的大纸上，并用线条把彼此有联系的连接起来。如编排后发现不了有何联系，可以重新分组和排列，直到找到联系。

8）确定方案：将卡片分类后，就能分别提示出解决问题的方案或显示出最佳设想。经会上讨论或会后专家评判确定方案或最佳设想。

（3）KJ 法的特点

1）从混沌不清的状态中掌握事实资料，将其整合以便发掘问题。

2）打破现状，产生新构想。

3）确实掌握问题的本质，让有关人员明确地认识问题所在。

4）别人和自己的意见都被采纳，可以提高全员参与意识。

由于 KJ 法是以集思广益、共同协调来做决定的，因此大家容易接受，实施起来效果也好，可使得企业内部成为一个和谐愉快的工作场所。

【案例 1-18　通信公司利用 KJ 法挖掘员工意见】

日本某公司通信科的科长偶尔直接也间接地听到科员对通信工作中的一些问题发牢骚，他想要听取科员的意见和要求，但因倒班的人员多，工作繁忙，不大可能召开座谈会。因此,该科长决定用 KJ 法找到解决科员不满的方案。

第一步,他注意听科员间的谈话,并把有关工作中问题的片言只语分别记到卡片上,每个卡片记一条。例如:有时没有电报用纸;有时未交接遗留工作;如果将电传机换个地方,会减少接收机声音嘈杂的影响;查找数据太麻烦;改变一下夜班值班人员的组合如何;打字机台的滑动不良……

第二步,将这些卡片中同类内容的卡片编成组。例如:其他公司有的已经给接收机安上了罩;因为接收机的声音嘈杂,所以如果将电传机换个地方会如何;有人捂着一个耳朵打电话……

上面的卡片组暗示要求本公司"给接收机安上罩"。从另外一个卡片组中可以了解到要求制定更简单明了的交接班方法:在某号收纳盒内尚有未处理的收报稿;将加急发报稿误作普通报稿纸处理;接班时自以为清楚了,可是过后又糊涂了,为了做出处理,有时还得打电话再次询问。

第三步,将各组卡片提示出来的对策加以归纳集中,就能进一步抓住更潜在的关键性问题。例如,因为每个季节业务高峰的时间区域都不一样,所以弄明白了需要修改倒班制度时,或者是根据季节业务高峰的时间区域改变交接班时间,或者是考虑公共汽车客流量高峰的时间确定交接班时间。

科长拟定了一系列具体措施,又进一步征求乐于改进的科员的意见,再次做了修改之后,最后提出具体改进措施加以试行,结果科员们皆大欢喜。

需要说明的是本例没有严格按照 KJ 法的程序进行。创新技法在现场实际应用时,往往不是一成不变地按程序进行的。

1.3.2.15　水平思考法和垂直思考法

(1) 水平思考法和垂直思考法的概念

水平思考法(Lateral Thinking)是英国心理学家爱德华·德博诺博士(Dr Edward De Bono)所倡导的广告创意思考法,因此,此方法通常又被称作德博诺理论,也称为发散式思维法,水平思维法。水平思维法是针对垂直思维(逻辑思维)而言的。

所谓水平思考法,就是摆脱非此即彼思维方式的思考方法,也是摆脱逻辑思维和线性思维的思考方法。在水平思考中,人们致力于提出不同的看法。每个不同的看法不是互相推导出来的,而是各自独立产生的。在传统思维中,人们常常受逻辑思维和线性思维的局限,所以人们普遍擅长于分析和判断。这样,人们普遍关注"为什么"而不是关注"还有可能成为什么"。于是人们的创造力就受到了限制。为了拓展人的创造力,德博诺博士提出了"水平思维"和"平行思维"等概念,如今这些概念已经成为创新思维的同义词。我们将传统思维称之为"垂直思维",意指按照既定的思维路线进行思考,始终逃脱不了原有的思维框架（又称思维定式）的羁绊，因而无法做到创造性地思考。

垂直思考法就是逻辑思考、垂直思维、纵向思维。垂直思考是按照一定的思考线路，在一个固定的范围内，自上而下地进行垂直思想。此方法偏重于通过对已有的旧的经验和知识的重新组合来产生创意。在广告业使用垂直思考法，能够在社会公众既定心理基础上提出广告创意的诉求，但是在广告形式上难以有大的突破，结果会比较雷同。

垂直思维模式最根本的特点是：根据前提一步步地推导，按照因果关系产生结论，不允许出现步骤上的错误。它当然有合理之处，例如归纳与演绎等，是非常重要的思维方法。但是，如果一个人只会运用垂直思维这种方法，他就不可能具有创造性。区别于垂直思维，水平思维不是过多地考虑事物的确定性，而是考虑多种选择的可能性；关心的不是完善旧观点，而是如何提出新观点；不是一味地追求正确性，而是追求丰富性。

（2）垂直思考法与水平思考法的差异

1）垂直思考是选择性的，水平思考是创造性的。

垂直思考关注正确性，水平思考则关注丰富性。

垂直思考选定正确的道路，而排除其他道路；而水平思考的目的不是选择，而是为了开辟其他道路。

垂直思考要选出最有希望解决问题的方案或看待问题的最佳方式；水平思考则要最大限度地创造出备选方案。

垂直思考是在不同方式中找出一个有希望的方案便停止；而水平思考时，即便已经找出一个有希望的方案，也还要继续生成新方案。

垂直思考力求选出最佳方案；而水平思考则以生成不同方案为目标。

2）垂直思考是有了方向再行动，水平思考是先行动再找方向。

垂直思考方向明确：为了解决问题，因此垂直思考会使用明确的方法、明确的技巧。而水平思考时，行动的目的只是为了动起来。

水平思考者可能在朝某个方向行进，也可能是背离某个方向渐行渐远，重要的是行动或变化本身。水平思考者行动的目的不是追寻既定方向，而是创造新方向。

垂直思考的实验设计是为了展示效果，而水平思考的实验设计则是为了改变观念。

垂直思考必须永远奔向某个方向，而水平思考则是漫无目的或毫无方向地四处玩乐，无论是对实验、模型、标注，还是对观点，都抱着闲散的态度。

水平思考过程中的行动、改变都不是最终目的，最终目的是通过水平思考的过程调整大脑中的模式。行动和改变一旦发生，大脑的最大化属性就会确保有效事件发生。大脑的最大化属性是指大脑在面对新的信息、经验或行动时，所展现出的适应性和优化能力，以确保这些新的元素能够最大化地为我们带来益处。

垂直思考者会说："我知道自己在找什么。"而水平思考者会说："我虽然在寻找，但并不知道自己在找什么，找到了才知道。"

3）垂直思考是连续的，水平思考可以跳跃。

垂直思考时，一次只能前进一步，每一步都由前一步直接推导而来，两者联系紧密，一旦得出结论，结论的正确性可由推导步骤的正确性证明。水平思考不必按顺序走，可以直接跳到新起点，之后再填补间隙。

4）垂直思考要求每一步都正确，而水平思考并不要求步步正确。

垂直思考的根本在于每一步都必须正确，这是由垂直思考的本质所决定的，没有这一必要条件，逻辑思考和数学将不复存在。但水平思考并不要求每一步都正确，结论正确就够了。

5）垂直思考用否定来排除某些路径，而水平思考不存在否定。

水平思考认为：对比当前的参考框架，你可能是错的，但换个参考框架就可能是对的了；即使参考框架没有变化，先穿过错误区域，到达能看到正确路径的位置，有时也是必要的；虽然在最终的路径中你不会穿过错误区域，但穿行这一区域有助于发现正确的路径。

6）垂直思考要求专注，排除一切无关信息；水平思考则欢迎各种随机干扰。

垂直思考通过排除错误来做出选择，因此必须先圈定一个参考框架，剔除一切无关信息。而水平思考则认为模式无法从内部重建，必须依靠外部影响来打破，所以水平思考者认可外部影响的启发作用。这些影响越不相干，推翻既有模式的可能性就越大，一味地专注于相关事物相当于是在维系现有模式。

7）垂直思考中的分类和标签是固定的，水平思考则不然。

垂直思考中，分类和标签只有保持不变才能发挥作用，因为垂直思考的基础就是将某物归属到某一门类或从某一门类剔除。一旦被赋予某个标签或划归到某个门类，就不会再有变化。

而水平思考中，标签是可以改变的，因为看待事情的方式可能会发生变化。分类和类型并不是用来帮助鉴别身份的固定分类架，而是帮助行动的指示牌。水平思考中，标签并不是永久的，贴标签只是为一时的方便。

垂直思考很大程度上依赖于严格定义，就好比数学依赖于符号含义，一旦确定就必须保持不变。而在水平思考中，含义发生变化有助于启发思考，就好比语义突然转变会带来幽默感一样。

8）垂直思考走的是最有可能的路，水平思考走的是最不可能的路。

水平思考故意不走寻常路。水平思考者试图发掘最不显眼的方法，而不是可能性最大的方法。他们这种摸索最不可能路线的意愿非常重要，因为这样做除了自身意愿外往往找不到任何其他理由。即便站在入口看不到任何向前摸索的价值，这条路仍然可能通向有价值的终点。垂直思考者则是沿着宽阔明朗的道路朝着正确的方向前进。

9) 垂直思考的过程是确定的，水平思考的过程是概率性的。

垂直思考一定会得出答案。比如，你使用数学方法解题时肯定会得出答案。水平思考也许不能得出任何答案，只能为我们提供重构模式、发现有洞察力的解决方案的可能性，这两个目标最终还不一定会实现。垂直思考至少能保证找到最小化解决方案，而水平思考虽然能提高找到最大化解决方案的概率，但没有任何保证。

一个袋子里有多个黑球和一个白球，从袋子中拿出白球的概率很低，如果一直往袋子里倒入白球，拿出白球的概率就会持续上升，但无论怎样也无法保证拿出来的一定是白球。水平思考的过程就好比不断将白球放到袋子里，但无论怎样，结果仍然是概率性的。水平思考能提升实现洞察力重构的概率，而且思考者越擅长使用水平思考方法，洞察力重构的概率就越大。形成新观点以及对旧观点进行洞察力重构有很多好处，所以水平思考值得尝试，垂直思考碰壁时不妨使用水平思考，即便成功的概率很小。

【案例1-19 将计就计逃出高利贷者的陷阱】

古时，甲向乙借了一笔高利贷，无力偿还，得去坐牢。乙借机想娶甲的女儿做老婆抵债，姑娘至死不从。乙提出了一个解决办法，乙对姑娘说："现在我从地上捡起一块白石子、一块黑石子，装进口袋里由你来摸。如果你摸出白石子，你父亲的债就一笔勾销；如果你摸出的是黑石子，那你就得和我成亲。"说完，乙就从地上捡起两块黑石子放进了口袋。乙的这个动作却被姑娘发现了。如果你就是甲的女儿，你会怎么办？

通常的办法有以下几种：

1) 拒绝摸石子，然而问题得不到解决，甲还得去坐牢。
2) 揭穿乙捡起两块黑石子的诡计，问题仍然得不到解决。
3) 不得已，随便抓出一块黑石子，违心地同乙结婚。

看来以上办法都不尽如人意。

分析：我们以水平思维来考虑，由口袋中的石子移到地上的石子。当姑娘的眼光从口袋移到地面（也就是说她转移了思维方向），想到乙的两块石子是从地上捡起来的。于是她伸手到口袋里抓起一块石子，在她拿出口袋的一刹那故意将其掉落在地上。这时她对乙说："呀！我真不小心，把石子掉在地上了。我抓出的那一块石子是黑是白已经无法知道了，但这也无关紧要，看看你口袋里剩下的那一块，肯定与掉在地上的那一块不一样。"口袋里无疑是一块黑石子。乙不能承认自己的欺骗行为，只好无可奈何地承认姑娘取出的是一块白石子。

区别：垂直思维与水平思维显然有区别。垂直思维集中考虑的是必须取出一块石子；而水平思维却把注意力集中在口袋里剩下的那块石子。垂直思维对事物进行"最合理"的分析观察，然后利用逻辑推理予以解决，但你看到了在上面这个例子中运用逻辑推理无法求得理想的解答；而水平思维则用不同的方法去观察事物，然后用最有希望的方法去处理，从而化险为夷。

1.3.2.16 六西格玛法

（1）六西格玛法的概念

DMAIC 模型是实施六西格玛的一套操作方法，它包括定义（Define）、测量（Measure）、分析（Analyze）、改进（Improve）和控制（Control）五个阶段。20 世纪 90 年代，许多世界级公司开始实施六西格玛管理，各自拥有自己的操作方法。摩托罗拉公司提出了著名的六步法，用于实现六西格玛质量水准，以使顾客完全满意。随后，通用电气公司总结了众多公司实施六西格玛的经验，提出了系统的 DMAIC 模型，现已被广泛认可，被视为实施六西格玛更具操作性的模式。DMAIC 模型（图 1-21）主要用于对已有流程实施质量改善，并贯穿于六西格玛质量改进项目的每一个环节中，是六西格玛管理中最重要、最经典的管理模型。

图 1-21 DMAIC 模型

（2）六西格玛法的步骤

1）定义。定义是识别客户要求，确定影响客户满意度的关键因素，即找准要解决的问题。

2）测量。测量是校准 Y 的测量系统，收集整理数据，为量化分析做好准备。测量是六西格玛管理分析的基础。

无论是生产制造流程还是交易流程都有输入和输出。通常把需要输入的内容用 X 表示，把产生的结果或输出用 Y 表示，任何流程都可表示成这样一个函数：$Y = F(X)$。

输入是多种多样的，甚至输入还包括一些影响结果的干扰因素。输入变量 X 可以是一个向量，表示这个输入是由多种因素组成的。函数 $F(X)$ 可看作一个公司或组织的运作系统。输出 Y 也可以是一个向量,如包括产品、服务、维护等。测量就是对关键的输出进行数据收集和计量。

3)分析。分析是运用多种统计技术方法找出存在问题的根本原因。影响产品质量和顾客满意度的因素很多,运用统计方法可找出影响顾客满意度的主要原因。

4)改进。改进是指确定影响 Y 的主要原因 X,寻求 X 与 Y 的关系,建立 X 的允许变动范围。结果与原因呈现出一个类似函数的模型,即:$Y=F(X_1, X_2, \cdots, X_P)+\varepsilon$。其中,$Y$ 是因变量;X 是自变量向量,有 P 个原因,称为自变量;ε 是随机干扰项,也正是由于有这一项,此模型才真切地刻画出 Y 与 X 有着密切的关联,但又不能由 X 完全确定的这种奇特关系。模型就是一个系统,是不可控制的随机变量,是由系统产出的,也称为内生变量。还有一些可控制的确定性变量,也称为外生变量。是不可控的随机变量。如果用 X 与 Y 描述广告投入与销售量的关系,显然销售量是不可控制的,广告费用是可控制的,对销售量有影响的其他因素就是 ε。改进是实现目标的关键步骤。

5)控制。控制是将主要变量的偏差控制在许可范围内。没有工作描述和过程程序就谈不上控制。DMAIC 是六西格玛法中流程改善的重要工具,其 17 个步骤如图 1-22 所示。

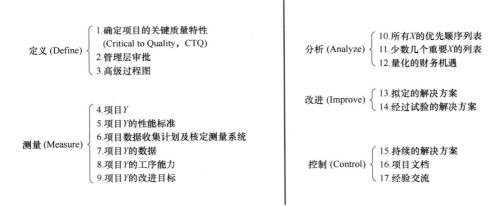

图 1-22　DMAIC 的 17 个步骤

(3)六西格玛法的原则

1)真诚关心顾客。六西格玛法把顾客放在第一位。例如,在测量部门或员工绩效时,必须站在顾客的角度思考。先了解顾客的需求是什么,再针对这些需求来设定企业目标、测量绩效等。

2)资料和事实管理。虽然知识管理渐渐受到重视,但是大多数企业仍然根据意见和假设来做决策。六西格玛法尊重这一传统,但操作上会按照六西格玛法的方式进行，即首要规则是厘清评定绩效的原则，确定测量指标和测量系统的准确性，然后再通过对资料的分析，了解公司表现距离目标有多少差距。

3）以流程为重。无论是设计产品，还是提升顾客满意，六西格玛法都把流程当作通往成功的工具，是一种提供顾客价值与竞争优势的方法。

4）主动管理。应用六西格玛法时，企业必须时常主动去做那些一般公司常忽略的事情，如设定远大的目标，并不断检讨；设定明确的优先事项；强调防范而不是救火；常质疑"为什么要这么做"，而不是常说"我们都是这么做的"。

5）协力合作无界限。六西格玛法强调改进公司内部各部门之间、公司和供货商之间、公司和顾客之间的合作关系，可以为企业带来巨大的商机；强调无界限的合作，让员工了解自己应该如何配合组织的大方向，并将组织的目标分配到企业的流程中。

6）追求完美。应用六西格玛法时，要求员工不断追求一个能够为客户提供最好服务，同时又降低成本的方法。员工知道持续追求完美是永恒的目标，但也能接受并有处理偶发挫败的弹性，并从错误中学习流程改进的新知识。

【案例 1-20　B 汽车电子公司实施六西格玛管理方法】

基于六西格玛法的质量管理在整个工业生产领域的诸多成功应用案例带来的优化改进和经济收益，B 集团管理层意识到六西格玛法质量管理的重要性和可行性，决定在工厂推行六西格玛法质量管理项目。

项目实施流程包括：

1）项目定义阶段。生产部门挑选出熟悉产品相关专业知识的人员，成立了 L 平面型氧传感器报废率降低小组，由生产总监直接领导，结合生产线的实际情况，制定了项目的目标战略及具体的质量目标。

2）项目测量阶段。通过深入分析讨论，识别出整个制造过程中的输入和输出变量，对这些输入变量的重要程度进行评分，甄选出影响 L 平面型氧传感器报废率的关键输入变量，用测量系统分析（MSA）方法验证可信度。

3）项目分析阶段。重点分析测量阶段甄别出来的关键输入变量，得出相应测量结论，比如，滑石瓷密封圈应当进行密封包装以避免潮湿，并将信息反馈给供应商要求加强滑石瓷原材料包装密封性，评定滑石瓷密封圈的有效使用期存在的问题和解决方案。

4）项目解决阶段。确定滑石瓷密封圈原材料方面的改进措施，以及最终压装设备方面的改进措施，并定义相关责任人和完成日期。

5）项目控制阶段。经过六西格玛项目组工程师、生产一线员工的共同参与，开展测量研究、原因分析、措施执行，降低了 L 平面型氧传感器报废率，达到了部门目标。

6）完成项目后。除了肯定项目所取得的财务成果和对公司总体战略目标的贡献外，还需要完成改编工艺文件和工作指导书，形成作业标准，使六西格玛项目的成果持续为企业服务。

1.3.2.17 三螺旋创新法

（1）三螺旋创新法的概念

三螺旋的概念最早出现于1953年，生物学家鲍林和科里认为DNA是由三条链缠绕在一起形成的三螺旋体。几个月之后，华生和克里克认为DNA是双螺旋结构，而该理论很快被人们接受，两名科学家也因此获得了诺贝尔奖。人们普遍认为，双螺旋在一定环境中以一种互补的方式保持稳定，而三螺旋则有可能包合各种类型的复杂行为。

1995年，美国纽约州立大学研究员亨利·埃费科威兹和荷兰阿姆斯特丹大学研究员劳埃特·雷德斯多夫首次在社会科学领域内提出了"大学、产业和政府"之间的"三螺旋"理论，并发表了论文"政产学关系的三重螺旋：一个知识经济发展的实验室"，标志着三螺旋创新理论的诞生。

三螺旋理论主要用来解释政府、产业和大学三者之间在知识经济时代的新关系。三螺旋模型理论利用一个螺旋形的创新模型（区别于传统的线性创新模型），描述了在知识商品化的不同阶段、不同创新机构（公共、私人和学术）之间的多重互反关系。

埃费科威兹将三螺旋描述为"三重螺旋"的一种创新模式，是指大学、产业和政府三方在创新过程中密切合作、相互作用，同时每一方都保持自己独立身份的关系状态，如图1-23所示。在三螺旋创新理论中，三螺旋部分重叠的交界面上出现混合组织，如大学创造培育了一个产业或扮演作为一个区域或地方的创新组织者——准政府的角色。

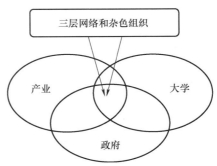

图1-23 大学、产业、政府关系三螺旋

（2）三螺旋创新法的应用步骤

创立三螺旋模型是为了揭示创新的动态性以及知识开发与传播结构之间的复杂网络。三螺旋模型的基本思想是，创新政策从传统的线性关系向拥有众多创新参与者的动态网络模型进行转变，即它是有别于传统线性模型的一种螺旋形创新模型，在知识资本化的不同阶段捕捉包含公共、私人以及学术层面的制度设置中的多元重叠关系。在三螺旋模型中，大学、产业和政府这三种主体被定义成机构，同时在各主体边界上进行交互，并且这些交互活动是由类似于产业联络组织、技术转化办公室和合同办公室等机构来完成的。

三螺旋模型在知识的创造、扩散和利用等方面应用时,一般需要经历四个步骤。

1) 在每条螺旋线上都有内点的角色变换。例如,研究型大学在社会中扮演了新的角色,即它们不仅教育培养学生和从事科学研究,同时也承担了知识应用转化的重任,因此新的大学使学术和产业之间的边界变得模糊。又如,现代企业之间建立起研发联盟,以及当代政府也常常需要承担风险投资的作用。

2) 各条螺旋线之间存在互相影响的作用。例如,美国政府常常需要不断修改和补充专利法的具体条文,并且条文主要发挥促进技术传播的鼓励作用。

3) 三条螺旋线上的网络和组织也会产生新的三边联系,从而刺激组织的创造性和区域的内聚性。例如,在美国硅谷,当地政府通过组织三种创新主体中的成员举办所谓的"头脑风暴法",以此鼓励三种主体之间进行交互并产生新思想。

4) 螺旋体对各螺旋线的创新主体成员乃至更大范围的社会产生递归效应。知识的商品化不但改变了大学教授对他们研究成果的认识,同时也改变了大学与企业和政府的关系。正是由于这些关系的变化,知识及其在创新活动中的作用才得以解释。

更多资料可扫码登录智慧树慕课学习平台"趣味可拓学"公开课程,网络 https://coursehome.zhihuishu.com/courseHome/1000090488#teachTeam 之"在线教程"第一章 1.2 节"创新思维与方法纵览"进一步学习。

"趣味可拓学"
学分课、公开课

1.3.2.18 人工智能背景下的创新思维方法

人工智能(简称为 AI)技术迅速发展,各类 AI 产品为人类创新思维的发展带来了新的挑战。AI 是机器表现出和人类相同的智慧行为,其概念是机器能够感知、逻辑和学习的总称。大量研究指出,人类从事的许多行业在未来将被机器人或自动化技术逐渐替代,重复性高、单一性和目标明确的工作能够轻易被自动化技术取而代之,但具备创新性、需要基于人类思考能力产出解决方案的工作较不易被取代。

第 1 章　创新思维方法纵览及思维拓展度测试

在 AI 浪潮的冲击下，人类应该尽快形成与 AI 共存的新思维，使用 AI 辅助完成部分工作，乃至利用 AI 智慧更好地进行创造性思考。

例如，ChatGPT 是 OpenAI 于 2022 年 11 月推出的 AI 聊天机器人程序，除对话这一交互方式外，还可用于复杂的语言工作，包括自动生成文本、自动问答、自动摘要等多种任务。ChatGPT 可以模拟人类的发散性思维，但是它的回答可能不会像人类的发散性思维那样具有创造性。ChatGPT 可以根据输入的问题，从大量的数据中搜索出最相关的答案，但是它不能像人类一样，根据自己的经验和想象力，提出新的观点和解决方案。如何基于 ChatGPT 这一成熟工具进行创新思考，是一个值得探讨的话题。

利用 AI 技术拥有大量经验智慧及强大数据检索功能的特点，可以把 AI 作为工具加入到人的创新思考过程中。创新思维的核心是人类进行创造性、发散性思考，现有的 AI 技术并不具备思考能力，因此 AI 背景下的创新思维方法就是使 AI 在创新过程中充当助手和工具，能加快思考进程，省去大量调研和检索工作所耗费的时间。

【案例 1-21　人工智能与创新设计】

传统设计的典型流程包括：调研、访谈获得大量的案例、经验；思维碰撞，梳理问题与解决方案；通过原型或其他成果展示设计结论；收集各方意见，重新优化设计方案；最终方案通过。

在引入 AI 技术辅助创新设计时，流程变为：大数据挖掘与处理，从文本、图像、社交网络等媒介挖掘大数据中隐含的信息；利用自然语言处理技术和机器学习算法，构建知识图谱，基于图谱反复测试和调整解决方案；开发智能产品或软件系统；投入使用，收集使用数据，迭代产品或软件系统；最终生成满意的方案。

【案例 1-22　ChatGPT 与创新思考】

思维链是一种离散式提示学习，在大模型下的上下文学习中增加思考过程，也是一种新兴的提示方法，鼓励大模型通过解释其推理过程来获得更准确的输出结果。采用思维链思想及提示工程（Prompt Engineering）技术，我们可以利用 ChatGPT 完善创新思考过程。例如在仅拥有创新方案雏形时，可以将方案雏形和进一步的思考过程输入到 ChatGPT 中，要求它给出一个较完善的方案，当然大模型生成的方案结果一般只能作为我们创新过程的参考，创新的核心思维路径还是由人类智慧主导的。

更多资料可扫码登录智慧树慕课学习平台"趣味可拓学"公开课程，网络 https://coursehome.zhihuishu.com/courseHome/1000090488#teachTeam 之"在线教程"第一章 1.1 节"时代背景与学习的革命"进一步学习。

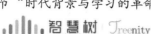

"趣味可拓学"
学分课、公开课

1.3.3　可拓学及可拓创新方法介绍

人类的历史，是一部处理矛盾问题的发展史。根据一定的程序解决矛盾问题，以至利用计算机和网络帮助人们处理矛盾问题，称为矛盾问题智能化处理。矛盾问题比比皆是。处理矛盾问题有无规律可循，有无理论可依？能否建立一套方法，最终实现利用计算机来帮助人们处理矛盾，这是可拓学研究的出发点。为了实现矛盾问题智能化处理，以蔡文研究员为首的中国学者自 1976 年开始研究如何用形式化表示矛盾问题及其解决过程，发表论文《可拓集合和不相容问题》，奠定了可拓学的基础。自 1983 年开始，研究处理矛盾问题的规律，建立处理矛盾问题的方法体系，研制处理矛盾问题的计算机软件，逐步建立了学科的理论体系和方法体系，从而产生了一门新的学科——可拓学。可拓学是用形式化模型研究事物拓展的可能性和开拓创新的规律与方法，并用于解决矛盾问题的科学。

2005 年，香山科学会议第 271 次学术讨论会"可拓学的科学意义与未来发展"取得了如下的共识：

1）可拓学是以矛盾问题为研究对象、以矛盾问题的智能化处理为主要研究内容、以可拓方法论为主要研究方法的一门新兴学科。矛盾问题智能化处理的研究对现代科学的发展具有重要意义。

2）关于可拓学的"定位"：认同可拓学是哲学、数学和工程学的交叉学科；由于可拓学的研究对象存在于各个领域中，因此，讨论中比较赞同把可拓学定位于如同信息论、控制论和系统论那样的横断学科。

可拓学是数学、哲学与工程学交叉的一门新兴学科，如同有数量关系与空间形式的地方就有数学的存在一样，有矛盾问题存在的地方，就有可拓学的用武之地。可拓学在各门学科和工程技术领域中应用的成效，不在于发现新的实验事实，而在于提供一种新的思想和方法。

可拓学的研究对象是矛盾问题，这些矛盾问题是人类改造世界的障碍，解决矛盾问题是人类进步的阶梯。很多矛盾问题都具有一定的可拓展性、可转化性，可拓集合是可拓学处理矛盾问题的数学依据之一。

可拓学的基本理论是可拓论,方法体系是可拓创新方法(也称可拓方法),逻辑基础是可拓逻辑,与各领域的交叉融合形成可拓工程。可拓学的学科框架如图 1-24 所示。

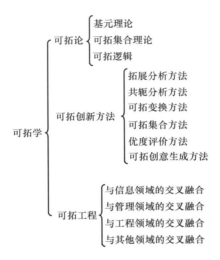

图 1-24　可拓学的学科框架

传统的创新依赖人的聪明才智,大多借助冥思苦想之后的灵感捕捉,没有系统性、规律性的思路可循。可拓学通过建立形式化可拓模型,以可拓集合为基础,采用拓展分析、共轭分析、基本变换、传导变换、共轭变换以及转换桥等方法生成一系列解决矛盾问题的策略,然后进行优度评价,选择最佳策略实施。这样就使创新思维形式化、流程化、大众化。科技部科技成果管理办公室发布的可拓学研究成果"可拓论及其应用研究"指出:"本项目是一项原始性创新研究,在海内外同类研究中,处于领先和指导的地位。"

以中国科学院吴文俊院士和中国工程院李幼平院士为首的鉴定委员会对"可拓论及其应用研究"的鉴定指出:"经历 20 多年连续研究,蔡文教授等人已经建立一门横跨哲学、数学与工程的新学科——可拓学,它是一门由我国科学家自己建立的、具有深远价值的原创性学科。"中国科学院王梓坤院士在鉴定中指出,可拓学是"前无古人,外无洋人"的创造性成果。

目前,科学出版社等出版了 17 部专著(包括可拓学丛书),发表了一批论文,还出版了英文版和繁体字版的专著。中国科协在 2008 年和 2010 年的学科发展发布会上发布了可拓学在计算机、管理、控制与检测、中医等领域的应用研究成果,包括在《可拓策略生成系统》《可拓集与可拓数据挖掘》《可拓营销》《可拓策划》《可拓数据挖掘方法及其计算机实现》《可拓设计》等一批专著和论文中,可拓学研究者还申请了相关专利,研制了一批可拓软件。

在普及推广和学术交流方面，科学出版社出版了通俗读物《创意的革命——今天你"可拓"了吗？》，我国台湾地区出版了《不按牌理出牌》，蔡文研究员先后到西班牙和日本介绍可拓学，两次到我国台湾地区举办可拓学讲习班，在香港大学等介绍可拓学。40 多年来，可拓学从一个人的学术思想、一篇论文发展成为一门具有较成熟理论框架的新学科，成立了二级学会——中国人工智能学会可拓学专业委员会，召开了 18 届全国可拓学年会。随着研究的深入，可拓学已发展到多个领域的应用研究，并发展到日本、美国和英国等地。2012 年，李兴森教授应邀到美国访学交流。2013 年，蔡文教授和杨春燕教授应邀到欧洲讲学。2014 年，蔡文教授、杨春燕教授和李兴森教授应邀到美国 5 所大学交流，2023 年，国际可拓学学会在牛津大学成立。可拓学正在逐步走向国际。

更多资料可扫码登录智慧树慕课学习平台"趣味可拓学"公开课程，网络 https://coursehome.zhihuishu.com/courseHome/1000090488#teachTeam 之"在线教程"第一章 1.3 节"可拓学简介"及可拓学网站：https://extenics.gdut.edu.cn/ 进一步学习。

"趣味可拓学"
学分课、公开课

【阅读材料：科技企业激发员工创造力的妙招】

当今科技行业的发展速度空前迅猛，如果企业缺乏创新，就难逃被淘汰的命运。因此，几乎所有科技企业都在想方设法谋求创新。为了激发员工的创造力，众多科技企业可谓各有奇招，有的公司请名人做演讲，有的公司"年假"一放就是一整年。Business Insider 网站列举了科技企业激发员工创造力的 12 招，下文列出 10 招。

1. 设计公司 Sagmeister & Walsh——全体员工每七年可休假一整年

设计师斯特凡·施德明每七年就会让他在纽约的工作室关门停工一整年，从而让全体员工有充分的时间来恢复活力和寻找新的创意灵感。

2. 数字营销软件公司 HubSpot——跨部门轮岗

HubSpot（图 1-25）会请人来公司做演讲，此外，以"高度透明的公司文化"著称的 HubSpot 还有一项独特政策：让员工不时加入其他团队工作一段时间以了解不同业务。例如,让工程师与市场营销人员相互学习。

图1-25　HubSpot的跨部门轮岗

3. 多元化科技巨头3M——"15%时间"

3M的"15%时间"比谷歌的"20%时间"早出现几十年——早在1974年,3M的科研人员阿特·弗莱(Art Fry)就在他的"15%时间"里试着把黏合剂涂在一张纸的背面,而这个项目后来成就了3M的标志性产品"报事贴"(Post It Note)(图1-26)。

图1-26　3M的"报事贴"

4. 微软——在比尔·盖茨的办公室里找灵感

微软把比尔·盖茨使用过的办公室变成了名为"车库"(The Garage)的创意空间，里面到处都是各种各样的科技玩具，员工可以去那里为科技项目找灵感。有时候，一些谋求创新的产品团队会在"车库"里待上一整周。

5. 微软的另一招——举办"科学集市"

微软每年举办两次"科学集市"(Science Fairs)（图1-27），目的是展示微软员工在业余时间搞的各种项目，地点通常在刚才提到的微软"车库"。全公司上下包括高级副总裁在内，都会参加这一活动，微软还会评出获奖项目。

图1-27 微软的"科学集市"

6. IBM——大型头脑风暴活动"Jam"

IBM会围绕特定主题举办大型头脑风暴活动"Jam"，其中最著名的一次活动或许是2006年的"创新Jam"——这是IBM举办过的规模最大的一次在线头脑风暴活动，有来自104个国家和67家公司的超过15万人参与。IBM对此次活动中诞生的10个新创意投资1亿美元进行开发，其中包括智能医疗支付系统和3D互联网等。

7. 项目管理软件公司Asana——向员工提供美食

Asana的办公室有一间商业化厨房，聘请了两位全职大厨设计健康美味、提供采用有机食材的午餐，从而提高员工的工作效率并避免他们在午餐后犯困。此外，办公室里还存放了大量上好的巧克力和苏格兰威士忌（图1-28）。

8. 票务公司Eventbrite——设立幽暗静雅的休息室

有研究表明，幽暗的光线能增强人的创造力。总部位于洛杉矶的票务公司Eventbrite利用这一原理，在办公室内设立了一间光线幽暗、安静雅致的"禅室"(Zen Room,见图 1-29),员工可以在这里调息、冥想或小睡。

图 1-28　Asana 的美食

图 1-29　Eventbrite 的休息室

9. 企业软件公司 Yammer（已被微软收购）——举办换装"黑客日"

很多公司都会举办"黑客日",就是让一群开发人员凑在一起创建新产品或新功能,他们常常在"黑客日"期间不分昼夜地拼命写代码。不过 Yammer 的"黑客日"有点特别——员工们会装扮成各种各样的古怪造型。

10. 代码托管及编程社区 GitHub——每月评出一位"开发者之王"

GitHub 每月都会评出一位"开发者之王（或女王）"来帮助用户们排忧解难。正因为如此,工程师们才能迅速发现问题所在,并了解用户对 GitHub 平台的"非主流"使用方式,从而快速解决各种问题并打造富有创意的新功能。

本阅读材料的资料来源:搜狐工厂消息,http://it.sohu.com/20130717/n381875218.shtml,有删改。

思考与训练

1. 请思考信息环境、人工智能技术以及社会需求的变化，对你的学习、生活产生了哪些影响？如何才能更好地利用新技术提升自己的创新能力？

2. 你在工作、生活中是如何产生创意和解决难题的？请举出 1~2 个成功的例子。

3. 通过本章的学习，你了解或掌握了哪些创新方法？这些创新方法之间有哪些相同和不同之处？请列表对比、总结本章介绍的多种创新思维方法，并尝试归纳总结出一套适合自己的创新思维方法。

4. 请扫描下面二维码，学生扫描图 1-30，在职人员扫描图 1-31，填写 1~3 个困扰已久的矛盾难题，要求问题有难度、有价值、具有现实求解的可能性。

图 1-30　学生填写　　　　图 1-31　在职人员填写

5. 请提出 1~2 个新产品或信息服务类小程序研发的设想，记在手机备忘录或笔记本的首页，并在后续学习中逐步实践，完成方案设计。

第2章
可拓创新思维的理论基础

可拓创新思维的理论基础是可拓学。可拓学的形式化模型包括基元模型、复合元模型和问题的可拓模型，数学基础是可拓集合和关联函数，逻辑基础是可拓逻辑。本章介绍基元理论、可拓集合和可拓逻辑。

2.1 基元理论概述

大自然与人类社会是非常复杂的，涉及方方面面的信息，那我们如何用简单的方式把这些复杂的信息进行统一表达，为创新策略生成打下信息基础呢？基元理论用一种形式化、标准化的方法，为我们描述各种复杂的信息提供了一种方法论。

对大千世界万事万物的信息描述可分为三大类对象（图2-1），就是物、事（活动）和关系。为了形式化描述物、事（活动）和关系，分别建立了物元、事元和关系元的概念，统称为基元。基元以 {对象，特征，量值} 的三元组表示。每一类都用特征和量值表达其内涵与外延，它们是创新的信息细胞。

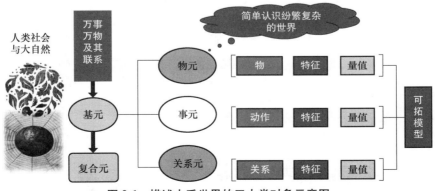

图 2-1　描述大千世界的三大类对象示意图

分别从对象、特征和量值出发,可以有序地进行系统、全面的思考。

在可拓学中,客观世界就是一个基元世界,处理客观世界的矛盾问题就是处理基元之间的矛盾问题。基元理论包括基元模型、复合元模型及运算、可拓模型、拓展分析、共轭分析和可拓变换理论。基元理论的核心观念是基元的可拓性和物的共轭性,这成为处理矛盾问题的理论基石。

基元理论给人们展现出来的客观世界是这样的一幅图景:现实世界是一个物元集合或物元系统;它们的相互作用构成事元集合或事元系统;它们的相互影响与联系构成关系元系统。基元之间的相互联系和相互作用在一定条件下相互转化;转换的形式和结果可以通过可拓变换来实现。这幅图景奠定了思维拓展的一种形式化体系的基础。

将各类基元的特征及量值存入数据库,利用数据库的功能方便查询和利用,称为基元库。基元库的构建能为创新策略生成打好信息基础。

更多资料可扫码登录智慧树慕课学习平台"趣味可拓学"公开课程,网络 https://course-home.zhihuishu.com/courseHome/1000090488#teachTeam 之"在线教程"第二章2.1.1节"基元建模"进一步学习。

"趣味可拓学"
学分课、公开课

2.2 集合论——康托集合、模糊集合和可拓集合

把不能解决的问题通过提高信息维度成功解决,从不能到能这个过程怎么去描述?这就追溯到最基础的数学理论——集合论。集合是指具有某种特定性质的具体的或抽象的对象汇总成的集体,这些对象称为该集合的元素。通俗地讲,集合就是由一个或多个元素所构成的"一堆东西",集合里的"东西"称作元素。集合是最简单的空间。集合论、逻辑与一阶逻辑共同构成了数学的公理化基础。例如,全班同学的集合,它的元素就是班上每一位同学。通常用大写字母如"A,B,S,T,…"表示集合,而用小写字母如"a,b,x,y,…"表示集合的元素。若 x 是集合 S 的元素,则称 x 属于 S。任何科学理论都有它的研究对象,全体范围的对象构成一个不空的集合,称为论域。

2.2.1 康托集合

德国数学家康托尔在1874年创立的集合称为康托集合或经典集合,奠定了集

合论的基础。1883 年，康托尔出版的《集合论基础》是其形成的标志。经过一大批卓越的科学家近 50 年的努力，到 20 世纪 20 年代已确立了集合论在现代数学理论体系中的基础地位。可以说，严格的集合论是现代数学各个分支的基础。

康托尔提出的集合称为经典集合或康托集合。在康托集合中，用特征函数来描述论域中的元素是否具有某种性质，特征函数只取 0 和 1 这两个数来描述"是"与"否"。

2.2.2 模糊集合

美国人扎德在 1965 年首先提出了模糊集合，作为表述客观世界中模糊现象的集合论基础。模糊集合是用来表达模糊性概念的集合，是指具有某个模糊概念所描述的属性的对象的全体，又称模糊集、模糊子集。普通的集合是指具有某种属性的对象的全体。这种属性所表达的概念应该是清晰的，界限分明的。因此，每个对象对于集合的隶属关系也是明确的，非此即彼。但在人们的思维中还有着许多模糊的概念，例如年轻、很大、暖和、傍晚等，这些概念所描述的对象属性不能简单地用"是"或"否"来回答，由于概念本身不是清晰的、界限分明的，因而对象对集合的隶属关系也不是明确的、非此即彼的。模糊集合这一概念的出现使得数学的思维和方法可以用于处理模糊性现象，从而构成了模糊集合论的基础。

在模糊数学中，用隶属函数来表征论域中元素具有某种性质的程度，取值 [0，1]。

2.2.3 可拓集合

1983 年，我国学者蔡文提出可拓集合，作为现实世界中矛盾问题转换为不矛盾问题的集合论基础。康托集合、模糊集合和可拓集合的对比如图 2-2 所示。

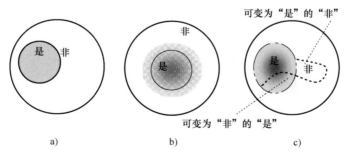

图 2-2 康托集合、模糊集合和可拓集合示意图

a）康托集合 b）模糊集合 c）可拓集合

在可拓集合中，论域中的元素所具有某种性质的程度用关联函数来描述，

通过建立实域上可拓集的关联函数的基本公式,使它能定量地、客观地表述元素具有某种性质的程度及其量变与质变的过程。

可拓集合是可拓学的理论支柱之一,是在康托集合和模糊集合的基础上发展起来的另一个集合概念。客观事物处于不断运动和变化之中,人脑思维对客观事物的识别和分类并不只有一个模式,而是多种形式的,因而描述这种识别和分类的集合论也不应是唯一的,而应是多样的。经典集合描述的是事物的确定性概念,用0、1两个数来表征对象属于某一集合或不属于该集合;模糊集描述的是事物的模糊性,用[0,1]中的数值来描述事物具有某种性质的程度;可拓集合描述的是事物的可变性,用($-\infty$,$+\infty$)中的数来描述事物具有某种性质的程度,用可拓域描述事物"是"与"非"的相互转化。

例如,某企业加工的某种工件,按经典集合的划分方法,可划分为合格品和不合格品。但实际上,在不合格品中,如果采取"重新车床加工"的方法,那些大于合格尺寸的工件就是"可返工品",其余的才是废品;如果采取"电镀"的方法,则小于合格尺寸工件就是"可返工品",其余的才是废品。由此可见,"可返工品"是一类特殊的通过变换可改变的不合格品。

这类问题用经典集合或模糊集合都是很难描述的,可拓集合正是以这类实际问题为背景发展起来的一个新概念。它既可以描述事物是与非的相互转化,又可以描述事物具有某种性质的程度,即既可以描述事物质变的过程,又可以描述事物量变的过程。可拓集合为定量化、形式化和逻辑化解决矛盾问题提供了理论依据和新的数学工具。

在特定论域下,其任一元素基于某一变换,按某一准则进行的划分称为可拓集合。其中变换可以是论域变换、准则变换和元素变换。

可拓集合将论域分为正稳定域、负稳定域、正可拓域、负可拓域和零界,如图2-3所示。可拓集合描述了事物"是"与"非"的相互转化,它既可用来描述量变的过程(稳定域),又可用来描述质变的过程(可拓域)。可拓集合有两条边界——零界和拓界,它们是质变的边界,超过它们,事物就产生质变。零界是变换前分类的边界,拓界是变换中动态分类的边界。

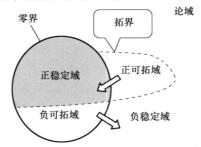

图2-3 关于元素变换的可拓集合对论域的划分

第 2 章 可拓创新思维的理论基础

上述可拓集合的划分,可作为使矛盾问题转化的理论依据和定量化工具。

以参加某次英语考试的学生为例,初次笔试,然后又组织了面试。笔试合格、面试仍合格的处于正稳定域,笔试不合格、面试仍不合格的处于负稳定域,笔试不合格、面试后总评合格的处于正可拓域,笔试合格、面试后总评不合格的处于负可拓域;零界线上是指正在参加考试的学生。下面再看一个更具体的例子。

【案例 2-1 在校生论域的动态划分】

以某校全体在校生和参加高考的学生作为论域,正域是指某大学全体在校生的集合,负域是指非在校生。在 7、8 月高考录取期间,对在校生论域的动态划分如下文所述。

全体在校的大一学生处于正稳定域,未来 3 年以内还都是在校生。而大四毕业不留校的学生,目前还没有办理离校手续,还是在校生,但是很快他们办理完离校手续离校后,就不再是大学的在校生了,所以大四的毕业生处于负可拓域。

参加高考,报考了某大学,并且被录取的学生处于正可拓域。现在还不是在校生,但 9 月开学以后报到注册就变成在校生了。负稳定域中是没有报考某大学,或者报考了但是没有上线,没有被录取的学生。拓界中的学生,是报考了某大学,分数也上线了,正在等待录取的学生,如图 2-4a 所示。

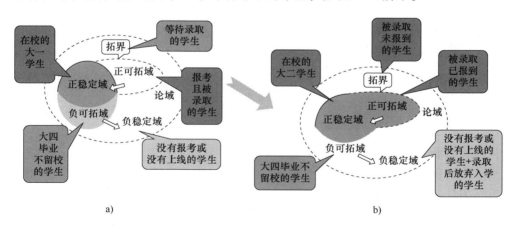

图 2-4 关于某大学在校生集合的划分
a)7、8月高考录取时间 b)9月考生入学后

接下来我们看一下 9 月,新生入学以后正负域的变化。原先在校的大一学生,现在升级为大二的学生了,仍然是在校生,他们处于正稳定域。大四毕业不留校的学生,从负可拓域已经进入负域,不再属于在校生了。被录取且已经

到学校报到，拿到学生证的学生，已经处于新的正稳定域。被录取了，还在前来报到的路上，或者正在报到的同学，处于拓界。没有报考或者没有录取，或者因为各种原因确定不来报到的学生，处于负域，如图 2-4b 所示。

下面以某公司招聘员工为例来进一步说明可拓集合中各域的意义。

【案例 2-2　员工招聘的可拓集合】

设论域 U 为某公司招工时应聘者的全体，$u \in U$ 为任一应聘者，$y = k(u)$ 表示应聘者 u 符合招聘条件的程度，则可拓集合 $\widetilde{E}$ 中各域的划分为：

1) 在不实施变换 T 时，所有符合招工条件的应聘人员全体用 $\widetilde{E}$ 的正域表示；而 $\widetilde{E}$ 的负域表示应聘者中所有不满足招工条件的人员的全体；其零界线上表示应聘者中既符合条件，又不符合条件的人的全体，如已经考取某一证书，但证书还未颁发下来的人员。

2) 假设招聘条件中对电脑操作水平有一定的要求。论域和关联准则都不变，变换 T_u 为应聘者突击培训电脑操作一周，部分应聘者培训后提高了自己的计算机水平，则：正可拓域表示原来不合格但突击培训后变为合格的应聘者的全体；由于这些应聘者培训后变为合格的应聘者并成为受聘者，但招聘岗位有限，原来部分合格者因为计算机操作水平低于突击后的受聘者而被淘汰，因而这些原来合格但后来被淘汰的应聘者全体用负可拓域表示。

正稳定域表示原来合格，经变换 T_u 后仍然合格的应聘者的全体。负稳定域表示原来不合格，经变换 T_u 后仍然不合格的应聘者的全体。

3) 若论域和论域中的人员都不变，变换 T_k 为对关联准则 k 的变换，设 T_k 为改变某些招聘条件，如降低对学历的要求，增强对语言表达能力的要求，则：正可拓域表示原来不合格，但变换招聘条件后变为合格的应聘者的全体；负可拓域表示原来合格，但变换招聘条件后变为不合格的应聘者的全体；正稳定域表示原来合格，经变换后仍然合格的应聘者的全体；负稳定域表示原来不合格，经变换后仍然不合格的应聘者的全体。

4) 若变换 T_U 为对论域 U 的变换，设 T_U 为扩大招聘区域，其他招聘条件不变，如原来只是在北京招聘，即论域 $U = \{$北京地区的所有适龄人员$\}$，现在招聘范围扩大到全国，即 $T_U U = \{$全国的所有适龄人员$\}$，则：正可拓域表示条件变化后合格的应聘者全体，即北京市外合格的应聘者；负可拓域表示在条件变化后北京市内应聘者变为不合格应聘者全体，即原来为北京市内合格应聘者现转化为不合格应聘者；正稳定域表示原来为合格的应聘者，经变换后仍然为合格的应聘者的全体；负稳定域表示原来为不合格的应聘者，经变换后仍然为不合格的应聘者的全体。

由以上案例可见，事物动态转化的程度可以用可拓集合定量化地表示出来，并且利用可拓集合可以对事物进行动态分类和划分。可拓集合的核心概念是可拓域。可拓域有正可拓域和负可拓域之分。正可拓域不具有经典集合中所需要的某种性质，但经过可拓变换后，变为具有所需性质。显然，不同的变换具有不同的可拓域。可拓域中的元素，经过变换产生了质变。

与可拓域相对应的是稳定域，它表示在某变换下，其性质不产生质的变化的元素。事物的变化在稳定域内进行的时，属于量变的范围。论域中元素具有某种性质的程度用关联函数来表达。

在可拓集合基础上，正逐步建立一个数学的新分支——可拓数学，它与经典数学、模糊数学的区别与联系见表2-1。

表2-1 可拓数学与经典数学、模糊数学的区别与联系

形式模型	集合基础	性质函数	取值范围	距离概念	逻辑思维	处理的问题
数学模型	康托集合	特征函数	$\{0, 1\}$	距离	形式逻辑	确定性问题
模糊数学模型	模糊集合	隶属函数	$[0, 1]$	距离	模糊逻辑	模糊性问题
可拓模型	可拓集合	关联函数	$(-\infty, +\infty)$	可拓距	可拓逻辑	矛盾问题

有关可拓集合的严谨的数学定义及更多详细的内容，可以参考科学出版社出版的专著《可拓学》。

更多资料可扫码登录智慧树慕课学习平台"趣味可拓学"公开课程，网络 https://course-home.zhihuishu.com/courseHome/1000090488#teachTeam 之"在线教程"第三章3.6节"从康托集合到可拓集合"进一步学习。

"趣味可拓学"
学分课、公开课

2.3 可拓集合创新的三类变换对象

可拓集合理论指出了创新的三类变换对象：元素、准则、论域。下面分别介绍这三类对象。

2.3.1 元素

元素是构成集合的基本单位。例如,大学里所有信息管理专业本科新生构成一个大学新生集合 A,每一位新入学的信息管理专业大学生就是集合的一个元素。元素可以用基元形式化表达,基元理论详见第 3 章。

2.3.2 准则

准则是对问题矛盾或不矛盾状态以及矛盾程度的一种规定。由于这一规定,某些元素不能满足限制,从而造成"不可知""不可行"。当关联准则改变时,不满足原限制的某些元素,可以变为满足"新限制"的元素,从而使不行变为行,不是变为是。

准则的改变是解决问题的一条途径。例如,若要求信用卡申请者的年收入在 10 万元以上才能批准,则年收入在 10 万元以下的人无法通过审批;但若改为 5 万元以上可通过审批,则收入在 10 万元至 5 万元之间的人则有可能成为信用卡持有者。不同时期可以使用不同的政策,不同地区可以执行不同的规定。在市场竞争中,"游戏规则"的改变等都属于准则的变换。可拓集合中符合关联函数构造规范的准则称为关联准则。

【案例 2-3 解绳结的准则】

传说古希腊有一座神庙,在两根柱子中间用一根绳子打了一个复杂的绳结。神庙的主持宣称,如果谁能解开这个绳结,必成栋梁之材。许多有学问的人纷纷前往尝试,均难解此结。而年轻的亚历山大看了之后,发现这个"结"确实无法解开。他当即拔出佩剑,挥剑一劈,绳结就开了。

为什么大多数人都想不到这个最简单的解决方法呢?主持并没有说绳索不能砍断,这是由于人的习惯思维,使很多人在思考问题时,人为地给问题增加了限制,把"解开"作为不可变的目标。亚历山大拓展了这种限制准则,将解绳的方式从"用手解"变为"用刀劈",问题迎刃而解。

改变活动的规则就可以产生新的产品、新的项目,规则包括市场竞争规则、非竞争规则、自定规则等等。如果改变"摄影师给顾客拍摄照片"这一规则为"顾客在照相馆自己拍摄照片",就是一个新的服务产品——自拍照相馆。自拍照相馆可以有多种类型,如自助拍摄证件照的摄影棚、自助拍摄婚纱照片的摄影棚、儿童自拍摄影棚(由父母给儿童拍摄或互相拍摄)等。这种照相馆充分考虑顾客的要求,给顾客带来自由、随意、自我满足和良好体验的成功感。

老一代的演唱会,是"演员唱歌,群众欣赏",而改变这一规则为"群众唱歌，群众欣赏"，产生了风靡世界的"卡拉 OK"。挑选歌星以前是由专家在演员中挑选的，把这一规则变换为"大众上台，大众评议"，人人都可参加比赛，并由大众投票表决，产生了如"超级女声"等成功案例。

【故事 2-1　拔牙的误解】

一个牙痛的人看到牙医墙上的标语：

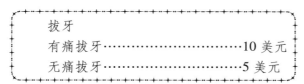

病人走过去看看标语是不是搞错了。"没错，没错。"病人坐下来。牙医准备好仪器，上了齿夹。

开始拔牙的时候，病人提醒医生，"记住——我要无痛的。""好的。"牙医开始拔牙。

病人开始抽泣并叫道："哎哟，哎哟！""注意，"医生说，"如果你开始尖叫，这将花费你 10 美元！"

请对比医生制定的无痛准则和病人理解的无痛准则的差异。

2.3.3　论域

把矛盾问题研究对象的全体称为论域。论域是一个集合，是研究矛盾问题的范围。可拓集合有两条疆界，一条是正域和负域的分界——零界，一条是论域的边界。论域的变换具体表现为边界的改变；关联准则的变换具体表现为零界的改变；元素的变换是通过改变事物内涵导致其位置的改变。

可拓集合不承认绝对的非此即彼，也不承认绝对的亦此亦彼。而是把"此"与"彼"置于变化之中，考察事物"此"与"彼"的相互转化。转化思想是可拓学最基本的哲学概念，它发展了以往自然观"转化"的总括概念。为可拓学提供了辩证的思维形式，为创造性思维的形式化和逻辑化提供了辩证唯物主义自然观基础。

【案例 2-4　月牙形沙丘和喷气式飞机】

在喷气发动机进入市场地 40 多年的过程中，燃烧火焰不稳定一直是喷气发动机需要解决的问题，但这个关键性技术问题一直没有得到有效的解决。火焰不易稳定的问题会连锁产生效率低、耗油率高等问题，甚至会出现振荡燃烧，危及飞行安全。

某大学毕业生在青海工作了10余年。一次在路过鸣沙山和月牙泉的路上，沙漠里形状各异的沙丘引起了他的注意，其中一个沙丘像一个弯弯的月牙，非常好看。月牙泉和鸣沙山有数千年的历史，那是一个大的月牙形的沙丘。白天去的游客很多，把鸣沙山的沙子都踩了下来，使形状有所破坏，夜里刮了一夜大风，第二天再去看沙丘，已经恢复原状。他当时就想，这个沙丘为什么这么稳定呢？它能够一直停在那儿，停了几十年、几百年甚至上千年，那必然有它的道理。

后来在读研究生期间，他便把月牙形沙丘的机理移植到航空领域，研究沙丘驻涡火焰稳定器原理。经过刻苦攻关，1980年年底，"沙丘驻涡火焰稳定器原理"试验取得成功。这个发明使得火焰燃烧稳定性在原来的基础上提高了好几倍，除此之外，还增加了发动机的推力，降低了燃油消耗。这项研究解决了航空领域中多年来没有解决好的世界性难题，获得国家发明一等奖。

他把地理领域中沙丘的形成机理移植到航空领域中，通过论域变换取得了突破性的成功。

【案例2-5　应用可拓集合解决招聘难题】

某公司新成立，向社会招聘职工500名，要求本市户口，计算机操作能力3级以上，男性。应聘的人有1000名，合格的却只有100名。人事部分析不合格的应聘者，发现两个原因：

1）一部分应聘者因计算机操作能力较差而不合格，其余条件都合格。

2）很多应聘者持有非本市户口，不符合本市户口要求。

如何帮他们快速招聘500名职工呢？基于可拓集合理论，可采取三类对策：

1）对只是计算机操作水平不合格的应聘者组织培训，提高计算机能力，再通过考试，从中招聘合格的应聘者。

2）对可以由女性担任的岗位，一律删除要求男性的条件。

3）取消要求本市户口的限制，把招聘范围扩展到全国。

通过这三项措施，公司顺利完成了招聘500人的任务。

在这三条对策中，分别应用了不同的方法：第一条是从条件入手，对应聘人员这一对象的特征做增加变换，使不合格的应聘者变为合格的应聘者；第二条是准则的变换，使准则中的限制发生变换；第三条是地域范围的扩大变换。通过同时进行这三个变换，使大批原来不合格的人员成为合格的应聘者。这个例子表明，对事物的分类是可以拓展变换的，可拓集合为变"不是"为"是"提供了理论指导。

第 2 章 可拓创新思维的理论基础

更多资料可扫码登录智慧树慕课学习平台"趣味可拓学"公开课程，网络 https://course-home.zhihuishu.com/courseHome/1000090488#teachTeam 之"在线教程"第三章 3.7 节"可拓集合应用"进一步学习。

"趣味可拓学"
学分课、公开课

2.4 可拓逻辑

在经典逻辑和模糊逻辑中，论域都是固定不变的，这反映了人们的一种思维习惯：在某一个固定范围内看待所思考问题涉及的对象。其优点是便于在固定的范围内研究问题的解，但也限制了人们的视野。特别是在处理矛盾问题时，一种重要的方法就是跳出习惯领域形成的对象集，如找营销人才不是非到市场营销专业中去招聘不可，其实传媒专业和信息管理专业中也有营销高手。在客观世界中，在一定范围内是矛盾的问题，在另一范围内却可能是不矛盾的。通过论域变换，可以使矛盾问题转化为不矛盾问题。

"雪是白的"，看似常识，但在 19 世纪初的伦敦，雪有时是灰色的。

"三角形的内角和是 180°"，看似公理，但在球面几何中，它是错的。

"水在 100℃沸腾"，但在青藏高原，这是错的。

可以看到，在一定条件下正确的话，在另一条件下会变成错误的。相反，在一定条件下错误的话，在另一条件下又可以变成正确的。

在没有外力作用下，"水往高处流"这句话是错的，但在电动机和水泵的作用下，水往高处流，这时这句话又是正确的。

命题的真假和推理的对错，都是在特定条件下发生的，真可以化为假，对可以变为错。真假和对错有程度的差别。可拓集合的关联函数可以作为描述这种程度差异的定量化工具。

命题和推理句均可以用基元表示，并在基元表示的基础上进行拓展。原有命题在特定变换下，新的真假程度称为可拓真度。比如雪是白的，原有真度（静态真度）是 95%；在有沙尘暴的情况下，它的可拓真度降为 78%。同理，原有推理句在特定变换下，新的正确程度称为可拓正确度。比如，水的沸点是摄氏 100℃，"现在水沸腾了，它的温度是 100℃"这句推理句的可拓正确度为 100%；但如果地点移到海拔 4km 的高原上，那么推理句的可拓正确度就会从 100%降为 48%。水的沸点是 100℃，其隐含的前提条件是在周围大气压环境为

1 标准大气压的时候，高于 1 标准大气压的时候水的，沸点就高于 100℃；低于 1 标准大气压的时候，沸点就低于 100℃。

在科学研究中，把数学方法应用于生物领域，产生了生物数学；把生物领域和化学领域的某些理论和方法结合起来，产生了生物化学。很多交叉科学、边缘科学，正是通过论域变换实现的。

2.5 可拓距

可拓学为了描述类内事物的区别，规定了点 x 与区间 $X_0 = <a, b>$ 之间的可拓距。

设 x 为实轴上的任一点，$X = <a, b>$ 为实域上的任一区间，称

$$\rho(x, X) = \left| x - \frac{a+b}{2} \right| - \frac{b-a}{2} \tag{2-1}$$

为点 x 与区间 X 的可拓距。其中 $<a, b>$ 既可为开区间，也可为闭区间，还可为半开半闭区间。

对实轴上的任一点 x_0，有

$$\rho(x_0, X) = \left| x_0 - \frac{a+b}{2} \right| - \frac{b-a}{2} = \begin{cases} a - x_0, & x_0 \leq \frac{a+b}{2} \\ x_0 - b, & x_0 \geq \frac{a+b}{2} \end{cases}$$

例如，某电动机正常运转对电流范围有一定要求，通常用额定电流 <20A, 50A> 表示这个理想范围。在实际问题中，电流的大小还有一个可接受的范围，如 <15A, 53A>，在此范围之外，电动机才真正不能转动或被烧坏。这两个区间形成一区间套，点与这两个区间的关系用位值来描述。

如上所述，很多实际问题对某些指标的要求都有两个区间：量值符合要求（或理想）的区间和可接受（或质变）的区间。如：消费者到商店购买一个家电，会在心中预设某个满意的价位区间，如 <2000 元, 2500 元>，同时也会预设一个可接受的价位区间，如 <2000 元, 2700 元>。某类电动机运行，对电压的要求有最优区间 <210V, 240V>，也有一个可用的区间 <180V, 280V>，超出此区间则无法启动或烧毁。医学上有服药量的控制范围。许多现象符合"不及则倾，过之则覆"的规律。在此基础上，可拓学定义了多种关联函数，利用关联函数对创意方案进行优度评价。位值和关联函数的定义及计算详见《可拓学》一书。

思考与训练

1. 在屏幕上显示一张屏幕测试图片，从远处慢慢走向讲台接近屏幕，观察

第2章 可拓创新思维的理论基础

屏幕上图2-5的变化，给出合理的可拓集合理论解释。

2. 前排、后排、左侧、右侧的同学互换座位，到讲台上站1min，列举有哪些特征发生了变化。你从中有何新的发现？

3. 基于可拓集合理论，思考先有鸡。还是先有蛋。为什么？请认真思考后扫码图2-6填写。

图2-5 屏幕测试图片

4. 小虎同学希望评为A中学的三好学生。这里评三好学生要求：第一，历次英语考试平均成绩90分以上；第二，要求至少担任过一学年以上的班干部；第三，综合素质良好以上。但小虎的英语考试成绩平均只有85分，离要求的分数差5分，所以就评不上三好学生。基于可拓集合理论，可以通过哪几类方法让小虎评上三好学生呢？

图2-6 思考鸡和蛋的问题

5. 阅读如下材料，分析其中判断远近的准则，请利用所学地理等知识思考分析何种准则是合理的？观测者与太阳的距离何时更近？

孔子东游，见两小儿辩斗，问其故。一儿曰："我以日始出时去人近，而日中时远也。"一儿曰："我以日初出远，而日中时近也。"。一儿曰："日初出大如车盖，及日中则如盘盂，此不为远者小而近者大乎？"一儿曰："日初出沧沧凉凉，及其日中如探汤，此不为近者热而远者凉乎？"（可参考资料：戴文赛. 太阳与观测者距离在一日内的变化 [J]. 南京大学学报（自然科学版），1955（01）：49-54）

6. 阅读如下材料，绘制出高血压标准变化前后的可拓集合示意图。

据2022年11月13日新发布的《中国高血压防治指南》中规定：血压标准数值已从140/90mmHg改为130/80mmHg。专家称，按新的诊断标准估算，中国高血压患者数量将由2.45亿增至近5亿，1/3的中国人都将成为高血压患者。本次标准的调整主要来源于我们中国人自己的流行病学数据。专家介绍说，血压介于"130/80mmHg和140/90mmHg之间"的人群，既往认为其处于"正常高值"，也被称作"高血压前期"人群。新的研究发现，这类既往还没有被诊断为高血压患者的人群，多半未得到及时干预，因而存在着潜在的心脑血管病风险，而新标准的制定主要是为了将防控端口前移，使更多过去"正常高值"人群被确诊，得以追踪监测、药物治疗和长期管理，越早治疗获益越大，这将大大降低心脑血管病的发病风险和死亡风险。（资料来源：https://baijiahao.baidu.com/s?id=1749457831890127699&wfr=spider&for=pc。）

7. 罗素悖论之理发师难题的破解：请运用可拓集合理论阐述你的方案，并给出具体的解释。

某个镇上只有一名理发师，他技艺高超，但他定了一条奇怪的规则，"我只给本镇上不给自己理发的人理发"。有一天，罗素知道了这个规则，就问理发师："你给不给自己理发？"理发师想了想，如果他说"给自己理发"，他就属于"能给自己理发的人"，按规则他就不该给自己理发；如果他说"不给自己理发"，他就属于"不给自己理发的人"，按规则他就可以给自己理发。想到此，理发师竟无言以对。那么，这个理发师能否给自己理发呢？

8. 莫妮卡在医院待了几天。她既没有受伤也没有生病，但出院时是被人抱出去的。那她为何去医院呢？

9. 众目睽睽之下，一位女士被3位男生紧紧地围在中间不能活动，竟然没有人呼救和干涉。请给出合理的解释。

第3章

可拓创新思维的信息基础及其模型

 ## 3.1 从自然语言到基元模型

基元是用可拓学的语言来描述一个待研究系统细胞的形式化语言。在现实世界中，人们常用一个完整的句子陈述一件事情。其中，主语、谓语、宾语、定语、状语、补语是一个完整句子的六个组成部分。在可拓学中，用作主语、宾语的名词通常可以用"物元"来描述；用作谓语的动词通常可以用"事元"来描述；定语通常可以用"物元"的特征和量值来描述；状语和补语则可以通过"事元"的特征和量值来进行描述。

基元的结构由（对象，特征，量值）的三元组表示。例如，

$$M_1 = \begin{bmatrix} 学生\ E, & 身高, & 170\text{cm} \\ & 体重, & 60\text{kg} \\ & 年龄, & 19\ 岁 \\ & 专业, & 信息管理 \end{bmatrix}$$

$$M_2 = \begin{bmatrix} 课桌\ F, & 长度, & 100\text{cm} \\ & 宽度, & 60\text{cm} \\ & 重量, & 15\text{kg} \end{bmatrix}.$$

"身高"是学生 E 的特征，其量值是"170cm"。课桌有长度、宽度、重量等特征。物随时间、空间位置和其他环境条件的改变而改变。所有的物、事、关系都可以表示成名称、特征和量值的形式，这样就形成了可拓思维的细胞。

物与物的相互作用称为事（活动），事用事元来描述。事元的基本特征有：支配对象、施动对象、接受对象、时间、地点、程度、方式、工具等。例如：

$$A = \begin{bmatrix} 注射, & 支配对象, & 盘尼西林 \\ & 施动对象, & 护士 Z \\ & 接受对象, & 小明 \\ & 时间, & 9月19日下午 \\ & 地点, & 校医院 \end{bmatrix}$$

物与物、事与物、事与事之间都有一定的关系,这些关系之间又互相作用、互相影响。关系元是描述物元、事元各种各样的关系的形式化工具。例如:

$$R = \begin{bmatrix} 父子关系, & 前项, & 老王 \\ & 后项, & 小王 \\ & 程度, & 密切 \\ & 建立时间, & 2010年 \end{bmatrix}$$

下面详细说明常见的基元类型。

3.2 基元的类型

矛盾问题的处理是一项系统工程。系统是由若干相互联系、相互作用的要素组成的具有特定功能的有机整体。用基元来刻画系统,实质上就是描述系统的组件(物元)通过相互联系、相互作用(关系元)来实现系统所执行的功能或作用(事元)。

3.2.1 物元

物是系统的组成要素,支持"事"的发生或实现。在可拓学中,用"物元"来对物进行描述。

<定义 3.1> 一切物质与非物质的主客观存在称为物,例如植物、动物、人类、矿物、想法等。以物 O_m 为对象,c_m 为特征,加上 O_m 关于 c_m 的量值 v_m 构成的有序三元组

$$M = (O_m, c_m, v_m)$$

以上作为描述物的基本元,称为一维物元,O_m、c_m、v_m 三者称为物元 M 的三要素;其中 c_m 和 v_m 构成的二元组 (c_m, v_m) 称为物 O_m 的特征元。

物具有多个特征,可以用多维物元表示。

<定义 3.2> 物 O_m,n 个特征名($c_{m1}, c_{m2}, \cdots, c_{mn}$)及 O_m 关于 c_{mi}($i=1,2,\cdots,n$)对应的量值 v_{mi}($i=1,2,\cdots,n$)所构成的阵列

$$M = \begin{bmatrix} O_m, & c_{m1}, & v_{m1} \\ & c_{m2}, & v_{m2} \\ & \vdots & \vdots \\ & c_{mn}, & v_{mn} \end{bmatrix} = (O_m, C_m, V_m)$$

称为 n 维物元。

物是随时间 t 变化的，可用动态物元来描述。类似地，物也随时间、空间位置和其他条件的改变而改变。为此，规定了参变量物元。

<定义 3.3>　在物元 $M=(O_m,c_m,v_m)$ 中，若 O_m 和 v_m 是参数 t 的函数，称 M 为参变量物元，记作

$$M(t)=(O_m(t),c_m,v_m(t)).$$

这时，$v_m(t)=c_m(O_m(t))$，特征的量值随参数 t 而改变。为了书写方便起见，在不引起混淆的地方，省略参数 t。简记为

$$v_m=c_m(O_m)$$

它描述了物与其关于某个特征的量值之间的关系。

对于多个特征，用多维参变量物元表示动态性（详见《可拓学》）

$$M(t)=\begin{bmatrix} O_m(t), & c_{m1} & v_{m1}(t) \\ & c_{m2}, & v_{m2}(t) \\ & \vdots & \vdots \\ & c_{mn}, & v_{mn}(t) \end{bmatrix}=(O_m(t),C_m,V_m(t))$$

给定一物，在特定的时间、地点，它关于任一特征都有对应的量值，并且在同一时刻、同一地点，量值是唯一的。当该量值不存在时，用空量值 ϕ 表示。如果物 O_m 关于特征 c_m 的量值为非空量值，称 c_m 为 O_m 的非空特征。

对任何一双鞋而言，都可以用多维物元形式化表示为

$$M=\begin{bmatrix} 鞋\ O_m, & 材料\ c_1, & v_1 \\ & 尺码\ c_2, & v_2 \\ & 颜色\ c_3, & v_3 \\ & 样式\ c_4, & v_4 \\ & 品牌\ c_5, & v_5 \\ & 价格\ c_6, & v_6 \\ & \vdots & \vdots \end{bmatrix}$$

对具体的某种鞋

$$M_1=\begin{bmatrix} 鞋\ O_1, & 材料\ c_1, & 牛皮 \\ & 尺码\ c_2, & 40 \\ & 颜色\ c_3, & 黑 \\ & 样式\ c_4, & 老板式 \\ & 品牌\ c_5, & \times\times \\ & 价格\ c_6, & 598\ 元 \\ & \vdots & \vdots \end{bmatrix}$$

$$M_2 = \begin{bmatrix} \text{鞋 } O_2, & \text{材料 } c_1, & \text{棉} \\ & \text{尺码 } c_2, & 42 \\ & \text{颜色 } c_3, & \text{黑色} \\ & \text{样式 } c_4, & \text{平底休闲} \\ & \text{品牌 } c_5, & \times\times \\ & \text{价格 } c_6, & 99\text{ 元} \\ & \vdots & \vdots \end{bmatrix}$$

又如：

$$M_{ap} = \begin{bmatrix} \text{锅 } N, & \text{名称}, & \text{仿生不粘锅} \\ & \text{功能}, & \text{炒菜，烙饼，煮饭} \\ & \text{特点}, & \text{无油烟} \\ & \text{材料}, & \text{陶钢合成材料} \\ & \text{专利号}, & \text{IN2013Xa} \end{bmatrix}$$

例如，"2006 年 9 月广州动物园有一只 2 岁的东北虎"，这是一条陈述型信息，可用物元形式化表示为

$$M_1 = \begin{bmatrix} \text{东北虎 } N, & \text{年龄}, & 2\text{ 岁} \\ & \text{位置}, & \text{广州动物园} \\ & \text{时间}, & 2006\text{ 年 9 月} \end{bmatrix}$$

再如，"甲教授是乙大学的一名知名经济学家"，也是一条陈述型信息，可用物元形式化表示为

$$M_2 = \begin{bmatrix} \text{甲某}, & \text{职称}, & \text{教授} \\ & \text{工作单位}, & \text{乙大学} \\ & \text{专业}, & \text{经济学} \\ & \text{知名度}, & \text{高} \end{bmatrix}$$

又如，"蔡文所著的《创意的革命》全球销量超过十万册"，也是一条陈述型信息，可用物元形式化表示为

$$M_3 = \begin{bmatrix} \text{《创意的革命》}, & \text{作者}, & \text{蔡文} \\ & \text{销售量}, & >10\text{ 万册} \end{bmatrix}$$

3.2.2 事元

物与物的相互作用称为事，事是一种活动、动作，以"事元"来描述。

事元是刻画一个系统的功能和作用的基元细胞的形式化描述。从事元入手，可以更好地理解一个系统的功能或作用。理解了系统的功能作用，便于理解该系统是如何通过物和物、物和事以及事和事之间的关系来实现系统的价值的。

<定义 3.4> 把动词 O_a、动词的特征 c_a 及 O_a 关于 c_a 所取得的量值 v_a 构成的有序三元组

$$(动词,特征,量值)$$

作为描述事的基本元,称为一维事元。

动词的基本特征有支配对象、施动对象、接受对象、时间、地点、程度、方式、工具等。

事元基本属性包括:目标、输入、输出、评价标准、支配对象、施动对象、接受对象、时间、地点、程度、方式、工具等。

例如,消费者对"穿鞋"的基本需要可用事元表示为:

$$A = \begin{bmatrix} 保护, & 支配对象, & 脚 \\ & 施动对象, & 人 \\ & 地点, & 路上 \\ & 时间, & 白天 \end{bmatrix}$$

例如,"中国人工智能学会可拓工程专业委员会于 2008 年 10 月 17—19 日在中国科学院研究生院召开全国第 12 届可拓学年会",这是一条行为型信息,可用事元形式化表示为

$$A_1 = \begin{bmatrix} 召开, & 支配对象, & 全国第 12 届可拓学年会 \\ & 施动对象, & 中国人工智能学会可拓工程专业委员会 \\ & 时间, & 2008 年 10 月 17—19 日 \\ & 地点, & 中国科学院研究生院 \end{bmatrix}$$

再如,"甲某于 2013 年 8 月在北京西单购买了两枚铜钱",也是一条行为型信息,可用事元形式化表示为

$$A_2 = \begin{bmatrix} 购买, & 支配对象, & 铜钱 \\ & 施动对象, & 甲某 \\ & 时间, & 2013 年 8 月 \\ & 数量, & 2 枚 \\ & 地点, & 北京西单 \end{bmatrix}$$

3.2.3 关系元

在大千世界中,任何物、事与其他物、事都有千丝万缕的关系。物元、事元之间存在各种各样的关系,这些关系之间又有互相作用、互相影响。关系元是描述这类联系的形式化工具。

<定义 3.5> 关系元是以关系词或关系符（简称关系名）O_r、n 个特征（c_{r1}, c_{r2}, …, c_{rn}）和相应的量值（v_{r1}, v_{r2}, …, v_{rn}）构成的 n 维阵列

$$\begin{bmatrix} O_r, & c_{r1}, & v_{r1} \\ & c_{r2}, & v_{r2} \\ & \vdots, & \vdots \\ & c_{rn}, & v_{rn} \end{bmatrix} = (O_r, C_r, V_r) \triangleq R$$

用于描述 v_{r1} 和 v_{r2} 的关系，称为 n 维关系元。其中

$$C_r = \begin{bmatrix} c_{r1} \\ c_{r2} \\ \vdots \\ c_{rn} \end{bmatrix}, V_r = \begin{bmatrix} v_{r1} \\ v_{r2} \\ \vdots \\ v_{rn} \end{bmatrix}.$$

例如

$$R_1 = \begin{bmatrix} 父子关系, & 前项, & v_{r1} \\ & 后项, & v_{r2} \\ & 程度, & 100 \\ & 维系方式, & 血缘 \\ & \vdots & \vdots \end{bmatrix} = \begin{bmatrix} O_r, & c_{r1}, & v_{r1} \\ & c_{r2}, & v_{r2} \\ & c_{r3}, & v_{r3} \\ & c_{r4}, & v_{r4} \\ & \vdots & \vdots \end{bmatrix}$$

描述了人 v_{r1} 与人 v_{r2} 之间的父子关系。

而

$$R_2 = \begin{bmatrix} 朋友关系, & 前项, & A \\ & 后项, & B \\ & 程度, & 密切 \\ & 维系方式, & 感情 \\ & 联系通道, & 直接见面 \\ & 联系方式, & 谈话 \\ & 地点, & D 地 \end{bmatrix}$$

则描述了 A 和 B 的朋友关系。

在上述特征中，c_{r1}、c_{r2}、c_{r3} 是常用的基本特征，表达了关系的对象及其程度。

<定义 3.6> 在关系元 R 中,若 R 描述的关系是某参数 t 的函数，则称

$$R(t) = \begin{bmatrix} O_r(t), & c_{r1} & v_{r1}(t) \\ & c_{r2}, & v_{r2}(t) \\ & \vdots & \vdots \\ & c_{rn}, & v_{rn}(t) \\ & \vdots & \vdots \end{bmatrix}$$

为参变量关系元。

参变量关系元描述了 v_{r1} 和 v_{r2} 的关系 O_r 随参数 t 的变化而变化。当 t 是时间参数时，$R(t)$ 描述了 v_{r1} 和 v_{r2} 的关系 O_r 随时间 t 的改变而产生的动态变化（包括关系程度的变化，甚至性质的改变）。

例如，A 和 B 在 2001 年是同学关系，2006 年为同事关系，2008 年为夫妻关系。

关系程度的变化表达关系的建立、加深、中断、恶化等，它可以是正值、零或负值。

在解决矛盾问题时，人们要面对数量众多、纷纭复杂的事、物和关系。决策者的一项基本任务就是要理清事与事、物与物、事与物之间的关系，并在此基础上进行创造性思考，使得这些要素间能够相互协调、相互促进，以实现目标。因此，如何去认识这些关系就显得尤为重要。因为从本质上去把握这些关系，需要经过一个去粗取精、去伪存真、由表及里的不断探索的过程。

更多资料可扫码登录智慧树慕课学习平台"趣味可拓学"公开课程，网络 https://coursehome.zhihuishu.com/courseHome/1000090488#teachTeam 之"在线教程"第二章 2.1 节"基元建模"进一步学习。

"趣味可拓学"学分课、公开课

3.3 复杂信息的基元表达——复合元

现实世界中的问题往往是非常复杂的，是事、物与关系组合或复合的结果。因此，描述这些对象需要使用物元、事元和关系元复合的形式来表达，统称为复合元。

复合元可以有多种形式，常用的几种形式如下文所述。

1. 物元和物元形成的复合元

例如，"在 1999—2003 年，设备 A 是属于公司 D 的"可表示为

$M_1 = ((\text{设备 A}, \text{所有者}, \text{公司 D}), \text{时间}, <1999\text{ 年}, 2003\text{ 年}>)$

姚明明身高 1.7m，摸高达 2.3m，则有复合元

$M = (\text{姚明明}, \text{身高}, 1.7\text{m})$

$M' = (M, \text{摸高}, 2.3\text{m})$

2. 物元和事元形成的复合元

例如，$M=$（大象 A，重量，$v\mathrm{kg}$），$A=$（称，支配对象，M），则
$A=$（称，支配对象，（大象 A，重量，$v\mathrm{kg}$））

3. 物元和关系元形成的复合元

例如，设 $M_1=$（甲，性格，暴躁），$M_2=$（乙，性格，温和），则有

$$R=\begin{bmatrix} 互补关系, & 前项, & M_1 \\ & 后项, & M_2 \end{bmatrix}$$

4. 事元和事元形成的复合元

例如

$$A=\begin{bmatrix} 支持, & 支配对象, & A_1 \\ & 施动对象, & 妈妈 \end{bmatrix},$$

$$A_1=\begin{bmatrix} 参加, & 支配对象, & 国外高校夏令营 \\ & 施动对象, & 我 \end{bmatrix}$$

则 A 表示"妈妈支持我参加国外高校夏令营"。

5. 事元和关系元形成的复合元

例如

$$A=\begin{bmatrix} 恢复, & 支配对象, & \begin{bmatrix} 外交关系, & 前项, & 甲国 \\ & 后项, & 乙国 \end{bmatrix} \end{bmatrix}$$

6. 关系元和关系元形成的复合元

例如

$$R_1=\begin{bmatrix} 借贷关系, & 前项, & 公司 D_1 \\ & 后项, & 银行 D_2 \end{bmatrix}, R_2=\begin{bmatrix} 担保关系, & 前项, & 公司 D_3 \\ & 后项, & 公司 D_1 \end{bmatrix}$$

则

$$R=\begin{bmatrix} 连带关系, & 前项, & R_1 \\ & 后项, & R_2 \end{bmatrix}$$

为 R_1 和 R_2 复合而成的复合元。

例如，"2006 年 9 月企业 E 成功研制出一种新型抗癌药物 D"，是一条复杂信息，可用复合元表示为

$$A_1=\begin{bmatrix} 研制, & 支配对象, & M \\ & 施动对象, & 企业 E \\ & 时间, & 2006 年 9 月 \\ & 程度, & 成功 \end{bmatrix}$$

第3章 可拓创新思维的信息基础及其模型

$$M = \begin{bmatrix} 药物\ D, & 功能, & 抗癌 \\ & 类型, & 新型 \end{bmatrix}$$

再如,"某电器商店将在开业日举行液晶彩电优惠销售活动",是一条复杂信息,可用复合元表示为

$$A_2 = \begin{bmatrix} 举行, & 支配对象, & A_{22} \\ & 施动对象, & 某电器商店 \\ & 时\quad 间, & 开业日 \end{bmatrix}$$

$$A_{22} = \begin{bmatrix} 销售, & 支配对象, & 液晶彩电 \\ & 方式, & 优惠 \end{bmatrix}$$

7. 物元、事元和关系元形成的复合元

【案例3-1 安娜东京奥运会女子公路自行车赛夺冠的复合元模型】

2021年,东京奥运会女子公路自行车赛上,安娜独自一人参加,与一众参赛选手不同的是——她没有教练,没有队友,没有队医,却凭一己之力分析地形、设计骑行策略而碾压荷兰名将、前世界冠军安妮埃克等人,为奥地利赢得了125年以来首枚自行车比赛金牌。

$$R_4 = \begin{bmatrix} 胜出关系, & 前项, & M_1 \\ & 后项, & M_2 \\ & 方式, & 奥运会自行车赛\ M_C \\ & 制胜策略, & A_3 \end{bmatrix}$$

$$M_1 = \begin{bmatrix} 选手\ A, & 姓名, & 安娜 \\ & 性别, & 女 \\ & 国籍, & 奥地利 \\ & 教练个数, & 0个 \\ & 队友个数, & 0个 \\ & 队医个数, & 0个 \\ & \vdots & \vdots \end{bmatrix} \quad M_2 = \begin{bmatrix} 选手\ B, & 姓名, & 安妮埃克 \\ & 性别, & 女 \\ & 国籍, & 荷兰 \\ & 教练人数, & 2 \\ & 队医人数, & 1 \\ & 标签, & 上届冠军 \\ & \vdots & \vdots \end{bmatrix}$$

$$A_3 = \begin{bmatrix} 研究, & 支配对象, & \{东京温度,路况,\cdots\} \\ & 施动对象, & W_1 \\ & 赛事, & 奥运会自行车赛\ C \\ & 输出结果, & \{适合自己的热适应表和骑行策略\} \end{bmatrix}$$

$$M_C = \begin{bmatrix} 奥运会自行车赛, & 赛事级别, & 奥运会 \\ & 项目类别, & 女子公路自行车赛 \\ & 时间, & 2021 年 \\ & 地点, & 东京 \\ & \vdots, & \vdots \end{bmatrix}$$

基元表达的目的是形式化地进行思维拓展，基元的信息表达方式不是唯一的。

更多资料可扫码登录智慧树慕课学习平台"趣味可拓学"公开课程，网络 https://course-home.zhihuishu.com/courseHome/1000090488#teachTeam 之"在线教程"第二章 2.2 节"复合元及其应用训练"进一步学习。

"趣味可拓学"
学分课、公开课

3.4 基元库构建的策略

基元库一般由行业专家在处理矛盾问题时，依据知识背景和经验手工构建，难以短期内构建系统、全面的基元库。随着互联网及移动网络的发展，基元库构建方法也随着升级。下面介绍两种基元库构建的策略。

3.4.1 大数据环境下的基元库构建

事物与关系的特征、量值遍布在数据库、互联网网页及各类移动终端上，通过搜索、关键词提取、文本聚类等技术，可以从大量数据、信息中抽取出这些特征、量值，构建通用基元库，为创新提供素材，如图 3-1 所示。

目前已开发基元库构建的网络平台，提供基元录入、特征补充、量值补充，以及查询、分析等功能。

3.4.2 TRIZ 理论与基元库构建

如前所述，根里奇·阿奇舒勒在苏联海军的专利评审机构进行专利评审工作期间，研究了大量发明专利，逐步总结出一些发明的基本规律，形成发明问题解决理论，简称 TRIZ 理论。

TRIZ 理论总结出 39 个技术参数，后来扩充为 48 个通用工程参数，

第 3 章 可拓创新思维的信息基础及其模型

见表 3-1。

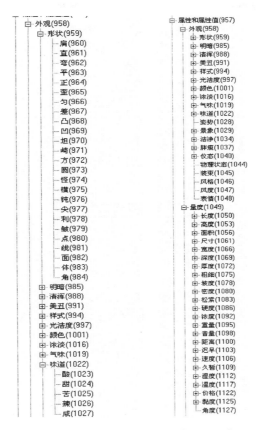

图 3-1 基于互联网构建的基元素材库局部图

表 3-1 新版 TRIZ 的 48 个通用工程参数

移动物体的重量	静止物体的耐久性	物质的浪费	安全性
静止物体的重量	速度	时间的浪费	易受伤性
移动物体的长度	力	能量的浪费	美观
静止物体的长度	移动物体消耗的能量	信息的遗漏	外来有害因素
移动物体的面积	静止物体消耗的能量	噪声	可制造性
静止物体的面积	功率	有害的散发	制造的准确度
移动物体的体积	张力/压力	有害的副作用	自动化程度
静止物体的体积	强度	适应性	生产率

(续)

形状	结构的稳定性	兼容性或连通性	装置的复杂性
物质或事物的数量	温度	使用方便性	控制的复杂性
信息（资料）的数量	明亮度	可靠性	测量的难度
移动物体的耐久性	运行效率	易修护性	测量的准确度

这些参数可以变换后成为基元库构建的主要素材。TRIZ 的 40 个发明原理见表 3-2，可将其与可拓变换方法进行对比，分析它们内在的共同的规律。

表 3-2　TRIZ 的 40 个发明原理

1. 分割原理	15. 动态化原理	29. 气压或液压结构原理
2. 抽取原理	16. 不足或过度作用原理	30. 柔性壳体或薄膜结构替代原理
3. 局部特性原理	17. 多维化原理	31. 多孔物质原理
4. 不对称原理	18. 振动原理	32. 变换颜色原理
5. 组合原理	19. 周期性作用原理	33. 同质化原理
6. 多功能原理	20. 有效连续作用原理	34. 自弃与再生原理
7. 嵌套原理	21. 急速作用原理	35. 物理参数变化原理
8. 反重力原理	22. 变害为益原理	36. 相变原理
9. 预先反作用原理	23. 反馈原理	37. 热膨胀原理
10. 预先作用原理	24. 中介原理	38. 强氧化作用原理
11. 预置防范原理	25. 自服务原理	39. 惰性介质原理
12. 等势原理	26. 复制原理	40. 复合物质原理
13. 逆向运用原理	27. 一次性用品替代原理	
14. 曲面化原理	28. 替代机械系统原理	

TRIZ 理论对机电等领域基元库的构建提供了具体的素材。目前有很多 TRIZ 与可拓学对比、集成的研究成果可供基元库构建参考。

3.5　基元模型的应用——基元学习法

为什么有人能在 1 秒钟内就看透了事物的本质？那是因为他懂得看透事物本质的方法。其中一个方法就是基元学习法。基元学习法是以基元和复合元的形式把各门课程所学的知识、通过网络收集的信息及其他来源的信息进行整合，将多源碎片化信息拼成相对完整的基元知识图谱，为系统性拓展思维和解决问题打下基础。

下面以一个机械元素的可拓模型表达为例进行讲解。

在日常生活中，我们能接触到形形色色的机器，功能和结构各异，但是通过分析可知，这些不同的机器都是由各种机构组合而成的。机器中的基本单元，如运动的基本单元——构件、制造的基本单元——零件，均可用可拓学的物元表示，基本单元之间的接触可用关系元描述，基本单元之间的相对运动关系可用事元表示。

任何的一部机器都是由最小的制造单元——零件来组成的；零件通过静连接组成构件；构件之间通过动连接形成机构；机构与动力源组合就形成了机器，如图3-2所示。对于零件，可以用物元表示，描述零件的特征；零件与构件间的静连接和构件间的动连接及多个机构之间的连接可以用关系元表示，描述它们之间的相互关系；动力驱动的部分可以用事元表示。这样任何一部机器均可由可拓学的形式化语言描述。

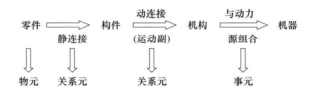

图 3-2　机器组成与基元的关系

图3-2中零件包括通用零件和专用零件，其中通用零件可分为传动零件、连接零件、轴系零部件及其他零部件，每类零件还可以继续细分，各种零件通常会包含尺寸、材料、热处理方式、成本、类型等基本特征，根据这些信息可建立通用零件的物元库。

各个零件之间通过各种静连接的方式产生联系，静连接可包括销连接、铆接、焊接、型面、胶接、螺纹连接及键连接，通过建立关系元，将各零件之间的连接关系清晰地表达出来。静连接的零件组成了构件，构件之间通过动连接（运动副）产生联系，常见的平面动连接（运动副）包括移动副、转动副、高副和凸轮副，关系元说明各构件之间的连接联系，形成机构。机构之间的并联式、串联式、叠加式和复合式的连接，建立各机构之间的关系元，形成各种机器。

机器设备都用来完成各种功能，设备中的各部分具有确定的相对运动，机器中必然存在动力源，即原动机，驱动设备的各部分协调运动，用可拓学中的事元可以描述。下面以齿轮机构为例说明物元、事元和关系元。

【案例3-2　齿轮机构的基元表达】

齿轮传动在机械中是非常普通的一种传动方式，齿轮机构包括齿轮，为传动件；

轴、轴承、套筒等，为轴系零件；键，为连接件。机构中的齿轮物元可表示为

$$M = \begin{bmatrix} 齿轮, & 齿数, & z \\ & 模数, & m \\ & 材料, & 45\text{钢} \\ & 热处理方法, & 正火 \\ & 齿廓, & 渐开线 \\ & 形状, & 圆柱 \\ & 变位系数, & 0 \\ & 螺旋角, & 0 \end{bmatrix}$$

两个齿轮之间的传动关系元可以表达为：

$$R_1 = \begin{bmatrix} 传动关系, & 前项, & 小齿轮 \\ & 后项, & 大齿轮 \\ & 方式, & 外啮合 \\ & 传动比, & z_2/z_1 \end{bmatrix}$$

齿轮与轴之间的连接关系元可以表达为：

$$R_2 = \begin{bmatrix} 连接关系, & 前项, & 齿轮 \\ & 后项, & 轴 \\ & 方式, & 键 \\ & 程度, & 限制圆周运动 \end{bmatrix}$$

电动机为原动机，驱动小齿轮的事元可以表达为：

$$A = \begin{bmatrix} 驱动, & 施动对象, & 电动机 \\ & 接受对象, & 小齿轮 \\ & 转速, & n \\ & 程度, & 匀速 \end{bmatrix}$$

另外还有加工、装配、维护保养等相关事元对象。

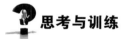 思考与训练

1. 分析下面的故事，指出其应用了哪种基元模型？

华盛顿年轻的时候，家里的一匹马夜里给人偷了。华盛顿同一位警官到邻人的农场里去索讨，但那人口口声声说那是他自己的马而拒绝归还。

华盛顿立即用双手蒙住马的双眼，对邻人说："如果这马是你的，那么，请你告诉我们，马的哪只眼睛是瞎的？""右眼。"

华盛顿放开蒙右眼的手，马的右眼并不瞎。

"我说错了，马的左眼才是瞎的。"邻人急忙争辩说。

华盛顿放开蒙左眼的手，马的左眼也不瞎。

"我又说错了……"邻人还想狡辩。

"是的,你错了。"警官说,"这证明马不是你的,必须把马交还给华盛顿先生。"

2. 你更喜欢下面的哪一份介绍?为什么?

3.《西游记》是明代吴承恩撰写的中国古代第一部章回体长篇神话小说。全书主要描写了唐僧受唐太宗委派去西天取经,途中收得一匹白马和孙悟空、猪八戒、沙悟净三个徒弟,一路上历经艰险、降妖伏魔,历经九九八十一难,最终取得真经返回大唐,修成正果。唐僧和他的三个徒弟性格鲜明,栩栩如生,深受大小朋友的喜爱。请为西游记师徒四人分别做基元分析。

4. 请思考为什么要构建基元模型?"对象,特征,量值"这种表达的必要性是什么?在哪些场景下构建基元模型提升思考的效果更明显?

山东沂蒙老区县——沂水(一)	山东沂蒙老区县——沂水(二)
沂水县位于鲁中南地区、沂蒙山腹地,总面积2434.8km²,在全省县级区划面积中列第二位,辖18个乡镇(街道),1063个行政村,有113.2万口人。沂水县历史悠久,秦代即在此置县,隋开皇16年(公元596年)定名为沂水县。沂水有光荣的革命传统,是"红嫂"的故乡、沂蒙精神发祥地之一。全县交通条件优越。自然资源丰富……沂水县素有"百库千塘"之称,全县可利用水资源8.16亿m³,建有大、中、小型水库151座。地质奇观生态旅游闻名省内外,已建成开放AA级以上旅游景区14处,其中AAAA级6处,分别为地下大峡谷、地下萤光湖、天然地下画廊、雪山彩虹谷、天上王城、东方瑞海国际温泉度假村……农业基础稳固。沂水县是全国果品、油料生产百强县,全国商品粮基地县,工业门类齐全。2012年,全县共实现生产总值275.11亿元,同比增长12.8%……	沂水县位于鲁中南地区临沂市内,现辖18个镇、1063个行政村,全县常住人口111.05万人(2003年),城区人口32万人,总面积2434.8km²,在山东省县级区划面积中居第二位。沂水县历史悠久,秦代即在此置县,隋开皇16年(公元596年)因沂河过境而定名沂水县,迄今已有1400多年历史。沂水县是著名的革命老区,是革命老根据地重心县之一,"红嫂"故乡,中共山东分局旧址,《大众日报》创刊地,沂蒙精神发祥地之一。战争年代,陈毅、罗荣桓、徐向前等老一辈革命家曾在这里指挥过战斗。沂水旅游资源丰富,自然风光怡人。它以争创国家级旅游强县为目标,围绕打造"地质奇观、山水风光、沂蒙风情、红色之旅"四大板块,坚持"政府主导、科学规划、市场运作、集群发展",成功举办了两届中国(沂水)地下河漂流节。作为全省A级以及4A级景区最多的县(市、区),在2010中国旅游品牌总评榜评选活动中,荣获"山东年度县域旅游十强"第一名。

5. 如何才能列出事物较为系统全面的特征。

6. 利用所学方法帮助实习生建立思考的基元模型。

实习期间,一位师范实习生张某在黑板上刚写了几个字,学生中突然有人叫起来:"张老师的字比我们厉老师的字好看!"

真是语惊四座,稚嫩的学生哪能想到;此时后座的班主任厉老师是怎样的尴尬!

对这位实习生来说,初上岗位,就碰到这般让人难堪的场面,的确使人头疼，以后怎样同这位班主任厉老师共渡实习关呢？

7. 请利用基元模型重新做 1.2.1 节的 3) 题。
8. 简要描述下列故事中涉及的基元或复合元模型。

【故事 3-1 烤焦的香蕉】

美国一个年轻人开了一个小水果摊卖水果，每个月也就仅能够维持生活。后来发生了一个突发事件——供货的水果商仓库失火了，把所有的香蕉都烤焦了，变得外表难看，无人问津。水果商想把这些烤焦的香蕉扔掉，但又不敢痛痛快快地扔，因为在美国要处理这么大量的垃圾，要交大笔的垃圾处理费。但是，如不尽快处理，会占着仓库无法进货。这个年轻人得到消息后就找到老板，说愿意帮忙把这些香蕉处理掉。老板感激不尽地答应了。

年轻人看着眼前这一大堆黑乎乎的香蕉，有没有办法把它们处理出去呢？

他把香蕉翻来覆去地观察，通过采取掰开看内部肉质、闻味道、尝味道等一系列行动过后，发现这些香蕉有如下几个特征：第一，外表难看；第二，气味很难闻；第三，吃起来有一种独特的味道。他想到一种新的特征——这种香蕉比较稀缺，不是天天能遇到的。他于是打着"稀奇的怪味香蕉，味道极为独特，先尝后买，数量有限，新奇礼物佳品"的卖点。结果很多人好奇，前来品尝、购买。通过这种方法，他以平常香蕉价格的两倍，把这些香蕉全部卖出去了，从而积累了第一桶金。后来，他成为美国的水果大王。

【故事 3-2 希尔顿酒店的圆柱】

某酒店连续多年亏损，后被希尔顿收购。收购后希尔顿的市场经理到酒店调研，发现酒店大堂走廊上有两根空心的大圆柱，经询问确认，此圆柱只起装饰作用，不承重。

于是，经理把大圆柱改造成多棱柱陈列柜，用于陈列珠宝、首饰、香水等物品，使其使用价值增加。然后分别出租给珠宝商或香水商。这样，收取的租金就把酒店亏损的缺口补上了。

9. 试分别写出下列这三类事的特征和量值。

【故事 3-3 人生只有三件事】

一件是"自己的事"，诸如上不上班，吃什么东西，开不开心，结不结婚，要不要帮助人……自己能安排的皆属之。

一件是"别人的事"。诸如小张好吃懒做，小陈婚姻不幸福，老陈对我很不满意，我帮助别人而别人却不感激……别人在主导的事情皆属之。

一件是"老天爷的事"，诸如：会不会刮风、下雨、地震……人能力范围以外的事情，都属于"老天爷"的管辖范围。

人的烦恼就是来自于：忘了"自己的事"，爱管"别人的事"，担心"老天爷的事"。

所以，要轻松自在很简单：打理好"自己的事"，不去管"别人的事"，不操心"老天爷的事"。

心情不好时，赶紧问自己：那件事到底是"谁"的事？

10. 你有没有什么事情让自己非常快乐、特别悲伤、有点愤怒、不知所措？请用基元模型和大家分享。

11. 请利用基元模型对本书第 1 章所学的创新方法进行系统总结，绘制主要创新方法的基元库。

12. 请构建新一代手机产品研发的基元库，至少 50 条特征。

13. 微信有哪些特征和量值？如何才能列全？

第4章

思维拓展的基本方法

思维拓展的基本方法包括发散树、共轭分析、相关网、蕴含系和分合链等，它们为拓展思维提供了系统性的方向和方法。

4.1 发散树思维方法

在基元模型的形式化表达基础上，发散思维在一定程度上变得有章可循，具体的发散树思维方法介绍如下。

4.1.1 一对象多征

由一个基元出发，根据"一对象多特征"的发散性，可以拓展出同一对象的多个特征。

在处理矛盾问题时，如果利用某一基元不能解决矛盾问题，则可以考虑利用该基元的对象与其他特征形成的基元去解决。

例如，对一张纸，我们都知道它有"可书写的性质"；如果需要"包东西"时，考虑其"可折叠"特征；如果桌子不平，需要拿一个东西来"垫平桌子腿"时，还可以拓展出其"厚度"特征。

以前，格兰仕公司的空调在国际上的销售量在众多空调企业中占据重要的地位，但在国内的销售业绩却不尽如人意。2004年以前，大家都在成本、价格、技术、广告上开展竞争，但格兰仕公司却注意到空调的"色彩"，并开始认真研究。到2005年，进行空调色彩注册专利申请行动，将一些或淡雅或绚烂的空调色彩申报为专用空调色彩，将以前竞争中不为人重视的商品外观设计提高到战略高度。

这个案例表明，一个产品，有很多特征。例如简单性、方便性、风险性、趣味性、环保性、价格、成本等等。参与老产品生产的企业多，往往在一些人们都知道的特征上会加大投入,竞争激烈。但是,事物存在可拓展性。根据一个产品有无数个特征的原理,可以拓展出一些别人未考虑或尚未认真投入的特征,通过变换及其运算得到一批方案,再进行评价选优,往往能获得新的产品创意。

4.1.2 一征多对象

由一个基元出发,根据"一特征多对象"的发散性,可以拓展出具有同一特征的多个对象。

例如,同功能的部件可互相替代,同功能的材料可选择成本低的使用等,防火纸可代替防火板,等等,都是这种思想的应用。在企业人才选拔时,具有同一能力的人才有很多。

人们为了消遣,可以看电影,也可以打麻将,还可以上网。这些形式不同,但都服务于同一功能"消遣"。这种同一功能的下位功能相应的产品就是同功能产品。开电影院,开网吧,开休闲厅,开茶馆等,就是提供功能为消遣的同功能项目。当电影院和网吧竞争激烈,生存成为矛盾问题时,开休闲厅和开茶馆不失为好的举措。

4.1.3 一征多值

在不同的参数下,同一对象关于同一特征的取值可以有多个。例如,月亮的形状可以是圆的、半圆的、镰刀型的。墙壁装修的颜色可以是白色、绿色、粉红色,等等。

为了点缀市容,有的城市建造了喷泉。广东肇庆市是国内较早建造音乐喷泉的城市,后来为了更吸引游客,又有一些城市建造音乐喷泉。例如南昌市,其音乐喷泉在颜色、动感、频率、形状、高度等量值都做了较大的变化,别有一番情趣。

广东省梅州市的一江两岸,广州珠江的一江两岸,湛江市的一江两岸,武汉市的一江两岸,在长度、宽度、灯柱的形状、广告的布置、绿化程度等特征上,都各有不同的量值,形成不同的景观,以不同的特色吸引游人。

上海黄浦江的外滩有悠久的历史,吸引了无数游客。武汉市也建有江滩,显然在很多特征的量值上有异于上海的外滩,显示出另一种吸引游客的魅力。

异量值可以实现差异化,对多种特征的值(竞争量值、非竞争量值、拓展出来的量值)进行比较,在这个基础上找出自己的定位,通过核心竞争优势变换出与别人不同的差异,包括技术差异、品牌差异、包装差异、颜色差异等。

因此,可以从现有的产品出发,把产品的特征列出来,对特征进行发散,再改变不同特征对应的量值,也可以得到很多不同的新产品创意。

4.1.4 一值多征

同一个量值可以对应不同的对象和特征。如 1.78m 这一量值，可以是某男的身高，也可能是某男的腰围。根据量值寻找具有此量值的特征和对象，往往能产生独特的创意、幽默的回答等。

一个对象有多个特征，每个特征又可以对应不同的功能。因此，某个特征产生的矛盾问题可以用其他特征去处理。具有同一特征的对象有很多个。因此，在解决关于某一特征的矛盾问题时，这个对象涉及的矛盾问题可以用具有相同特征的另一对象去处理，也可以通过具有这个特征的多个对象去处理。

一个量值，往往很多事物、很多特征都有。因此，这个量值涉及的矛盾问题可以更换为另一事物或另一特征去处理。一个对象有多少特征？一个特征可能有多少量值？如果能列举出尽可能多的特征或量值，就可以为问题处理和思维拓展提供很好的参考。

4.1.1~4.1.4 节的 4 个基本发散方向组合后，可形成 6 种基元发散的类型，形如树状，如图 4-1 所示，故称发散树思维方法。

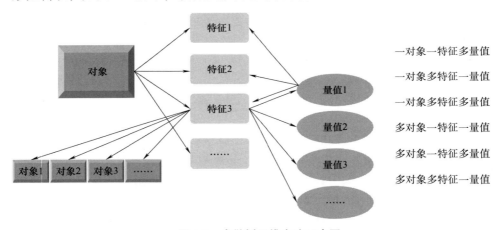

图 4-1 发散树思维方法示意图

更多资料可扫码登录智慧树慕课学习平台"趣味可拓学"公开课程，网络 https://coursehome.zhihuishu.com/courseHome/1000090488#teachTeam 之"在线教程"第二章 2.3 节"拓展的基本方法——发散分析"进一步学习。

"趣味可拓学"
学分课、公开课

4.2　特征拓展的共轭分析方法

思维拓展如何保证思路的系统性、全面性？共轭分析方法分别从物的物质性、系统性、动态性和对立性出发，用虚部实部、软部硬部、潜部显部、负部正部这八个部来描述物的构成，称为物的共轭部。研究物的共轭部及其相互转化，可以为创新性思考问题提供多方位拓展的具体方向。

4.2.1　虚实部分析

从物的物质性考虑，任何物都由物质性部分和非物质性部分组成。将物的物质性部分称为物的实部，是基础；非物质性部分称为物的虚部。实以为基，虚以为用，虚实结合，方成一物。

例如，制造玻璃杯的玻璃是客观存在的物质，但水并不是装在玻璃杯的玻璃里面，而是装在玻璃围成的空间里；房子的天花板、墙壁和地板是物质性的，但人不是住在墙壁里，而是住在它们围成的空间——虚部里。

骨骼、肌肉、皮毛、内脏等构成人的实部，而人的性格、职称、身份等则构成他的虚部；一个装水的瓶子，它的塑料外壳是实部，而虚部就是塑料壳围成的中间用来装水的空间。产品的物质实体是实部，而它的品牌、美誉度等是虚部；对企业来讲，厂房、员工等是实部，品牌、信用等是虚部。可以看出，虚部是很重要的。

虚部有两种类型，杯子中可以装水和抽屉里可以装东西的空间，称作客观虚部；而品牌、名声、职称等，称作主观虚部。主观虚部和客观虚部合称为物的虚部。

世界有物质世界和虚拟世界；经济有实体经济和虚拟经济。

一些网民将自己喜欢的歌曲、绘画、文章等东西发到网上，免费供其他网民查阅、下载；有人对类似 Linux 的自由软件进行无偿修改和完善，甚至无偿公布原代码……这些人的举动意在吸引公众的注意力，即开发"注意力资源"（虚资源）。

对物质性东西的需要，称为实需要，如充饥、御寒、住宿等。人或机构除了实需要外，还有非物质性的需要，即虚需要，如为人所知的需要、显示地位的需要、使容貌美丽的需要、在国际上有影响力的需要等。对人来说，虚需求是心理上的需要，对机构来说，虚需求是对品牌、名声的需要。从虚需要入手，可创造的新产品，如超级女声、世界名人录、舞林大会、艺术品、情侣表、太太口服液、老板杯等。满足名声需要，可开展如宜居城市评选、模范学校评选、企业 500 强等。致力于满足各色各样的虚需要时，可创造许多虚产品。

以物质实体来满足人们需要的东西是实产品。如桌子、电视机、化妆品等。用非物质性的形式来满足人们需要的东西是虚产品，如创意、信息、音乐、策划方案等。

录音带、录像带、光盘等以实物为载体的信息产品，满足人们需要的部分是存在于其中的音乐、画面和程序等非物质性的东西，这类产品仍被认为是虚产品，因为人们需要的不是载体本身，而是载体内所承载的信息内容。

实部的变化会引起虚部的改变，虚部的变化也会引起实部的改变，产品质量的提高会促使美誉度的提高，这是实部的变化引起虚部改变。虚部的知名度和影响力提高，又会促使销售量增加，而使利润值提高，这是虚部改变引起实部的变化。

【案例 4-1 空城计何以能成功？】

三国时期，诸葛亮因错用马谡而失掉战略要地——街亭，魏将司马懿乘势率领 15 万大军来到诸葛亮所在的西城。当时，诸葛亮身边只有少量士兵，众人听到司马懿带兵前来的消息都大惊失色。

诸葛亮登城楼远眺后，对众人说："大家不要惊慌，我有一计策，便可不费一兵一卒令司马懿自行退兵。"说罢，他传令把所有的旌旗都藏起来，士兵原地不动，如果有私自外出或大声喧哗的，立即斩首。他又令士兵把四个城门打开，每个城门之上派 20 名士兵扮成百姓模样，洒水扫街。诸葛亮自己披上鹤氅，戴上高高的纶巾，领着两个小书童，带上一张琴，到城上望敌楼前凭栏坐下，燃起香，然后不紧不慢地弹起琴来。

司马懿的先头部队到达城下，见了这种气势，怕中了埋伏，都不敢轻易入城，便急忙回报司马懿。司马懿听后，笑着说："这怎么可能呢？"于是便令三军停下，自己飞马前来观看。到离城不远处，他果然看见诸葛亮端坐在城楼上，镇定自若，正在焚香弹琴。左边一个书童，手捧宝剑；右边一个书童，手里拿着拂尘。城门里外，20 多个百姓模样的人在低头洒扫，旁若无人。司马懿看后，疑惑不已，便来到中军，令后军充作前军，前军作后军撤退。他的二儿子司马昭说："可能是诸葛亮家中无兵，所以故意弄出这个样子来？父亲您为什么要退兵呢？"司马懿说："诸葛亮一生谨慎，不曾冒险。现在城门大开，必有埋伏，我军如果进去，正好中他的计。还是快快撤退吧！"于是大队兵马退了回去。

诸葛亮能够以数千老弱残兵摆空城计，吓退了司马懿的数万精兵。真正使用的不是物质性部分——数千老弱残兵，而是使用了他自己的非物质性部分——用兵如神、一生谨慎、不曾冒险的"虚部"的名声。

4.2.2 软硬部分析

天下万事万物及其关系构成多个系统。从物的系统性考虑，系统的各组成部分称作"硬部"，各部分彼此之间的联系构成物的"软部"。联系可以是物内部的联系，也可以是该物与物外事物的联系，还可以是该物的组成部分与物外事物的联系。物的组成部分的全体称为物的硬部，物的组成部分之间及与该物以外的物之间的关系称为物的软部。

例如，产品的组成部分的全体，包括零部件、配件、包装等，统称为产品的硬部；产品的各组成部分之间及与该产品之外的其他事物之间的关系（即内部关系和外部关系的全体），称为产品的软部。轮胎、转向轴、发动机、变速器、转向盘是汽车的硬部；车身结构、方向盘、转向轴与轮胎之间的联系是软部。对参加阅兵式的汽车队列而言，每辆车是硬部；而构成队列造型的车与车之间的位置联系是软部。

物的某些组成部分所起的作用如果是连接另外两个组成部分，则此部分既是该物的硬部，又是该物的软部。为了便于对物开展系统性分析，把这些部分称为物的软硬中介部。例如，连接计算机主机和屏幕、打印机等的连接线，被称为计算机的软硬中介部。

制造企业由采购部门、生产部门、销售部门、财务部门等机构组成。企业的组成部门统称为企业的硬部；企业的一切内部关系和外部关系统称为企业的软部。企业的内部关系是指企业经营者与各部门和员工的关系、企业各部门之间的关系、员工与员工的关系等。企业的外部关系是指企业与企业以外的部门，如与原材料供应商、零售商、顾客、金融部门、政府部门甚至竞争对手的关系等，当然，也包括企业与环境的关系。

商业模式是利益相关者之间的交易结构，是软部；各利益相关者，如供应商、经销商、生产商等是硬部。

由于软部不同，可以使同样的硬部组合产生截然不同的性质。石墨和金刚石这两种物质在物理性质上有天壤之别，一个又黑又软，另一个又亮又硬，但是它们的硬部都是碳 C，只是因为化学键结构（软部）不一样，而产生了巨大的差异，如图 4-2 所示。

人们将提升自身条件的需要称作硬需要，如外语水平的提升、体质的增强、写作水平的提高等；人们将发展他们与其他事物之间关系的需要称作软需要，如成为俱乐部 VIP 会员、加入人工智能学会、加入地方商会、申报科技创新团队的需要等。中介机构的服务等正是实现软需要的桥梁。

有的产品的功能是满足建立关系的需要，而它又构成系统的一部分。例如打印机共享器的功能是满足人们建立打印机与计算机的联系的需要，但连接后，

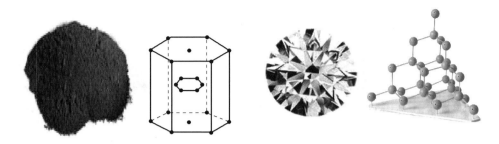

图 4-2 石墨与金刚石的特征与结构

它又成为系统的一部分。又如,连接灯泡与电源的导线,连接门框与门的"活页"等,这类产品被视为软硬中介产品。

中国有句俗话:"一个和尚挑水喝,两个和尚抬水喝,三个和尚没水喝。"与之相反的还有一句:"三个臭皮匠,顶个诸葛亮。"这就说明,同样是三个人,结合得好与不好,效果完全不同。配合得好,就会人多力量大;配合不好,互相摩擦,互相推诿责任,就会人浮于事,效率低下。"强将手下无弱兵",有本事的将军一定会带出硬部和软部搭配合理的精锐部队,而队伍中全是士兵或全是将军肯定是打不好仗的。

对于一部发生故障的机器,有时可能每个部件都是完好的,之所以不能运转,只是由于某连接处(软部)接触不良,或连接线断裂,这就是软部的影响。"整体≠部分之和""1+1≠2"等,都说明了软部与硬部是互相作用、互相影响的。日本和美国曾分解过一架苏联的飞机,逐个零件地比较后,发现它们并不比美国的同类零件质量好,但它们的整体功能却大大优于同类产品,这就是系统优化的力量。

硬部的变化会影响软部,引起软部的改变;软部的变化也会影响硬部,引起硬部的改变。一个产品的各个组成部分的质量都很高,但由于某连接处(软部)连接得不好,就会导致整件产品无法正常使用。某产品的质量很好,但由于售后服务(软部)不好,同样会导致产品销量的下降;而有时由于商家的售后服务做得很好,即使产品质量稍有不好,但售后部门能及时更换及修理,顾客也会感到满意而成为此商家的忠诚客户。

有一家工厂,人、财、物资源都非常充盈,但其总是无法盈利。工厂尝试了许多方法扭转局面,如增加投资、引进人才、购置高级设备,但是都不起作用。后来,该厂更换厂长,改变管理模式,经过两年,便扭亏为盈。在这个例子中,通过更换厂长,使工厂的硬部改变,也促使管理模式这一软部的改变。另外一家工厂也存在亏本问题,该厂把分配制度从固定工资改为按件计工,调整了工厂和工人的关系,不久也扭亏为盈了。这一方法采取的是工厂软部的变换,即改变其内部关系,从而使问题得到解决。

【案例 4-2 洛克菲勒的联盟】

美国石油大王洛克菲勒(Rockefeller)在创业初期,财力、物力、人力都很有限。他的梦想是垄断炼油和石油销售,但他清楚当时还不是亚利加尼德集团等其他石油公司的对手。他的合伙人弗拉格勒(Flagler)颇有心计,建议他不要直接去与亚利加尼德集团正面交锋,而是考虑与双方都有关的第三方——运输集团结盟。弗拉格勒认为,"原料产地的石油公司在需要时才使用铁路,不需要的时候就置之不理,十分反复无常,使得铁路经常没有生意可做。如果我们与铁路公司订下合约,每天固定运输多少油,他们一定会给我们一定的折扣。这折扣的秘密只有我们和铁路公司知道,这样的话,其他公司就会在这场运价的竞争中落败。"于是,他们选择了铁路霸主之一的范德比尔特(Vanderbilt)作为合作对象,双方达成协议:洛克菲勒以每天订60节车厢合同的条件换取每桶让7美分的利润。低廉的运费使得销售价大幅下降,销路迅速拓展。从此洛克菲勒公司开始向世界最大的集团经营企业迈进。

洛克菲勒身为弱者,如果与亚利加尼德集团直接竞争,可能导致失败,但他巧妙地借助第三方——铁路霸主的力量(软部),以低廉的运价使得石油的价格降低,挤垮同行,实现了小鱼吃大鱼、垄断石油经济的目标。

洛克菲勒由于引入第三方,因而硬部改变了,相应也引起软部的变化,从而得以解困。

4.2.3 正负部分析

从物的对立性考虑,任何物都有相对于某一特征而言对立的两个部分:关于某特征的量值是正值的部分与是负值的部分。把对于某特征的量值取正值的部分称为物关于该特征的正部;把物关于某特征的量值取负值的部分称为物关于该特征的负部。对保温杯的保温特征而言,减缓温度下降的部分是正部;通过辐射、对流等散热的部分是负部。又比如,吃药能够使某些症状得到缓解,是正部;但是药物会产生一些人们不希望出现的副作用,对人体健康而言是负部。

在负部和正部之间,也存在关于某特征的量值取0的部分。例如,企业中创收和消耗平衡的机构,关于利润,其量值为0。把物关于某特征的量值取0的部分称为物关于该特征的负正中介部。

正部和负部是从不同特征的角度而言的。例如,当考虑利润时,工厂的俱乐部和幼儿园等是负部;但对提升职工积极性、提升企业形象而言,它们又是正部。又如,由于工厂排放的废水、废气、废渣会造成环境的污染,这"三废"需要工厂自行处理,这些部分关于利润的取值是负值,因此是企业的负部;如果有效利用它们,又能带来利润,成为正部。因此,关于某特征的负部,可以是对物有利的部分,也可以是对物有弊的部分。在塞翁失马的故事中,老翁的儿子把马丢了,对他的家庭财产来讲是损失,这是负部;但是这匹马又带回两匹马,使家庭财产又增加了,负部又变成了正部。

对人的身体健康有利部分的需要,称作正需要,如发展智力、增强体力、医治疾病等。为满足这些需要,就有了营养品、药品、保健品等正产品。对人的身体健康不利部分的需要,称作负需要,如吸毒、抽烟、赌博等。满足这类需要的是负产品,如香烟、大麻等。正、负产品是相对其功能所满足的需要而言的。例如,对人的健康而言,吗啡、砒霜等是负产品;但在治疗某种疾病时,砒霜、吗啡又作为治疗的药品,这时是正产品。

总之,对某一特征而言,物有负、正两部,负正结合,方成一物。人们往往注重正部,而忽略负部。负部是相对于某特征而言的,它也是有用的。负部处理不好,也会影响正部,进而影响全局。

因此,考虑问题时,既要考虑正的部分,也要考虑负的部分,还要考虑它们的相互转化。负部的变换会导致正部的改变,正部的变换会导致负部的变化,不少创意正是利用这种变换而产生的。在具体运用时,正部涉及的矛盾问题有时通过负部去处理,负部涉及的矛盾问题有时利用正部来解决。

【案例 4-3 英国"犯人船"事件】

18—19 世纪,把罪犯从英国发配到澳大利亚的运送工作,主要是由私人船主承包的。起初,犯人在船上的待遇和当年运到美国的黑人相差无几:拥挤、饮食和卫生条件极差。据《犯人船》一书的记载,1790—1792 年间,共运送4082 人,平均死亡率为 12%,其中有一艘船的死亡率甚至高达 37%。一时谴责不断,当时的英政府颜面大失。造成这个现象的主要原因有两点:①澳大利亚的粮价很高,船主想尽办法克扣犯人的食物,到达时再卖出获利;②私人船主之间的同行竞争关系迫使大家拼命压低成本。

超额运载、卫生条件差等问题严重地影响了犯人的健康,直接侵害了犯人的权益。于是,政府出面干预,颁布严格的法令,规定犯人应得的种种福利,并派官员随船监督并执法,但收效甚微。官员们在船主威逼利诱之下,只能选择和船主合作。

英政府后来改变了做法,改为根据到达目的地的犯人人数和健康状况支付运费。实施之后,效果非常显著。以往的相关法令、监督的官员,都不需要了,船主们不约而同地从压榨剥削犯人,转变为对犯人照顾有加。

用物的负正部来看这个例子：对船主的利润而言，犯人在船上消耗粮食、药品等资源是负部；改变支付方式后，犯人的数量和健康程度成为船主获取运输费用，进而赚取利润的正部。这个例子说明了负部和正部可以转换的道理。

【阅读材料：出色恰恰是不足】

他是一个技艺高超的木匠。不管是多么多么弯曲、不可雕琢的木头，只要交给他，他都能化腐朽为神奇，做出一件令人满意的家具。

有一天，他家的椅子坏了，妻子说："这把椅子的木头朽得不行了，咱们家有现成的木料，你重新做几把椅子吧。"他拎起那几把破椅子，说："有我这手艺，你还愁没好椅子坐？"他取来几根木料，忙了半天，那些原本断腿的，烂洞的椅子，就被他一一修好。他的手艺虽然好，可是新用的木料和原来椅子的木料新旧不一，看起来就像一件件打了补丁的衣服，外表很不美观。

没过多久，那些修补过的椅子又有许多地方坏了，于是，他又锯了几根木料进行修补……

几年过去了，椅子又坏了，木匠去墙角取木料，才发现那堆木料已经用完了。妻子埋怨他说："重新做几把椅子多好，木料新，又漂亮又结实，可你非要一次次地修补。家里没用上新的椅子不说，还把木料用完了。"妻子又拉他去看看自家的大门，说："瞧瞧咱家的大门，也是因为你会木工手艺，更擅长木工修补，破一块地方，你补一块，破两块地方，你补一对。你瞧瞧邻居的大门，简直没法相比。"他踱出院子，看了一眼自家的大门，果然，补的东一块西一块，十分难看；而邻居家的大门，又漂亮又气派，刷着鲜亮的红漆。

过于看重自己的长处，往往制造了自己的缺陷。一个人的不足，常常隐藏在最出色的地方。

4.2.4　潜显部分析

从物的动态性考虑，物是处于不断变化的状态之中的，静止是相对的，变化却是永恒的。"祸兮福之所倚，福兮祸之所伏"，疾病有潜伏的过程，种子有发芽的孕育过程，刚毕业的大学生通过一定的锻炼会慢慢成为总经理。物的潜在部分被称为物的潜部，显化的部分称为物的显部。例如，海面上漂浮的冰山（图4-3），在水面上的看得见的冰山是显部，而水下体积更大的部分，是潜部。

有些物的潜部在一定条件下会显化，如受精的鸡蛋（潜在的小鸡）在一定温度下会孵化成小鸡（显化的小鸡）；有些物的潜部在一定条件下可能不会显化，如种子在缺水的情况下就不会发芽。

有些物的显部可能有潜功能或潜特征，如有些装饮料的瓶子的潜功能是作为水杯，没工作的空调机有潜在的用电量；有些物的显部可能有潜在的危险，如手提电脑的电池如果温度过高可能会使手提电脑爆炸。潜部与显部相互转化的过程中必有一临界，这种处于临界的部分称为潜显中介部，如破壳前的小鸡、临发芽的种子等。

物有显化的部分，也有潜在的部分。显，多为眼见；潜，能够转化为显。

企业倒闭往往有一个很长的潜在过程，到显化了，也就正式倒闭了。"祸兮福之所倚"，说的正是负部中潜在的正部因素。

电网中，打开了电源开关的用电器其用电量的是显化的，没有打开电源开关的却是潜在的。施工中的工厂、宾馆等，都是潜在的用电单位，等一开业，就成为用电大户。

图 4-3　冰山的潜显部

【案例 4-4　现实生活中的潜部例子】

1）银行的坏账、无法偿还的贷款是潜在的隐患，积累到一定程度就有可能爆发金融危机。

2）地雷是潜在的爆炸物，被踩到时就成为明显的爆炸物。

3）很多火灾是由于没有处理潜在的隐患而造成的，不少矿难也是因为矿主不愿花钱处理安全隐患而产生的。

4）人的潜力是很大的，一旦显化，往往会释放很大的力量，发挥出极大的作用。

5）一项新技术，在研究阶段就有潜在造福人类的作用，但也存在"破坏"某些事物的潜在危险，这就是所谓的"双刃剑"。

社会中存在各种各样潜在的人才、资源和矛盾，这些潜在的部分一旦显化，会对显部有很大的影响。例如，社会开放了，政策灵活了，很多潜在的人才、潜在的资源和潜在的能力也显化了，能为社会做出贡献。

诸葛亮隐居于草庐，对刘备而言是一个潜在的人才。刘备三顾茅庐，请他出任军师，使他变成了显人才，发挥软部作用，也使刘备原有的班子从弱到强，最终建立蜀国，形成三分天下的局面。

从需求来看，人有潜需要与显需要。例如，当食不果腹的时候，人们的显需要是吃饱穿暖，而"看风景，游名山"只是潜在的需要；当没有火箭技术时，

"遨游太空"只是人们潜在的需要,随着科学技术的发展,这些潜需要会逐步转化为显产品。

能马上满足人们某种需要的产品称为显产品;具有某种潜在功能的产品称为潜产品。例如,装话梅的漂亮瓶子满足了人们装话梅的需要,"瓶装话梅"是显产品。但该瓶子还隐含着另一种功能,就是满足了人们装茶水的需要。不少人吃完话梅后,把空瓶作为水杯,有的人也正是看中这一点而购买瓶装话梅的。从这个意义上,它是满足装茶水的需要的"潜产品"。潜产品可用来推销显产品。

总之,物显现的部分,称为显部;目前不显现,只有在一定条件下才显现出来的部分,称为潜部。潜显结合,是为一物。潜部有有利的和有害的两种类型。

在一定条件下,潜部可以转化为显部。显部也可以转化为潜部。潜部的显化须有一定条件,当达到这些条件时,它们就会显化;而改变某些条件,显化的事物又可以潜化。

显部的变化会引起潜部的改变,潜部的变化也会引起显部的改变。应当注意潜在的部分和它们显化的条件,并采取相应的措施,利用有益的显化,防止有害的显化。显部涉及的矛盾问题有时可以通过潜部的显化去解决,即可以利用较小的力量去创造显化条件,引发潜部显化而解决问题。

在创新能力方面,我们目前取得的小成绩是显部,而未来可能会取得的更多成果是潜部。所以,我们要好好努力,把握显部和潜部的转换。

【案例 4-5 从被冷落到当左丞相】

不能以貌取人隐含的信息是人具有潜在的虚部。

《三国演义》中有一段故事,吴国都督鲁肃向国王孙权推荐庞统。孙权见庞统相貌丑陋,心中不悦,说他狂放,不予录用。鲁肃怕庞统被曹操所用,于是修书一封,将他推荐给刘备。庞统见到刘备,未将孔明和鲁肃的推荐信拿出,想单凭才学打动刘备。刘备也见他容貌丑陋古怪,并且只作揖而未跪拜,并随便安排他当个小县令。

庞统上任后终日饮酒,不理政事。刘备派张飞去检查,张飞问庞统为何不理政事,庞统说:"这样一个小县中尽是些小事,有什么艰难。您坐一下,让我处理。"庞统把百日内的公务取来办理,手中批判,口中发落,耳内听词,曲直分明,并无分毫差错,老百姓都叩首称服。张飞大惊,赶快向庞统道歉。

后来,刘备请庞统担任左丞相,庞统的潜在能力才得以发挥。

在这个例子中,庞统的"丑陋"外貌是显的实部,才学是潜在的虚部,在张飞观察的条件下才显化出来，以后才变成显的虚部。

对某一共轭部的变换会导致同一共轭部对另一共轭部的变换，称为共轭变换。要全面分析物，必须从其各共轭部去分析，不仅要分析各共轭部的构成，更要分析对应的共轭部之间的相关关系。共轭八部为人们全面认识事物、拓展思维提供了哲学理论与具体的方法指导。

下面以电烧水壶为例做共轭八部分析如下：
1）实部：不锈钢外壳、电源线、底座。
2）虚部：不锈钢围成的盛水的空间、品牌。
3）硬部：不锈钢壶体、底座。
4）软部：壶体和底座之间的连接关系、电源线（中介部）。
5）正部：能盛水、加热水、有价值。
6）负部：占空间、耗电、重量大。
7）显部：现有的功能、形状等看得见的部分。
8）潜部：使用寿命、故障维修、烫伤小孩等。

注意：从可拓集合的角度看，在共轭部的中间还存在中介部。就像如破壳中的小鸡，它处于潜显的临界状态，称为潜显中介部。其详细介绍请参见专著《可拓学》。

4.2.5 资源利用的共轭思维

企业需要各种资源支持其正常运作。由于受人的认识能力和"占有观念"的影响，人们注意的往往是本企业可以控制的资源，称之为可控资源。在这种情况下，很多企业家会认为企业的人、财、物越多越好，企业的膨胀会很厉害。随着科技的发展，可控资源越来越难以帮助企业适应多变的资源需求的现代社会，这时就需要利用其他社会资源来解决本企业资源不足的矛盾。包罗万象的企业已越来越难以适应社会的发展，这就要求企业家从使用"可控资源"开拓到使用企业以外的非可控资源，今后企业利用非可控资源的比重将越来越大，企业的开放程度也将越来越高。

从可拓学的角度分析，资源具有共轭性。充分挖掘和利用可拓资源，是互联网时代企业必备的新能力。根据共轭分析方法，资源可分为实资源、虚资源、软资源、硬资源、潜资源、显资源、负资源和正资源。对资源利用的共轭思维具体分析如下文所述。

1. 虚资源与实资源

从物质性考虑，资源包括实资源（如人、财、物等有形资产）和虚资源（包括时间资源、空间资源、品牌资源、注意力资源、信息资源、知识资源和智力资源等）。电视台，是靠收视率发展的，企业买广告选择的是收视率高的电视台。网络"点击数"或"访问数"，微博关注好友、粉丝等表现出来的注意力也是一种虚资源。人力资源更明显地有虚实两部分，如人本身是企业的实资源，而人的技术、知识、智力、关系、名声等却是企业的虚资源。企业的员工、资金、厂房、设备、土地等有形资产、物质性部分是组织的实资源；企业的社会形象、宗旨、使命、软实力、名声、品牌、专利权、信息和空间等非物质性部分称为组织的虚资源。虚资源是组织的无形资产，对组织的经营起着重要的作用。

组织形象是指组织的利益相关者及社会对组织的认识和评价。组织的决策者都比较重视实部建设，而对其无形资产的积累及其增值作用往往缺少充分的认识。随着知识经济的不断发展，组织虚部的价值也越来越明显，数据、流程化运营能力及数据分析能力等，都将成为组织的重要资源。

2. 软资源和硬资源

从系统性考虑，某些实资源和虚资源又可构成企业的各个组成部分，即为企业的硬资源；各部分之间的关系及部分与外界的关系，即为企业的软资源。组织由生产部门、销售部门、财务部门等机构组成。组织的各组成部门、人员统称为组织的硬部；组织的一切内部关系和外部合作关系统称为组织的软部。硬资源包括资金、厂房、设备、人员等资源的组成部分；软资源包括企业内部资源之间的各种关系、企业与外部的各种关系等。组织的内部关系是指组织经营者与各部门及员工的关系、组织各部门之间的关系、员工与员工的关系等。组织的外部关系是指组织与组织以外的部门，如与原材料供应商、零售商、顾客、金融部门、政府部门甚至竞争对手的关系等，当然，也包括组织与环境的关系。

俗话说，"三个臭皮匠，胜过一个诸葛亮"。如果团队成员配合得好，可以发挥很大的作用。相反，如果关系不好，则会造成"三个和尚没水喝"的结果。因此，企业家要想增强组织的凝聚力，就必须花大力气把组织的内部关系搞好，此外，公共关系的建设也极为重要。

3. 负资源和正资源

正资源是对某特征而言，起促进作用的资源；负资源就是对某特征而言，起阻碍作用的资源。对城市环境而言，果皮、动物粪便是负资源，但是，它们在农村却是对农作物生长有用的正资源。负资源和正资源对组织而言都是不可或缺的。有些负资源也是有价值的，它们能使员工更好地为组织创造利润。如员工福利对组织利润而言是负资源，但它能使员工更好地为组织创造利润。

4. 潜资源和显资源

组织显现的资源称之为显资源；组织中潜在而未显化的资源称为潜资源，如组织存在的风险、隐患、潜在利润、销售潜力、设备使用寿命等。显资源是企业显化的资源，可以直接利用；潜资源是企业没有显化的资源，或目前无法使用，但随着时间的推移或出现一定的条件后，会成为可以被利用的资源。例如，组织在创建初期需要大量的投入，它可能是亏本的，也蕴含着未来的盈利；更应该善于看到组织潜在的资源，及时发现潜在的危险，防患于未然；同时发现在员工中隐藏着的巨大潜力，采取一定的措施可以使这些潜力显化，为组织创造更大价值。企业运作得好，潜在资源就会显化为显资源，负资源也会转化为正资源，从而为企业所用。

根据可拓集合的思想，要把不符合企业要求的资源（如负资源、不可控资源等）变为可拓资源，关键在于找到一个恰当的变换。利用不同的变换，可得到不同类型的可拓资源。

【案例 4-6　冯谖为孟尝君买义】

春秋战国时期，齐国宰相孟尝君要派人去封地收取债务，冯谖自告奋勇。冯谖看到债务人是农民根本没有能力还债。冯谖对孟尝君的情况做了一番分析，觉得孟尝君财富多而仁义少，于是想出一个点子，"为孟尝君购买仁义"。冯谖把催取欠债变成焚烧债券（矫命以责赐诸民，因烧其券）。回来后，他告诉孟尝君，购买了"义"，孟尝君听后很不高兴。

冯谖通过此举把显资源转换为潜资源。后来，孟尝君被齐王罢免了职务，回到封地，封地的百姓焚香迎接，帮助他解决了很多问题，这时，孟尝君才了解"市义"（购买仁义）的价值。在这里，"义"是孟尝君的"潜虚部"，冯谖用焚烧债券扩大了孟尝君的"虚部"，孟尝君回到封地后，又转化为显部，以人力、物力等实资源支持孟尝君，这时，潜资源又转换为显资源。

【故事 4-1　岛村白手起家】

日本人岛村看到当地提纸袋买东西的妇女越来越多，觉得做纸袋绳索的生意是个很好的商机，打算办一个公司来经营纸袋的绳索。他身无分文，无奈只好向银行贷款，但他既无知名度，又无财产抵押，银行不肯贷款，如何开展这个项目呢？

岛村虽无知名度也无财产，但他对自己的能力有信心。他决定把自己的耐心和毅力显化出来，变成银行对自己的信任。于是，他连续 69 次向三井银行申请贷款，提高了三井银行对他的信任度。最后，三井银行同意贷给他 100 万日元。他贷到 100 万日元以后，定下目标要用这 100 万日元去获得 1000 万日元的利润。而现有的条件是客户数为 0，这又是一个新的不相容问题。

岛村分析公司的利润是与客户数量、绳索进货价、销售价三者相关的，而客户数量是与客户获得的利润、客户对岛村的信任度两者相关的。

于是他做了这样的策划：除了守时、守诺、服务周到等外，在降低销售价方面，做出了惊人的决策：第一年一分钱也不赚，以进货价每条绳子 0.5 元出售。由于价格便宜，很多人都购买他的绳索，一年就会有一万个订户。这一年虽然没有赚到钱，但为第二年准备了 1 万个客户和公司赚钱的潜部。

第二年，再把公司的潜部转化为显部。岛村对客户说，我去年一毛钱都没赚到，快要破产了，客户很同情他，于是心甘情愿地把价钱提到 0.55 元/条。接着又到供应商那里诉苦，获得供应商的同情，同意把出厂价降为 0.45 元/条。

岛村就按这个策划去实施，客户和供应商都同意他的价格，他赚到了第一桶金。后来，岛村成为日本有名的企业家。

【故事 4-2 软资源赚取第一桶金】

企业家林某带了 50 万元，到广州想干一番事业，但是资金太少，资源的限制成为他的最大难题。

一天，他在闹市区发现一座建好的办公楼，销售不出去，便驻足了解。原来，开发商原以为在闹市区建这栋办公楼一定会有很多人来购买，但看楼的人看后都无人问津。原因是该办公楼虽然在闹市区，但交通极不方便，要绕道很远才能到达办公楼楼前，而直达闹市又有两栋平房挡路，看楼的人觉得这座楼房作为办公楼并不合适。

林某却另有打算，他先找平房主人协商，愿意以三倍市价的价钱购买两栋平房。房主人同意了，两人签订了协议。林某答应先交定金 10 万元，但要求平房主人在一个月内搬走，房子一搬完，就立即交付全部房款。接着他又找办公楼的开发商谈判，愿意以 3000 元/m² 购买整幢房子，先交 40 万元的定金，发展商把销售权交给林某，他保证三个月内交付全部房款。同时，林某又找到一家急于购买办公楼的大公司，拿出开发商给他的销售权合同，并答应两个月内铺好办公楼直达闹市的马路，以 5000 元/m² 的房价把整栋办公楼售给该公司，条件是先给林某交 10% 的定金 500 万元，双方都同意了，便签订了协议。还没有到一个月，林某已经拿到 500 万元的资金，他把 300 万元交给平房主人，再用一个多月的时间和 100 万元的费用铺好办公楼至闹市的马路。三个月内便与购楼的大公司完成了交割办公楼的一切手续，得到全部房款，除去交付办公楼开发商的房款，还盈利 1000 多万元，得到了"第一桶金"。以后又继续发展，成为当年广州数一数二的房地产公司。

【案例 4-7　星期六工程师】

改革开放初期，珠江三角洲的农民开办工厂，但缺乏技术人才。为了解决人才资源的问题，他们挖空心思。聪明的先驱者看到，具有技术的人工厂中有，大学里也有。工厂不给，就到大学去挖。他们找到具有技术的大学老师，请他们帮忙。每星期六晚上派车把他们从广州接到珠江三角洲的工厂里，星期天就在工厂里指导生产，星期一早上又送他们回大学。每一趟给 500 元的报酬（当时一般老师的工资一个月不超过 100 元）。于是，不少大学老师成为珠江三角洲乡镇企业的技术骨干，并被称为"星期六工程师"。

当时，在珠江三角洲的老板眼中，具有他们需要的技术能力的人都是他们可用之才，通过"星期六工程师"，就把大学老师转换为乡镇企业的技术员。

【案例 4-8　杭州西溪湿地的改造】

距杭州西湖五公里远的西溪湿地有 $10.08km^2$，本是一大片荒无人烟的烂泥地，但杭州市政府却看到了它的一些特别的作用。

从实部来说，水域形成了这块湿地的独特景致——70%的面积是河港、池塘、湖漾、沼泽，素有"一曲溪流一曲烟"的说法。整块湿地有六条河流纵横交汇，其中分布着港汊和鱼鳞状的鱼塘。这块湿地是鸟的天堂，朝暮之间，常见群鸟欢飞的壮丽景观。

从虚部来说，西溪自古就是隐逸之地。被文人视为人间净土、世外桃源。帝王将相对其喜爱有加；文人墨客也对其欣赏有加……西溪湿地的文化底蕴十分深厚。

但是，到了近代，人类社会活动加剧，西溪湿地的自然生态、人文生态均受到较大程度的破坏。虽然风韵犹存，但已风光不再，面积也从历史上的 $60km^2$ 多缩小到现在的 $10.08km^2$。人类活动的生活垃圾、粪便和污水严重影响和破坏了生态环境。对湿地的环境影响最大的是当地的养猪业。养猪业占该地区农业总产值的 70%，大量的猪粪使水质变得肮脏不堪。此外，湿地的传统文化不断受到破坏。前人的诗词、匾额、碑刻不断流失。周边地区的开发使湿地"冷、野、淡、雅"的意境渐渐湮灭。

杭州市政府看中了西溪湿地虚实部的上述特征，制订了改造方案，斥资百亿元人民币，耗时六年，建设世界上最大的湿地公园，成为新的旅游胜地。

为了保护湿地的生态环境。湿地公园兴办了"公共自行车租赁公司"。公园利用自行车和服务点的空间，让商家做广告，并用广告费的收入来弥补自行车公司的开销。

从 2008 年 3 月起，该公司开始为游客服务，收费标准为第 1 小时内免费，超过1小时每小时收1元,这种近乎免费的服务基本靠广告收入来支撑,800个服务点和2万部自行车的广告收入解决了资金不足的问题。

更多资料可扫码登录智慧树慕课学习平台"趣味可拓学"公开课程,网络 https://coursehome.zhihuishu.com/courseHome/1000090488#teachTeam 之"在线教程"第二章2.8节"共轭分析方法"进一步学习。

"趣味可拓学"
学分课、公开课

4.3 相关网思维方法

如果一个基元与其他基元关于某一特征的量值之间,同一基元或同族基元关于某些特征的量值之间存在一定的函数关系或依赖关系,则称之为相关。相关分析是根据物、事和关系的相关性,对基元与基元之间的关系所进行的分析。这一分析是为了以形式化的方法,让人们更清晰地了解事物之间相互关系和相互作用的机理。

客观世界中的任何事或物都与其他事或物存在着千丝万缕的联系。正是由于这些联系的存在,对某一对象进行变换时,会引起与它相关的对象的变化。

当把某矛盾问题的目标和条件用基元表示之后,便可用形式化的方法描述出这种相关关系。由于一个基元与其他基元之间的关系纷繁复杂,形如网状结构,故称其为相关网。基元相关的主要形式包括以下3类。

1. 异对象同特征基元相关

两个不同的对象关于同一个特征,它们的量值之间具有一种对应的函数关系,并且在其中一个量值发生改变的时候,另一个量值则会被动地改变。

这种相关形式包含两种类型:若两个不同对象的相同特征基元 B_1 的改变会导致基元 B_2 的改变,并且基元 B_2 的改变也会导致基元 B_1 的改变,那么就称互为相关;但是当基元 B_2 的改变无法导致基元 B_1 的改变时,则称为单向相关。例如,当手机的尺寸改变的时候,手机壳的尺寸也随之改变;但手机壳尺寸的变化并不能改变厂商对手机尺寸的独立设计,因此手机尺寸与手机壳的尺寸属于单向相关。

2. 同对象异特征基元相关

一个对象中具有很多不同的特征,当不同特征的量值之间存在一个对应关系时则称为同对象异特征基元相关。例如房屋的面积和价格,这两个特征属于同一个对象，即房屋。通常情况下，房屋的面积越大，房屋价格也会相应增加。

3. 异对象异特征基元相关

当两个不同对象关于两个不同特征的量值之间具有一种对应关系时，则称为异对象异特征基元相关。比如商品价格和消费者的购买行为之间的关系。这两个特征属于不同对象，即商品和消费者。通常情况下，商品价格的上涨或下跌会影响消费者的购买决策，如果商品价格上涨，消费者可能会减少购买量或寻找替代品；相反，如果商品价格下跌，消费者可能会增加购买量或更愿意购买该商品。

除了两个基元之间的单向相关与互为相关之外，单个基元和多个基元之间也存在相关，同样也存在互为相关和单向相关的关系。

在相关网中，一个基元的改变，会导致网中与其相关的其他基元的变化。一般而言，相关网都是动态的，但在给定的时刻，对给定的基元，它的相关网是唯一确定的。通过相关网寻找创新或解决矛盾问题的路径的方法称为相关网思维方法。当人们用某一物元不能解决矛盾问题时，可以考虑应用与其相关的物元去解决。通过相关网寻找解决矛盾问题的路径的基本步骤如下：

1）从条件或目标出发，写出要分析的基元。
2）利用相关分析原理列出基元的相关网。
3）分析相关网，从而确定引起条件基元或目标基元变化的系列基元，或由于条件基元或目标基元变化而引起变化的系列基元。
4）选择应用相关网中的新基元系列去解决矛盾问题。

【案例4-9 影响室内采光的因素】

购房时，人们通常会着重考虑小区和建筑的各个要素和特点，以求获得较好的采光条件。因为若在购房后发现室内采光不好，是无法通过改变建筑的特征来增加室内亮度的。通常室内自然采光的优劣与建筑和小区的环境要素具有相关性：

1）户型的朝向：朝向直接影响采光，中国处在北半球，一般南向的户型光线最好。
2）楼层：楼层越低，房间被周边环境遮挡的部分越多，采光可能就会越差。
3）楼间距：如果楼间距不足 1.2m，会影响低楼层的采光，白天也需要人工照明。
4）窗户设置：如果房间内窗户较小或是窗户数量不够，阳光也无法照射进来。

5）房间开间和进深的比例：一般开间与进深的比例介于 1∶1.5 左右较好。开间过小，进深过大，会影响户型采光通风，房间内会显得比较暗。

可以看出，影响建筑室内采光要素的基元与室内采光主要是同对象异特征的单向相关，若由于建筑的原因导致自然采光受限，同样可以通过以下这些另外的方式增加室内的亮度：

1）空间内的隔断：减少空间内多余的隔间、门板以及大件家具，开放式设计，最大限度地引入光线。

2）空间内的配色：浅色系的墙面和地板，让整体居室明亮整洁。

3）家具的高度：挑选较为低矮的家具，使室内更加开阔，不阻挡光线。

4）照明灯光：使用射灯或者灯带，以丰富室内照明的层次，多角度地提高居室整体亮度。

【案例4-10 降息以激活国内市场】

为了扩大内需，激活国内市场，政府通常实施银行降息政策。要想提高社会购买力，就必须减少消费者的存款数量增加其消费。而使存款数量减少的一个直接办法是降低银行存款利率，这是在西方国家常用的方法，但在我国效果并不明显。

如果能同时采取其他措施，如增加社会保障和养老保险额度，提高消费者的年收入，降低银行贷款利率，取消福利分房，对贷款购房、购车等给予较多优惠等，则有可能促进消费与投资，达到扩大内需、激活国内市场的目的。

更多资料可扫码登录智慧树慕课学习平台"趣味可拓学"公开课程，网络 https://coursehome.zhihuishu.com/courseHome/1000090488#teachTeam 之"在线教程"第二章2.5节"相关分析方法"进一步学习。

"趣味可拓学"
学分课、公开课

4.4　蕴含系思维方法

蕴含分析原理是根据物、事和关系的蕴含性，以基元为形式化工具，对物、事或关系进行的形式化分析。

基元蕴含的概念:

<定义 4.1> 设 B_1、B_2 为两个基元,若 B_1 实现必有 B_2 实现,则称基元 B_1 蕴含基元 B_2。基元 B_1 称为下位基元,基元 B_2 为上位基元。

在条件 l 下,若 B_1 实现必有 B_2 实现,则称在条件 l 下 B_1 蕴含 B_2。

<定义 4.2> 设有基元 B 和 B_1、B_2:

1) 若 B_1 与 B_2 同时实现必有 B 实现,则称 B_1、B_2 与蕴含 B。
2) 若 B_1 或 B_2 实现都有 B 实现,则称 B_1、B_2 或蕴含 B。
3) 若 B 实现,必有 B_1 与 B_2 同时实现,则称 B 与蕴含 B_1、B_2。
4) 若 B 实现,必有 B_1 或 B_2 实现,则称 B 或蕴含 B_1、B_2。

在与蕴含中,最下位基元的全体蕴含最上位基元;在或蕴含中,最下位的每一基元都蕴含最上位基元。由此推论所形成的系统称为基元蕴含系统,简称基元蕴含系。

基元蕴含系的一般形式为:

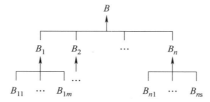

上述蕴含系可以是与蕴含系,也可以是或蕴含系,还可以是与或蕴含系。由此可见,蕴含系可以是多层的。当上位基元不易实现时,可以寻找它的下位基元,如果下位基元易于实现,则认为找到了解决矛盾问题的路径。

<定义 4.3> 若问题 P_1 解决,则问题 P_2 解决,称问题 P_1 蕴含 P_2。

多个基元之间的多层蕴含关系构成蕴含系。当目标基元不易实现时,我们可以寻找它的条件基元,如果所有必要的条件基元都实现了,则认为找到了解决矛盾问题的路径。

【案例 4-11 购买汽车的蕴含分析】

如果某人购买了传统能源汽车,那他一定要购买汽油、购买停车位、购买交强险等,而要购买汽油,就一定要去加油站……由此可做如下蕴含分析:

$$A = (购买,支配对象,汽车)$$
$$\Downarrow$$

$A_1 = (购买,支配对象,汽油)$ $A_2 = (购买,支配对象,停车位)$ $A_3 = (购买,支配对象,交强险)$

$\Downarrow$

$$A_{11} = \begin{bmatrix} 加, & 支配对象, & 汽油 \\ & 地点, & 加油站 \end{bmatrix}$$

根据此蕴含系，加油站、停车场和保险公司就可以制定针对有车一族的营销方案，以提高服务质量，获得更高的效率和收益。

【阅读材料：电磁感应现象的发现】

1820年，丹麦物理学家奥斯特（Oersted）发现了电流的磁效应，即若物体A中有电流通过，则物体A具有磁性。亦即"电⇒磁"。之后，很多科学家开始思考一个问题：既然电可以生磁，那么磁可不可以生电？1822年，31岁的法拉第开始进行把磁转变成电的实验。经过10年的不懈努力，他终于在1831年发现磁生电的现象，这种现象被称为电磁感应现象，即"磁⇒电"。从此，法拉第确立了电磁感应的基本定律，揭示了磁和电之间的联系，成为现代电工学的基础。法拉第还利用电磁感应原理，设计了历史上第一台感应发电机。

更多资料可扫码登录智慧树慕课学习平台"趣味可拓学"公开课程，网络 https://coursehome.zhihuishu.com/courseHome/1000090488#teachTeam 之"在线教程"第二章2.6节"蕴含分析方法"进一步学习。

"趣味可拓学"
学分课、公开课

4.5 分合链思维方法

物元、事元和关系元可以组合、分解及扩缩的可能性，分别称为可组合性、可分解性和可扩缩性，统称为分合链思维方法。

根据可组合性，一个事物可以与其他事物结合起来生成新的事物，从而提供解决矛盾问题的可能性；根据可分解性，一个事物可以分解为若干新的事物，它们具有原事物不具有的某些特性，从而为解决矛盾问题提供可能性；根据可扩缩性，一个事物也可以通过扩大或缩小，为解决矛盾问题提供可能性。

对物元而言，可组合分析有可加分析和可积分析两种形式。当某一物元不能满足解决问题的需要时，可以考虑加上另一物元，使它们组合起来共同用于解决问题。若单纯应用某一物元无法使矛盾问题化为相容问题，则可以考虑把多个物元按先后顺序聚合起来解决矛盾问题。考虑先后次序的组合为可积分析。对于劣势条件，可通过拓展，找出能与其组合的优势条件，从而化解矛盾。

【故事 4-3 长跑冠军感谢小偷】

菲利斯二十八岁那年成为全欧马拉松长跑冠军。一次，他应邀一处大监狱做演讲。面对上千形形色色的罪犯，他讲述了自己童年的故事，以及他拼搏奋斗改变命运的经历。演讲引起极大的反响，全场报以经久不息的掌声。

突然一位罪犯站起来，请他回答一个问题："在你的一生中，你最感谢谁？"菲利斯没有马上回答，而是凝神思考了片刻，然后郑重地说："小偷，那个当年偷了我自行车的小偷是我最感谢的。"全场哗然。

在人们的惊讶中，菲利斯道出了事情的原委：那年他 13 岁，正读初一。由于家穷，他住不起学校，骑一辆破自行车，一天两次来往于相隔 5 公里的家与学校之间。可有一天，他到校后忘了给自行车上锁，结果车子被小偷偷走了。家里再也无力为他买一辆新的自行车了，他只好跑步上学。一天 10 公里，三年下来，他成了全校的长跑冠军，后又在全市获得亚军……从此，他开始了自己运动生涯。

讲到这里，他动情地说："如果不是因为当年丢车，我绝不会有今天的荣誉。我总觉得对不起那个小偷，可能正是由于我的疏忽，让那个小偷轻易得手，从此他变得一发不可收拾……"这时，人们笑了起来，大家都认为不会那么巧的，但突然一声哭喊吸引了所有的人："我就是那个小偷！"

当听到那名罪犯说，他偷的那辆自行车由三种型号的机件拼接而成，车梁有焊痕、后圈有断迹时。菲利斯默默走下来，从胸前摘下一枚奖章，别到希库莱的胸前。希库莱满面羞愧，连说："我不配，我不配。"失者得到了最丰厚的馈赠，得者却失去了最宝贵的东西。得与失就像一对在岔路口分手的兄弟，走得越远，差距越大。

更多资料可扫码登录智慧树慕课学习平台"趣味可拓学"公开课程，网络 https://coursehome.zhihuishu.com/courseHome/1000090488#teachTeam 之"在线教程"第二章 2.7 节"可扩分析方法"进一步学习。

"趣味可拓学"
学分课、公开课

思考与训练

1. 解读如下案例故事中的共轭八部与可拓创新思维方法，并与小组、班级同学分享。

【故事 4-4 不寻常的球童】

日本有一个金融家,名为鬼怪三郎,他的父亲是一家大企业的大老板。鬼怪三郎年轻的时候,却被他的父亲安排到高尔夫球场去当一名球童,替打球的人捡高尔夫球。正是这一年当球童的工作,使他认识并结识了很多来打高尔夫球的大老板,后来成为他的生意伙伴或者为他的事业提供支持。最后,鬼怪三郎成为日本著名的金融家。

【故事 4-5 交通信息服务部】

1991 年,北京旅游工艺美术开发公司要从广州运 2 吨装饰材料到北京,运输公司要价 3000 元,而公司经理吴敏只能拿出 1000 元。这是一个矛盾问题。

吴敏的妻子发现,运输队从北京运货物到广州后,回来的车不少是空车,却要付汽油费和折旧费,是运输队的负部。于是,她想出一个主意:在大门口贴出广告,征求广州回北京的空车。不到两个小时,就有五家运输队找上门来。结果,他们只花费了 1000 元便把材料运回北京。

这件事启发了他们:一方面是货物运价很高;另一方面是运货的回程车空跑。当时,他们做了一个统计,北京有运输车 5 万辆,每天放空率为 52.6%,全国长途运输汽车约 160 万辆,放空率达 50%,所造成的浪费近 60 亿元人民币。

于是,吴敏与妻子成立了一个交通信息服务公司,沟通货主和空车驾驶员,从中赚了一大笔中介费作为"第一桶金",后来发展成为现在的第四方物流模式。

【故事 4-6 谁能走出山洞?】

清代有一名年轻书生,自幼勤奋好学。无奈贫困的小村里没有好的教师资源,于是书生的父母决定变卖家产,让他外出求学。

一天,天色已晚,书生准备翻过山头找户人家借住一宿。走着走着,树林里忽然蹿出一名拦路抢劫的土匪。书生立即向远处奔跑逃命,然而书生根本不是土匪的对手,眼看书生就要被土匪追到了。正当这时,书生看到了旁边的一个山洞,便没有细想急忙钻了进去。土匪见状,不肯罢休,也追进山洞里。洞里一片漆黑,在洞的深处,书生终究未能逃过土匪的追逐,一顿毒打之后,身上的所有钱财及衣物,甚至用来在夜间照明的火把,都被土匪掳去了。书生和土匪两个人各自分头寻找着洞的出口,这山洞极深极黑,且洞中有洞,纵横交错,寻找出口十分不易。

土匪将抢来的火把点燃，他能轻而易举地看清脚下的石块，能看清周围的石壁，因而他不会碰壁，也不会被石块绊倒，但是，走来走去，他就是走不出这个洞，最终，恶人有恶报，他迷失在山洞之中，力竭而死。

书生失去了火把，没有了照明，在黑暗中摸索行走得十分艰辛。他不时碰壁，不时被石块绊倒，跌得鼻青脸肿，但是，正因为他置身于一片黑暗之中，他的眼睛能够敏锐地感受到洞外透进来的一点点微光。他迎着这缕微光摸索爬行，最终逃离了山洞。

【故事 4-7 种一棵烦恼树】

一个水管工被一个农场主雇来安装农舍的水管。那一天，水管工的运气十分糟糕，先是因车子的轮胎爆裂，耽误了一个小时，接着电钻坏了，最后，连开来的那辆载重一吨的老爷车也出了故障。他收工后，雇主开车把他送回家去。到了家门口，满脸沮丧的水管工没有马上进去，而是沉默了一阵子，又伸出双手，轻轻抚摸着门旁一棵小树的枝丫。待到门打开时，水管工笑逐颜开地拥抱了两个孩子，再给迎上来的妻子一个响亮的吻。在家里，水管工愉快地招待了雇主这位新朋友。雇主离开时，水管工送他出来。雇主按捺不住好奇心，问："刚才你在门口的动作，有什么特别的用意吗？"水管工爽快地回答："有，这是我的'烦恼树'。我在外头工作，经常有烦心的事情，可是烦恼不能带进家门，不能带给妻子和孩子，于是我就把它们挂在树上，让老天爷管着，明天出门再拿。奇怪的是，等第二天我来到树前，'烦恼'大半都不见了。"确实，我们每个人都应该有一棵自己的"烦恼树"，它可以是无形的，也可以是有形的；它可以是日记本上的宣泄，也可以是内心的自我化解，甚至哪怕只是一个礼让的手势、关切的眼神和温暖的微笑。

每个人都有烦恼，烦恼都是内心与外部不协调的结果。在"处理"外部的同时，我们要想办法调节内心。"调节内心"的办法很多，其中找一棵适合自己的"烦恼树"是一个不错的办法。但愿，每个人都能有自己的"烦恼树""出气包""镇静剂"……

2. 分析你拥有的资源，列表或画一棵资源树与大家分享。

3. 地上一张 100 元的纸币，又脏又旧，仍有人愿意要，请问这是为什么？

4. 古籍《增广贤文》上说："穷在闹市无人识，富在深山有远亲。"试用共轭八部法分析中国这句古话中蕴含的道理。

5. 监狱对犯人实行劳动改造的政策，建立新生工厂，利用犯人的一技之长，生产各种产品，既改造了犯人，又有益于社会。试用共轭八部法解读其共轭部。

6. 一茶杯水有多重？其实这杯水并不重，重要的是你能拿多久。拿一分钟，谁都没有问题；拿一个小时，不少人可能觉得手酸；拿一天，可能并没有人能够做到。这杯水的重量没有变化，但是你若拿得越久，就越觉得沉重。这说明了什么道理？

7. 分析下列故事中的思维拓展方法。

【故事 4-8　洛克菲勒的捐赠】

第二次世界大战结束后，美国、英国、法国、中国等战胜国几经磋商，决定在美国纽约成立一个协调处理世界性事务的国际性组织——联合国。一切准备就绪之后，大家才发现，这样一个全球至高无上得、最权威的世界组织，竟然难寻自己的立足之地。

听到这一消息后，美国一家著名财团——洛克菲勒家族经过商议，决定出资 870 万美元，在纽约买下一块土地，并无偿地把这块土地赠予"联合国"这个刚刚挂牌的国际性组织。同时，洛克菲勒家族也把这里附近的大面积土地一并全部买了下来。

洛克菲勒家族此举出人意料，当时，许多美国大财团都吃惊不已。870 万美元，对于战后经济十分困难的美国和全世界，确实不是一个小数目，而洛克菲勒却是无偿赠予，什么条件也没有。消息传出之后，美国许多大财团的老板甚至嘲笑说："这简直是愚蠢至极。"有人断言："这样下去，过不了几年，洛克菲勒财团就要沦落为贫民集团了。"

但出人意料的是，联合国大楼刚刚建成，四周的地价顿时狂涨起来，一时间，升值超过捐赠金额的数十倍，巨额财富源源不断地涌进了洛克菲勒家族。这个结局令那些嘲笑和讥讽这笔无偿赠予的人士个个目瞪口呆。

8. 人有哪些特征？能否列出你本人的近似全部特征的物元？
9. 共轭分析对思维拓展有哪些作用？如何把多种拓展分析方法进行有机结合？
10. 共轭分析中，虚实、软硬、正负、潜显 8 个部之间存在什么关系？
11. 请用基元模型表达思维拓展的主要方法。
12. 请用共轭分析方法阐述对忒修斯之船悖论的理解。

【故事 4-9　忒修斯之船悖论】

忒修斯之船（The Ship of Theseus），最为古老的思想实验之一，最早由公元 1 世纪罗马帝国的希腊历史学家、哲学家普鲁塔克提出：

忒修斯是雅典的英雄，他曾经乘坐一艘船去克里特岛杀死了怪物米诺陶洛斯。他的船在回来的路上遭遇了风暴,损坏了很多木板。为了纪念他的功绩,雅典人把他的船保存下来,并且不断地更换损坏的木板,若干年后,船体的所有木板、零部件都被更换了一遍。

从新旧的角度来说,这是一只新船。问题来了,此时我们还能称它为忒修斯之船吗?

更进一步,当人们将更换下来的零部件,再次组装成一艘船后,它还是忒修斯之船吗?

赫拉克利特、苏格拉底、柏拉图都曾经讨论过相似的问题,请用共轭分析方法阐述你对忒修斯之船悖论的理解。

第 5 章
可拓变换思维

在基元、复合元模型的拓展分析基础上实施可拓变换是解决矛盾问题的有效手段。很多问题可以通过可拓变换的方法将不可知变为可知,将不可行变为可行,从而得到解决问题的方案。本章将介绍可拓变换的类型、基本变换方法、变换的基本运算、传导变换与传导效应等。

5.1 可拓变换的分类

以可拓集合理论为基础的可拓变换,就是将元素(含对象、特征、量值)、准则或论域改变为新的元素、准则或论域。可拓变换本身可以用事元来表达,其特征包括:时间、工具、方法、实施变换的地点、支配对象、施动对象、变换量、变换结果等。

由于事物之间存在千丝万缕的关系,因此,对某个对象实施变换必然会引起某些与其相关的对象的传导变换。例如,增加工资,必然导致社会购买力的提高,从而拉动国内的内部需求;有些企业为了短期利益,扩大生产污染环境的产品,导致周围环境的恶化,必将付出大量的赔偿费用,得不偿失。我们称此类由其他可拓变换所引起的被动变换为传导变换。在本书中,若无特别说明,可拓变换均指主动实施的变换。

可拓变换可按照以下三种方式进行分类。

1. 从变换的支配对象的类型角度进行划分

从变换的支配对象的类型角度,可拓变换可分为论域变换、准则变换和论域中元素的变换。元素的变换又分为基元的变换和复合元的变换。基元的变换包括对象的变换、特征的变换和量值的变换。

如前所述,关联准则是对问题是否矛盾以及问题的矛盾程度的一种定量化描述。基于这一描述，某些元素不能符合要求，从而造成"不可知""不可行"。当改变关联准则时，某些原来不符合要求的元素，可以符合"新要求"，从而使不可知的问题变为可知问题，不可行的问题变为可行问题。例如，若以平均成绩 85 分以上作为评选三好学生的基本条件，则平均分数低于 85 分的同学就无法参加评选，但若改为 81 分以上，则很多同学就可以参加评选了。

在经典逻辑和模糊逻辑中，论域是固定不变的，把问题涉及的对象局限于某一固定的范围内。其优点是便于在固定的范围内研究问题的解，但这也限制了人们的视野。在客观世界中，某些问题可能在某一论域内是矛盾的，而在另一论域中可能是不矛盾的。

可拓创新思维不把论域视为固定不变的，而是研究在论域变换的情形下，如何使矛盾问题转化为不矛盾问题。例如，企业考虑自己的资源，常常要从企业内部可控资源扩展到本市的资源、本省的资源、全国的资源，甚至国际资源。把论域看成动态变化的思想往往能拓展思路。

2. 从共轭分析的角度进行分类

对某一共轭部的变换会导致同一共轭对中另一共轭部的传导变换，称为共轭变换。从共轭分析的角度进行分类，共轭变换可分为虚实共轭变换、软硬共轭变换、潜显共轭变换和负正共轭变换。

虚实共轭变换分为两部分，即物的实部基元和物的虚部基元，实部基元变换会导致与其相关的虚部基元发生传导变换；而虚部基元的变换，也会导致与其相关的实部基元发生传导变换。例如，某企业为了提高企业的知名度而花巨资大做广告。虽然知名度立即提高了很多，但由于广告费投入过多，会使企业没有足够的资金投入生产和产品开发。即对虚部的变换，导致了企业实力（实部）的下降，最终破产重组，企业的名声如昙花一现而已。

3. 从变换方法的角度进行分类

从变换方法的角度进行分类，可拓变换可分为基本可拓变换，包括置换变换、增删变换、扩缩变换、组分变换和复制变换；变换的基本运算；复合变换；传导变换；共轭变换等。5.2 节主要对 5 种基本变换方法进行介绍。

5.2　可拓变换的基本方法

5.2.1　置换变换

由于事物具有很多特征，多个事物也可同时具备某一特征。因此出现矛盾问题时，可以针对产生矛盾的特征，将问题所涉及的事物置换为其他具备这一特征的事物，从而提出处理问题的方案。从可拓集合的角度看，置换变换包括元素的置换、论域的置换、准则的置换。从基元角度看，可以把基元的某一对象置换成另一对象，把某一特征置换成另一特征，或者置换某一特征的量值等，如红色换成绿色。

置换是日常生活中人们最熟悉的一种变换。例如，生活中要处理各式各样的矛盾问题。遇到难题时，聪明人往往采取"此路不通走他路，此物不行用他物，此人不当换他人，此法不好使他法"的方式去处理。为了研究飞机，而去研究飞鸟；为了研究潜艇，而去研究海豚；为了结识 A，而先去结识 A 的母亲（目标的置换），等等。

【案例 5-1　曹冲称象中的置换变换】

称象问题的矛盾产生在"重量"这一特征上，大象的重量远远超过三国时期秤的称量上限。曹冲的办法是将大象置换成同样具备"重量"这一特征的等重的一堆石头，而每块石头都是可以用秤来称量的，从而解决了称象问题。

【案例 5-2　受欢迎的手帕】

"夫妻店"是一种在日本东京随处可见的经营方式，它们不仅数量众多并且有着自己的经营特色，生机盎然。

曾经有一家经营了很多年的"夫妻店"，主营业务是卖手帕。但是，随着超市中手帕的品种越来越多，他家手帕的销售量日趋减少，夫妻俩的生活也日趋惨淡，眼看这家手帕店就要支撑不下去了。突然有一天，老板看着街道上来来往往的游客，突然叫道："印导游图！"站在一旁的老板娘不解地看着他。于是老板解释道："手帕上可以印各种东西，我们也可以印导游图呀！这样一定会受那些游客的欢迎！"

于是，夫妻俩说干就干，这家夫妻店经营起了新式手帕——印着东京交通图和风景导游的手帕。这种独特又有新意的商品为他们带来了不少的销售收益，"夫妻店"又欣欣向荣起来。

本例中是把手帕上的花、鸟等图案置换成东京交通图及有关风景区导游图，属于对手帕这一对象的印刷图案特征的量值置换。

【案例 5-3　拼图的效率】

一天，一位牧师的儿子一直哭闹个不停，为了安抚儿子，牧师将一幅彩色世界地图撕成大小不同的碎片，然后对儿子说："小约翰，如果你能将这幅地图拼回原来的样子，我就给你五块钱。"牧师本来以为这件事情很难，会花费小约翰大半天的时间，但是出乎他的意料，只花了一会儿工夫小约翰就拼好了。牧师既惊讶又好奇他是怎么做到这么快的。小约翰解释说："地图背面是一个人的照片，我把照片拼好了，反过来地图也就拼好了啊。"于是，小约翰轻松地得到了五元钱的奖励。

【案例 5-4 置换断案】

三国时期，一名女子被家人指证，说她杀了她的丈夫并放火烧了房子毁尸灭迹。海川县的张县令接到了这起杀人纵火案，在审问这名女子时，该女子表示不服，并坚持说她的丈夫是被人烧死的而不是被杀死的。

张县令在查看了尸体之后，叫人抓来两头猪，杀了其中一头。然后将活猪和死猪放在笼子里用柴火烧。一段时间之后，大家看到活猪尸体的口中有灰，而死猪的尸体烧后口中无灰。该女子丈夫的尸体口内没有灰，正说明被死后焚尸。看到铁证如山，女子终于供述了自己罪行。

5.2.2 增删变换

增删变换顾名思义就是基元的对象、特征或量值的增加或减少。例如，可增加或删除某些特征，手机增加拍照的功能，在瓶装水的外包装上印上火车时刻表，都是增加变换；去掉瓶装水外面的包装塑料纸，飞机上的餐饮盒采用简洁包装，使之更环保等，则属于删减变换。

一个产品在某个特征上与其他企业产品竞争激烈时，可以增加其他特征，在另一个特征上做文章，如最初为手机增加拍照功能。

在处理问题时，可以增加或减少问题涉及的对象或者对象有关的量值，使矛盾得到解决。例如，飞机飞上高空后，货舱里温度逐渐降低。原先设计并在飞机上安装的冷冻系统，已经纯属多余完全可以删去，空出的容积可以用来运载更多的货物。

轮船起航前，往往需要在轮船中放置压舱物。某工程师发现，轮船搭载的仪器本身的自重量就很大，如此压舱物岂不多余？他命令工人们把压舱物卸下，再安放上沉重的仪器。

当条件不足时，常常实施增加变换；当条件有余时，常常使用删减变换。

【案例 5-5 卓别林一字千金】

1938 年 12 月，卓别林写成了剧本《独裁者》。影片准备开拍时，派拉蒙电影公司说，"独裁者"这个名字是它的无形资产，因为该公司演出过戏剧《独裁者》。

几经谈判,最后派拉蒙公司摊出底牌:如果卓别林一定要用这个名字,必须付 25000 美元的转让费,否则就要诉诸法律。

最后,卓别林通过增加变换,加了一个"大"字,采用《大独裁者》置换《独裁者》,为此节省了 25000 美元。

5.2.3 扩缩变换

扩缩变换包括扩大变换和缩小变换,人们常对基元中特征的量值进行这种变换。对量值乘以大于 1 的数是扩大变换,乘以小于 1 的数是缩小变换。例如,瓶装水的容量扩大,就变成家庭装的;把容量缩小,就变成会议室用的小瓶装的。喝水的一次性杯子,在机场有特别小的,盛满水正好一口喝完;而在餐厅就有些非常大的,足够两人喝个够。

网络笑话中的扩缩变换:

有一句,说一千句,是作家,这叫文采。

有一句,说一百句,是演说家,这叫口才。

有一句,说十句,是学者,这叫学问。

＝＝＝＝＝＝＝＝＝＝＝＝＝＝＝＝＝＝＝＝＝＝＝＝＝＝＝＝＝＝＝

有十句,说一句,是政客,这叫韬略。

有一百句,说一句,是和尚,叫玄机。

有一千句,说一句,叫遗言。

这段内容的前半部分是扩大变换,后半部分是缩小变换。

早期的圆珠笔使用到一定程度以后,就会产生漏油的现象,有时弄得手上、纸上都是油墨。厂家认为,笔珠磨久了会变小,到一定程度以后,就导致笔油流出。因此,试图采用宝石或不锈钢等更耐磨的材料来做笔珠,但依然不能解决问题。日本的田藤三郎从笔珠写字的数量和笔芯的装油量考虑,经过试验,他把笔芯的容积减少了,使写字达不到 15000 字时油已用完,也就不会漏油了。不漏油的圆珠笔就这样诞生了。

本案例不仅仅是缩小变换,也是条件、目标途径选择的经典案例。

【案例 5-6 奖券集资】

全国第六届运动会于 1985 年在广州召开,在召开前夕,运动会还存在资金不足的问题,广东省政府决定发行奖券,每张 2 元。当时企业家陈展鸿提出,2 元的价格不符合群众的购买水平,他分析了当时居民的收入水平,提出将奖券面值缩减为原来的四分之一,即 0.5 元,同时增设大奖 5 万元。这种奖券发行方式一经实施,奖券就被抢购一空,顺利解决了运动会资金不足的问题。

5.2.4 组分变换

组分变换是指将不同对象、特征进行组合或分解,把两种看似不可能一起做的事组合在一起,或者把一件完整的事情分解开来进行。组分变换包括组合变换和分解变换。例如,在喝水的杯子外面加上一个温度计,组合成水温安全杯;手机和照相机组合在一起,变成具有拍照功能的新型手机;瑞士军刀更是组合变换的典型产品。

单独一个零件起不了什么作用,多个零件组合起来,可以成为录音机、电视机、录音笔等。最早的铅笔都是不带橡皮的,写字时旁边总得放一块橡皮,以备擦改。后来,发明家采用了组合的方法,把铅笔和橡皮组合起来,带橡皮头的铅笔就诞生了。

分而治之,是治理国家,处理问题常用的方法。对一个复杂的问题,常常分解为若干简单的小问题去处理。一台旧电视没有用,一艘破船,作用不大。但是,旧电视、破船的很多零部件却是有用的,因此有拆船业、废品回收业等。

【案例 5-7 好孩子童车的创新】

好孩子集团是全球最大的童车生产商,占据中国童车 80% 的市场份额和美国接近 40% 的市场份额。而使好孩子集团敲开美国市场大门的童车"妈妈摇,爸爸摇",则是成功地把摇篮、秋千和童车等多种功能组合在一起的新产品。

一条大弧形横梁将童车的前轮和推把连接起来;只要轻轻调节一下童车的功能档,童车座椅立刻变成了可以摇晃的摇篮,幅度均匀、轻轻地摇;换另一个档,摇篮立刻变成一个大幅度摇摆的微型"秋千"。小孩和父母都十分喜爱。这款童车在美国大获成功,拥有 5 项美国专利和外观设计专利,直接打进美国最大的连锁超市沃尔玛,继而又打入凯玛特,玩具反斗城等美国主流儿童用品连锁企业。

【案例 5-8 码头工人的合理化建议】

老上海港码头水位低,大船只能在涨潮时靠岸卸货,而涨潮时间每天只有两次,每次 2 小时左右。因此,大船常常排长队。怎么解决这一矛盾问题呢?码头工人张宾提出一个合理化建议:把大船的货物分两次卸货,一半在涨潮时卸,另一半在退潮时卸。码头公司采用了他的建议,让大船在涨潮时不全部卸完货物,只卸一半就开走,让第二条大船进来卸货,卸一半又开走,让第三条船卸货……由于开走的船只有一半货物,退潮时也能进码头卸货。这样,通过分解变换,一天就能把整个船队卸完。

5.2.5 复制变换

复制变换指将一个对象复制成多个，如文件的复制、备份、洗照片、复印、扫描、印刷、光盘刻录、录音、录像、漫画的仿制等。复制变换被广泛地应用于信息领域。批量生产也是一种复制。既有实部的复制，也有虚部的复制。

实施复制变换后，对象至少变为两个，即原对象和复制后的对象，也可以是多个。根据复制后的对象不同，复制变换分为扩大复制、缩小复制、近似复制、多次复制等。

地球仪是地球的复制，地图是大地的复制，照片是人、物、景的复制，产品也是一种复制，光碟、电影拷贝等都是复制。复制变换在信息社会中，更是大行其道。

学习医疗技术时，有的不能直接在人身上使用，如练习针灸需要了解穴位，就常常利用人体模型，人体模型就是对真人的复制。很多试验，是在实验室里的模拟事物上进行的。在建设长江三峡大坝之前，要了解长江流沙的规律，又不能在长江上做试验，因此，就在武汉的实验室里复制长江的模型，进行长江流沙的试验。这些都是对物的复制变换。

有时面对矛盾问题中涉及的事物无法直接处理时，可以将原有事物复制为新的事物，然后通过处理新事物去实现对原问题的解决。

要测量经过检查站的汽车所载原木的方数，一根一根地搬下来测量，显然是不可能的。利用照相机对通过检测站的汽车进行拍照，根据照片中木头堆的截面积和长度计算，就可以得到木头的立方数。

仿生创新方法本质上也是一种复制变换，采用的是功能的复制变换。例如：

- 有齿草会割手，鲁班就从这一功能受到启发，发明了锯子。
- 蜣螂不会附着泥土，人们就根据它的凹凸不平的表面复制出仿生不粘电饭锅。
- 荷叶不会附着水，人们根据它表面的构造复制出不脏墙。
- 蜻蜓会防颤动，人们根据它的翅膀的结构复制出飞机上使用的防颤翼。

事元也可以复制。学习工艺，是对师傅技能动作的复制；学习体操，是对教练动作的复制；小孩模仿大人讲话、走路、做饭，也是事元的一种复制。

对物的共轭部的变换，即实部、虚部、硬部、软部、正部、负部、显部、潜部的某一部分的变换，统称为共轭部变换。

【案例 5-9 三废变换的综合案例】

某企业 N 在生产过程中产生的废气、废水、废渣（总称"三废"），对于企业的利润而言，是企业的负部，用物元表示如下：

$$N_1 = \begin{bmatrix} 废气, & 主要成分, & 瓦斯 \\ & 形态, & 气态 \\ & 可燃性, & 佳 \\ & 颜色, & 黑色 \\ & 用途, & 无 \end{bmatrix}$$

$$N_2 = \begin{bmatrix} 废水, & 主要成分, & 有害物质 \\ & 形态, & 液态 \\ & 颜色, & 棕黑色 \\ & 可分离性, & 强 \\ & 用途, & 无 \end{bmatrix}$$

$$N_3 = \begin{bmatrix} 废渣, & 主要成分, & 氧化硅 \\ & 形态, & 固态 \\ & 颜色, & 灰白 \\ & 用途, & 无 \end{bmatrix}$$

这"三废"会成为企业的沉重包袱。为了解决三废问题,分别作如下变换:

- 分解变换,把废气 N_1 收集起来分离出燃气 N_1'。
- 置换变换,把废水 N_2 不外排,全闭路处理,再做分解变换,过滤出工业用水 N_2'。
- 增加变换,把废渣 N_3 中加入黏合剂和其他配料,形成新的复合材料 N_3'。

分别以物元形式表示如下:

$$N_1' = \begin{bmatrix} 燃气, & 主要成分, & 瓦斯 \\ & 形态, & 气态 \\ & 可燃性, & 佳 \\ & 颜色, & 无色 \\ & 用途, & 烧锅炉 \wedge 发电 \end{bmatrix}$$

$$N_2' = \begin{bmatrix} 工业用水, & 主要成分, & 无害清水 \\ & 形态, & 液态 \\ & 颜色, & 无色 \\ & 用途, & 生产用水 \end{bmatrix}$$

$$N_3' = \begin{bmatrix} 复合材料, & 主要成分, & 氧化硅 \\ & 形态, & 固态 \\ & 颜色, & 灰白 \\ & 用途, & 制砖 \end{bmatrix}$$

通过这三个变换,使"三废"变为"三宝":把废气收集起来进行分离处理，并作为燃气进行利用，用于烧锅炉和发电；建立废水全闭路处理循环利用系统，净化后的无害清水作为工业用水再利用，节约了企业的用水量；把废渣处理后作为制砖的原料，从而节约了买砖扩建厂房的成本，多余的砖还可对外销售。这样不但为企业节约了很大的成本，而且还获取了不菲的利润。

【阅读材料：如家的复制连锁】

2002 年成立的"如家"，是国内大型经济型连锁酒店之一，它的创业团队是在纳斯达克上市的携程网的创业者们。

2001 年底，携程网实现了盈利，创业者们谋划把携程网与酒店业结合起来。当时，酒店业在国内已处于饱和状态，房间平均出租率只有 50%。但是，他们发现，酒店业的服务主要集中在高端和低端两个部分。国内五星级以下的酒店大多处于亏损状态，另一方面，低端酒店的市场份额占总量的 80%~90%，竞争非常激烈。这就造成了一个矛盾问题，国内酒店的核心消费人群主要是中层白领、普通商务人士和自助游游客，他们希望价格不太高，但要交通便利、环境整洁。而现有的条件是价格高的星级酒店或者卫生条件较差的招待所、低档酒店。这些目标和条件构成了典型的不相容问题。

如家对酒店的组成部分、特征和量值做了变换：价格降低，选择交通方便、卫生水平较好的环境，同时做到服务到位、管理规范；而在硬件方面，则不做豪华装修，不设桑拿、KTV、酒吧等，餐厅也只提供早餐，客房的设施简化，不安装浴缸，改为实用、卫生的淋浴房，采用分体式空调，不用中央空调。这些变换以后，成本大大下降，"如家"的房价控制在 200 元以下。

如家成立以后，很快受到消费者的欢迎，吸引了大量的顾客，出租率达到 90%以上。2002 年，如家有 5 家酒店，487 间客房，销售额 2000 万元，全年客户 13 万人次。首战告捷，使如家董事会决定建成连锁企业。

2005 年 1 月，孙坚出任 CEO，他认为"连锁业就是重复复制您的企业"。

如家开始在全国复制它的模式，以直营店、特许经营、管理合同、市场联营四种方式在全国复制这种模式的连锁店。如家开一家规模 100~150 间客房的直营店从选址到入住，只需要用 4~5 个月的时间。

如家除了加强北京、上海、广州和成都四大城市为中心的布局外，同时又把这种模式复制到地级市。在一些地级市的服务区、写字楼、市中心、交通枢纽、车站等配套设施完善的地方，大量复制这种经济型连锁酒店。

复制的结果是在全国开辟了如家的市场。由于管理得当，把原来高档旅店的部分顾客和低端旅店的顾客变成了可拓市场。到 2004 年，如家集团已经拥有 35 家酒店，4072 间客房，销售额达到 1.15 亿元，客户接近 83 万人次。

如家的创始人之一季琦认为:"即使是一个很成熟的市场,其实也像是堆满了大石块的玻璃瓶,看上去已经没有空间,可是在大石头的空隙之间,还可以放进一堆小石子,在小石子的缝隙里,还可以继续堆满细沙和水。"如家就是这样"沙化生存"的。

连锁业就是复制的一批企业。利用复制可以不断地拓展企业的市场,把不同地域的消费者作为企业的可拓市场。复制变换使如家复制出全国性的连锁企业。

更多资料可扫码登录智慧树慕课学习平台"趣味可拓学"公开课程,网络 https://coursehome.zhihuishu.com/courseHome/1000090488#teachTeam 之"在线教程"第三章 3.1 节"可拓变换"进一步学习。

"趣味可拓学"
学分课、公开课

5.3 可拓变换的三类对象

5.3.1 元素的基本变换

变换的目的一般是产生创意或用于解决矛盾问题。如果是用于解决矛盾问题,那么首先要对问题的目标和条件进行判断,分析条件和目标中分别有哪些物、事、关系,并将它们表示成物元、事元和关系元的形式,在此基础上再进行拓展,得到更具体的、更丰富的对象、特征、量值,然后实施元素的基本变换,包括对象的变换、特征的变换和量值的变换。目标和条件中元素的基本变换见表5-1。

表 5-1 目标和条件中元素的基本变换

	目标			条件		
	对象	特征	量值	对象	特征	量值
置换						
增加						
删减						
扩大						

(续)

	目标			条件		
	对象	特征	量值	对象	特征	量值
缩小						
分解						
组合						
复制						

【案例 5-10　照片的置换变换】

我们知道，个人照片所放置的位置通常是放影集里、挂在墙上、放在台面上等。对于一般人的照片，作用和放置位置似乎局限性很大。但对于名人，尤其是很多歌星、影星的照片，其"用途"和"放置位置"就多得多，如可作为某企业的形象大使，为企业的产品做广告，既可出现在报纸、杂志、挂历、台历上，也可出现在街边广告栏，被印在某些衣服上，还可作为文化衫，让他们的崇拜者穿在身上……

通过置换变换，制作个人照片台历，个人照片 T 恤衫，还可以制作个人照片水杯等。这类创意有特殊的纪念意义，可供游子寄给远方的父母等。

5.3.2　关联准则的基本变换

关联准则的基本变换方法包括：

1）置换变换，即用新的准则代替原有准则。

2）增加变换，即在原有准则的基础上增加新的准则；删减变换，即把原有的部分准则删除或降低要求。

3）扩大变换，即将原有的准则按数量倍数扩大；缩小变换，即将原有的准则按数量倍数减少。

4）分解变换，即将原有的准则划分成更细的准则，使不同的准则适用于不同的对象，或者把一条准则细分成两条以上的准则；组合变换，即将多个准则组合在一起使用。

5）复制变换，把某准则复制到一个新的领域、新的环境下应用。

在可拓集合理论中，准则的变换可通过对关联函数的变换来实现。研究准则的变换，就是对元素和实数之间的映射关系进行变换，对关联函数的修改或置换，可为化解矛盾问题开辟新的路径。

【案例 5-11　食品变饲料】

有一批食品加工原料，由于某种原因部分指标超标，按照食品的生产加工标准来衡量，它是不合格的。但是，如果换成用饲料的生产加工标准来衡量，则它就变成合格品了。因此，可以将这批原料卖给饲料生产厂家，从而避免了大部分的损失。

这个变换就是准则的置换变换，从而使原料由不合格变成在新准则下的合格原料。

5.3.3　论域的基本变换

在经典集合和模糊集合中，都把论域看成确定不变的，而在可拓集合中，论域也是可以变换的。论域的基本变换方法包括置换变换、增删变换、扩缩变换和组分变换。当论域为实数域时，论域还可做数扩大变换和数缩小变换。

论域的变换也包括地域的变换、时间范围的变换等。例如，在市场营销中，销售者不断地扩大其销售范围，从一个地区扩大到一个省，再扩大到全国，扩大到世界，把大量的非顾客变成顾客，从而使市场不断扩展。企业考虑自己的资源，常常要从内部可控资源扩展到本市的资源、本省的资源、全国的资源，甚至国际资源。

通过研究一个系统的结构、形状、原理、行为及相互作用，把它们移植到别的领域中，会产生新的产品。例如，把地理领域中月牙形沙丘的形成机理移植到航空领域中，设计的"沙丘驻涡火焰稳定器"；把蜣螂在粪便和泥土中活动而不粘着粪便或泥土的机理，移植到电饭煲壁的构造上，就产生了仿生不粘电饭煲。

在全球经济一体化浪潮中，大型跨国公司往往将其产品的生产基地从发达国家迁往劳动力成本低、资源便宜的不发达国家，或者实现由"产销地"到"销地产"的战略转变，这是论域的置换变换。

扩大某一产品的使用对象的范围，即从原来的单一对象 A，扩大到 A、B、C、D，就是论域的扩大变换。如某一产品原来的使用对象是婴儿，现在扩大到儿童、妇女等，就是论域的扩大变换。扩大某一产品的销售范围，从原来的 A 地区，扩大到本省，扩大到全国，甚至国外，也是论域的扩大变换。

在销售渠道的管理中，将渠道中不遵守游戏规则的中间商果断地剔除出去，就是论域的缩小变换。

5.4 可拓变换的运算

通常情况下，矛盾问题的解决不能仅通过一种变换达到目的，而需要通过一系列变换的组合才能实现目标。

算术只包含0到9这几个数字的加减乘除这几种运算，但是大家就运用这几个数字就能做全部的算术运算。

同样道理，可以建立一些基本的变换和运算方法，使创新和解决问题的"点子""窍门""办法"，都是这些基本变换或它们运算的结果。

可拓变换的基本运算方法有积、与、或、逆四种。下面给出具体的说明。

5.4.1 积运算

连续先后采用两个或多个变换，且变换的先后顺序不能颠倒，称为变换的积运算。例如，煮大米稀饭，需要先淘米，然后加水、烧火，不能先烧火，煮好再淘米。

在《三国演义》的"赤壁之战"中，周瑜先后采用了一连串的变换：让庞统给曹操献"连环计"把小船钉在一起（组合变换），黄盖用"苦肉计"准备降曹操（主公的置换），孔明"借东风"（风向的置换）。破曹成功正是靠这些变换的积运算。

【案例5-12 建筑队低价赢利】

第二次世界大战前夕，南洋房地产很发达，竞争极为激烈。有一公寓建筑群工程规模大、利润高，日本、欧美商人都参与投标，一支中国建筑队也参与了投标。在竞争激烈的条件下，如果把标价变换为低标价便能获得合同，但赚取利润就有困难了。

如何低价投标也能赚钱呢？中国建筑队考虑到建筑工人很多，吃饭、穿衣及其他生活所需的供应都可以赚取利润。楼盘建成后，依然有这些需要。因此，中国建筑队采取了分解变换，把目标分解为两部分：先获得合同，后赚取利润。最终，得到分三步走的创新策略：

1）先把高标价变为低标价以获得合同。
2）在建筑工地建餐厅和商店，供给工人的生活需要，赚取利润。
3）工程完工后，把临时餐厅和商店变成住户需要的餐厅和商店，赚取更多利润。

中国建筑队连续使用这三个变换，虽然在施工工地上赚不了钱，但在后面两个环节都获得很高的利润。这个中国建筑队就用这样的创意打败了外国竞争者，获得一个又一个的建筑合同，成为在南洋有一定名气的建筑公司。

5.4.2 与运算

两个或多个变换同时使用，称为这些变换的与运算。例如，要想使石墨变成金刚石，必须同时给石墨加以 1125kbar（$1bar = 10^5 Pa$）的压力和 3000℃ 的高温，两者缺一不可。变换之"与"和"积"的区别在于，前者是没有顺序的，后者有先后的次序。

在进行产品创新时，某产品原来的材质是木材，现在若换成塑料，则制作技术一定也要同时改变，需要同时进行的这两个变换就是与变换。

利用与变换时要注意，其中的各变换必须是相容的，否则无法达到预期的目的。

5.4.3 或运算

或运算是在多个变换中任选一个或多个来达到目的的方法。例如，从北京到上海，可以选择乘飞机、坐高铁或大巴，也可以先坐火车到天津，再从天津到上海。从这些方案中选择其一，即为或运算。

对同一产品，不同的消费者所喜欢的购买方式也不同，因此在进行销售时，常常可设计多个变换，使其中任一变换的实施都可起到开拓市场的作用，这便是或运算的应用。例如房产销售时，可采取一次性付款、分期付款、商业银行贷款、公积金贷款等多种方式，供不同的顾客选择。

5.4.4 逆运算

逆运算是指将经过变换的对象再经过一次变换使其还原的运算，或者对某特征变换后再变换为原特征，或者对某特征的量值变换后再还原为原量值。它是相对于某一变换而言的。如果一个变换使甲变为乙，则使乙变为甲的变换就是它的逆运算。例如，加热与冷却、前进与后退、向上与向下等。"旱则资舟，水则资车"，很多商品的买卖都遵循这个规律。

【案例 5-13 聪明孩子的毛毛虫】

有一个小朋友在外面的草地上玩，回家时把一只小毛毛虫放在手上带回了家。他的妈妈很怕毛毛虫，但又不想对儿子说自己害怕，就对儿子说："快把小毛毛虫送出去，它妈妈找不到它会着急的！"儿子乖乖地出去了。过了一会儿，儿子手上拿着两只毛毛虫进来了，并对妈妈说："我把小毛毛虫的妈妈也接来了，它就不会着急了。"

把小毛毛虫送出去是地点的置换变换，再拿小毛毛虫回到房间就是原置换变换的逆变换。

第 5 章　可拓变换思维

【案例 5-14　谋士的智慧】

从前，某个国王想考验一下他的大臣，说道："你有什么办法能把我从宝座上下来？"大臣回答："没办法。但是反过来，如果您在下面，我就有办法请您到宝座上去。"国王回答："我不信。"于是便站了起来，这时大臣笑道："现在您不是从宝座上被请下来了吗？"

【故事 5-1　历史上一场诡异的篮球赛】

1982 年的欧洲篮球锦标赛中，在小组赛的最后一轮是保加利亚对捷克。根据规定，这场比赛保加利亚必须净胜捷克 7 分或以上才能出线。到比赛时间只剩下 5s 的时候，保加利亚领先 2 分，离胜利还差 5 分。但是要在 5s 内再得 5 分几乎是不可能的任务。捷克的队员已经情绪高昂，开始要准备庆祝胜利。此时保加利亚的教练叫了暂停。现场解说员甚至嘲讽地说，真不知道这个时候叫一个暂停还会有什么意义。只见保加利亚的教练没有紧张的布置战术，而是把队员叫到一起，快速地说了什么。这时比赛重新开始，由保加利亚队发球。捷克队的球员退回自己的半场，准备应付过这转瞬即逝的 5s。但这时，令人吃惊的一幕发生了。保加利亚队把球运到了中场，然后忽然跑向自己的篮筐，把球投了进去。由于平分，比赛进入了加时赛。保加利亚主教练用这一方法把比赛为自己的球队赢得了宝贵的时间。结果，进入加时赛的保加利亚队员士气高涨，最后以超过捷克 8 分的成绩顺利出线。

试分析其可拓创新策略。

更多资料可扫码登录智慧树慕课学习平台"趣味可拓学"公开课程，网络 https://coursehome.zhihuishu.com/courseHome/1000090488#teachTeam 之"在线教程"第三章 3.2 节"可拓变换的运算"进一步学习。

"趣味可拓学"
学分课、公开课

5.5　变换的传导效应

事物之间存在千丝万缕的关系，因此对一个事物的变换，会导致与其相关事物的改变，后者称为前一变换的传导变换。当一个问题难以直接解决时，可以先变换与问题的目标或条件相关的事物，通过传导变换来解决问题。

同样的，对某一共轭部的变换会导致同一共轭对中另一共轭部的变换，这种特殊的传导变换称为共轭变换。对应的，共轭变换可分为虚实共轭变换、软硬共轭变换、潜显共轭变换和负正共轭变换。

某化工厂想把年利润提高到 1200 万元，但现有的生产能力年产量 1000t，无法达成该目标。为此，该厂打算把年产量从 1000t 提高到 1500t，这样，只从产销考虑，年利润会超过 1200 万元，矛盾问题就解决了。但是，生产 1500t 的产品，原料采购要从 5000t 增加到 7500t，原来 200 辆汽车无法运输，又产生了新的矛盾问题，为此必须重新购置 100 辆汽车。购完汽车又产生了驾驶员不足的矛盾问题，要增加 120 名驾驶员才能解决运输问题。解决了驾驶员不足的矛盾问题，又产生了职工宿舍不足和汽车队费用不足的矛盾问题。增加汽车、驾驶员、租用驾驶员宿舍，增加汽车队费用等开支综合起来，又使工厂利润增加 1200 万元的目标无法达到。也就是说，"通过增加产量 500t 来提升利润"这一方案并不可行，这就是变换的传导。

一个矛盾问题的解决，可能导致新的矛盾问题产生。因此，在解决一个矛盾问题时，就要考虑所采取的变换的传导，考虑是否产生新的矛盾问题以及处理新矛盾的方法。

【故事 5-2　驱赶猴子的妙招】

宋朝的时候由于香山寺香火旺盛，一大批猴子经常到此寺骚扰偷东西吃，和尚们不堪其扰，但作为出家人又不能杀生，实在困扰。一天，香山寺一个叫净空的和尚，突然想到一个创意：第二天他抓到一只猴子，将猴子全身用墨涂上黑色，第二天再放回猴群中，墨猴被放，一心想回猴群，于是跃追群猴，群猴一见，大惊，纷纷逃跑。从此之后，再也没有猴子来骚扰香山寺了。

试解读该故事中暗合了哪几种可拓变换方法？

更多资料可扫码登录智慧树慕课学习平台"趣味可拓学"公开课程，网络 https://coursehome.zhihuishu.com/courseHome/1000090488#teachTeam 之"在线教程"第三章 3.3 节"传导变换与传导效应"进一步学习。

"趣味可拓学"
学分课、公开课

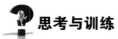 思考与训练

1. 本章所讲的可拓变换的 5 种基本方法是否完备？还能不能找出这 5 种基本

方法不可替代的新的基本变换方法,请结合各门学科专业知识中涉及变换的内容进行归纳总结思考。

2. 某市中学的凯闻同学希望评为市三好学生,学校评三好学生的要求:第一,历次英语考试平均成绩 85 分以上;第二,要求至少担任过一学年以上的班干部……但他的英语考试成绩平均只有 81 分,离要求的最低分数差 4 分。

请问通过哪些方法可以让凯闻评上三好学生呢?

这些方法可分为几类?结合所学知识,创新性地帮凯闻同学出主意。

3. 思维拓展训练游戏。

试试用 6 根火柴:

1)如何摆 4 个正三角形?

2)如何摆 6 个正三角形?

3)如何摆 8 个正三角形?11 个呢?17 个呢?

4. 解读下列故事中的可拓变换方法。

【故事 5-3 纽约人体受伤事故赔偿案】

妮可小姐被一辆由美国著名汽车公司制造的货车撞倒,尽管当时驾驶员已经踩了刹车,但不知怎么回事,货车却把妮可小姐卷入车下,导致妮可小姐被迫截去了四肢,骨盆也被碾碎。在警察调查时,妮可小姐却不能说清楚到底是自己滑入车下的,还是被货车卷入车下的,因为当时她自己也不是很清醒。而马格雷先生巧妙利用了各种证据,推翻了当时目击者的证词,使得妮可小姐因此败诉。

纽约大名鼎鼎的律师詹妮芙小姐决定出庭为妮可小姐辩护。据统计,该汽车公司近五年来共出过 15 次车祸,原因全都一样:产品的制动系统有缺陷,急刹车时,车子的后部会打转。随后她又设法取得该公司货车生产方面的全部技术资料,做了细致的研究。

詹妮芙找到该汽车公司的律师马格雷先生,指出在上次审理的中,马格雷隐瞒了该货车制动装置存在问题的事实,而她将根据新发现的证据以及对方隐瞒事实为理由,要求重新开庭审理。

马格雷愣了一下,马上问:"那你希望怎么办?"

詹妮芙说:"我希望找到一种合理的解决办法,可以稍稍弥补一下那位可怜的姑娘。汽车公司必须得拿出 200 万美元给那位姑娘。但是如果你逼得我们去控告的话,我们将会把要求提高到 500 万美元。"

马格雷说:"好吧!一个星期之后我会做出某种安排的。"

谁知等到了约定的那一天,马格雷却让秘书打了电话给詹妮芙,说他整天开会,无法脱身。詹妮芙忽然想起诉讼时效问题,一查,妮可案件的诉讼时效恰好在这一天届满。她明白自己上当了,但还是给马格雷打了电话。

马格雷在电话里哈哈大笑说："小姐，诉讼时效今天过期，你无法控告我！请转告你的当事人好了，祝她下次能有好运。"

詹妮芙气得浑身发抖，她看了看时间，下午4点了。如果要求上诉，必须赶在当天下午5点以前向法院提出。她问秘书："你准备这份案卷需要多久？"

秘书说："需要三四个小时。"

"该汽车公司不是在美国的各地都有分公司吗？我们可以在旧金山对他们提出起诉，再提出改变审判的地点，那里现在是下午1点。"

"来不及了。虽然文件都在我们手上，但即使我们能在旧金山找到一家律师事务所，向他们扼要地说明事实，再草拟新文件，也绝不可能5点之前完成。"

核心问题是：准备案卷并送到法院需要5h，而在当地条件只有1h！

"那么，是不是可以把起诉地点再往西移呢？每隔一个地区就差1h呀！"詹妮芙终于想到了这一点，太平洋上的夏威夷处在西十区，那里同纽约（西五区）时差整整有5h，在夏威夷控告该汽车公司，赢得这半天时间将是诉讼的关键。

当晚10点，夏威夷霍伊律师事务所的宋小姐打了电话通知詹妮芙，他们赶在下班前的10min向当地法院提交了起诉书。

詹妮芙长长地舒了口气，这一局她赢了。

马格雷满脸怒气地找上门来。他提出要庭外解决，并拿出一张10万美元的支票，要詹妮芙转交妮可。詹妮芙平静地退回了支票，说："这个数目不够，我们的要求是赔偿500万美元。"

法庭上，马格雷看到妮可并没有到庭，便信心十足地做了一通十分精彩的发言。他以诚恳的语调，对妮可的不幸遭遇表示同情，接着指出，事故的根本原因在于妮可自己滑倒了，因此货车驾驶员没有任何责任，500万美元这个吓人的索赔数字，纯粹是在敲竹杠。

他讲得颇有说服力，就连詹妮芙也不得不暗暗承认这位对手的厉害。

轮到詹妮芙发言了。她看了一下陪审团对马格雷发言的反应，说："没错，妮可不能到庭。不过在宣判之前，大家将会有机会见到她，并了解她。"人们听后一愣。

詹妮芙接着说："一个缺臂少腿的24岁姑娘即使得到500万美元，以后能干什么呢？买戒指，她没有手；买舞鞋，她没有脚；买高级的轿车和华丽时装，可谁会邀请她去参加舞会？用这笔钱她能换取什么快乐呢？"

詹妮芙的语气平静而真诚。她的双眼缓缓地从陪审团成员脸上扫过。"如果把500万美元赠送给你们中间的任何一位，交换的条件就是砍去你们的双腿和双手，谁能接受？"

然后她的语锋一转，指出在上次审判中，该汽车公司本来知道他们的汽车制动系统有缺陷，但他们对原告和法庭却隐瞒了这一事实——这一造成妮可悲剧的根本原因。

詹妮芙向法官走去："法官先生，由于妮可本人无法出庭，请准许我给大家看一些她的录像。"

"我不反对。"法官说，"被告律师有什么异议吗？"

马格雷慢慢起身，脑子却飞快思索着。

"什么样的录像？"他问道。

"一些妮可在家里的录像。"

马格雷提不出其他反对意见，只好也表示同意。

此后的半个小时里，法庭上变的鸦雀无声。影片拍摄的是妮可一天的生活，一个真实的而毫无掩饰的、惨不忍睹的生活现状。观众们无须发挥一丝一毫的想象力。影片中，一个漂亮的但无臂无腿的姑娘，被人从床上抱到厕所，像个婴儿一样必须由保姆帮着大小便、洗澡、穿衣、喂食……

这部片子詹妮芙看过了好多遍，但重看这些镜头时，她仍禁不住地喉头哽咽，泪水盈盈。影片快结束的时候，陪审团席上响起女人的尖叫声，男人的怒骂声，呜咽的抽泣声。其中，一个女人高声大叫着奔出了房间，记者们抢着跑出去发稿……

陪审团整整辩论了 10 个小时。

陪审团团长给法官送来一张字条，请求做出裁决。

法官看了一会儿，抬起头来说："请两位律师来一下，可以吗？"随后，他对詹妮芙和马格雷说："我把陪审团团长刚才送来的字条向两位宣读一下：陪审团问，法律是否能够允许他们判给妮可超过她的律师提出的 500 万美元？"

詹妮芙一阵激动，马格雷则脸色发白。

"我现在通知他们，"法官说，"他们有权决定这笔费用的数目。"

30min 后，陪审团成员回到法庭上，宣布："陪审团对原告表示支持，她应该获得 600 万美元的赔偿费。"

最后结局是：詹妮芙小姐胜诉了，该汽车公司赔偿妮可小姐 600 万美元。这是纽约有史以来人体受伤事故中最高的赔偿金额。

【故事 5-4 哥伦布与竖立的鸡蛋】

哥伦布是历史上的著名航海家。他历经千辛万苦发现了新大陆。对于这个重大发现，有人给予他很高的评价，但也有人对此不以为意，认为这没有什么了不起，话中经常流露出讽刺。一次，有个朋友在哥伦布家中作客，谈笑中又提起了他航海的事情，认为这个没什么了不起，只是机缘巧合，谁都能做到。哥伦布只是淡淡一笑，并没有与大家争辩。

然后，哥伦布起身来到厨房，拿出一个鸡蛋说："在场有谁能把这个鸡蛋竖起来？"大家纷纷试试，结果却都失败了。"看我的。"哥伦布轻轻地把鸡蛋一头敲破，鸡蛋就竖立起来了。"你是把鸡蛋敲破了，所以才能够竖起来呀！"有人不服气地说。"现在你们看到我把鸡蛋敲破了，才说没有什么了不起，"哥伦布意味深长地说："可是在此之前，怎么没有谁想到呢？"这时，讽刺哥伦布的人不好意思地低下了头。

【故事 5-5 犹太人的生意经】

犹太人常说："没有卖不出去的豆子。"意思是，即使如果没有卖出豆子，可以加水分让它发芽，几天后就可以卖豆芽；如果连豆芽也卖不动，那就干脆让它长大，然后用来当豆苗卖；如果豆苗卖不出去，就可以移植到花盆里，作为盆景；如果最后连盆景也卖不出去，那就再移植到泥土里，几个月后，它就会结出许多新豆子……

还有另一种选择：如果他们的豆子卖不完，可以拿回家磨成豆浆，再拿出来卖给行人；如果连豆浆也卖不完，就可以制成豆腐；豆腐卖不成，可以把它变硬当成豆腐干来卖；豆腐干再卖不出去的话，就腌起来，变成腐乳。

犹太人的这个故事采用了哪类变换？说明了什么道理呢？

【故事 5-6 南极输油管】

一支探险队去南极探险，正值冬季，却遇到了一个难题：基地里要用的汽油需要从船上输送，但由于输油管的长度不够，无法输送。大家都在思考什么样的物体能拿来替代输油管的时候，队长突发奇想："冰！在这里冰就是随处可见的坚硬固体呀！"可是冰太脆了，万一破裂了怎么办！队长又想到了医疗上使用的绷带，在出发时带了不少这样的绷带，这样他们尝试做起了冰管：先将绷带缠在铁管上，然后在绷带上面浇水，利用铁管的形状让冰凝结成管子的形状，再将铁管抽出来。把这样做成的一截截的冰管连接起来就成了冰输油管，依靠这些坚硬的冰输油管，成功地解决了探险队运输汽油的难题。

【故事 5-7 海滩变热土】

某海岸的一座城市中有一块海滩地，面对城市的一边满是陡峭小山，另一边因为地势太低，每天都要被倒流的海水淹没一次，对此开发商都表示无奈。

杰克是一名普通职工，看到这一情况后欣喜若狂，立刻预购了那片海滩地，他将山炸成松土，又用推土机把泥土推平，雇了车子把多余的泥土倒在低地上，使之变成了合适的建筑用地。随后，建筑商蜂拥而至、争相抢购，杰克成了一名大富翁。

【故事 5-8　巧妙找鞋子】

甲旅游时左鞋在河边被河水冲走，河水流速不大，但河水浑浊，如何找到它呢？甲采取了以下的方法：

取来一条绳子，一端绑着右鞋，另一端拿在手中。在左鞋被冲走的位置，让河水把绑着绳子的右鞋冲向河底，最后，在绑着绳子的右鞋处找到左鞋。

【故事 5-9　阿基米德制造的冤案】

叙拉古的国王让工匠做了一顶纯金的皇冠。国王把阿基米德找来，让他在不损坏皇冠的条件下测定出皇冠是否被掺了假。

阿基米德的经典思路是，金皇冠和纯金重量一样，体积应该一样，而体积可以用排开的水的体积来度量。于是阿基米德得到这样的点子：用量筒测量金皇冠和纯金块排开的水的体积，如果它们相同，金皇冠就没有掺假，如果金皇冠排开的水的体积多于纯金块排开的水的体积，那皇冠就被掺假了。这个方法对吗？

若干年后，有个老妇人找到阿基米德，取出一个黄金的圆球，请阿基米德检验这个金球是否掺假。阿米基德又按照以前测试皇冠的方法测出该金球被掺了其他成分。阿基米德当众公布了结果，老妇人气愤地把金球锯开了，出人意料是，里面居然是空心的！

如果在金皇冠中有空心的饰物，就使金皇冠的体积比纯金块大。因此，阿基米德认为工匠做的金皇冠中掺假的结论可能是错的。

5. 请用 5 种基本变换来表达在专业课中学过的傅里叶变换、拉普拉斯变换或化学中的化学反应等内容。

6. 可拓变换实施的时机和条件是什么？在具备哪些条件的前提下，实施变换效果会更好。

7. 一位教授普通话很不标准，语言也不幽默，但每次上课学生都济济一堂，这是为什么？请利用本章所学内容，在 10min 内想出 25 条以上合理的解释。

8. 思维拓展训练，提高难度的摆火柴游戏。

试试用 6 根火柴摆 4 个正三角形。环境及要求：

1）正三角形的边长必须是火柴棍的完整长度。

2）不能以任何方式损坏火柴，如折断、劈开及点燃火柴等。

3) 只能在普通桌面上摆,没有镜面或反光平面。

自行练习后请扫码登录智慧树慕课学习平台"趣味可拓学"公开课程,网络 https://coursehome.zhihuishu.com/courseHome/1000090488#teachTeam 之"课程资源"4.6.1节"习题课——摆火柴棍游戏训练"对比思考的深度与广度有何差异,提升可拓思维方法的运用能力。

"趣味可拓学"
学分课、公开课

第 6 章

矛盾问题处理

6.1 矛盾问题的分类与建模

6.1.1 矛盾问题的分类

我们把具备一定的条件但在现有条件下，还不能直接实现特定的目标的问题称作矛盾问题。矛盾问题作为可拓学的研究对象，一般可以分为两大类。第一类是主观和客观矛盾的问题，只有一个目标，且现有的条件和目标不匹配，称为不相容问题。例如，希望在深圳买一套房子，但资金不够。第二类是主观和主观矛盾的问题，当两个主观目标在某一条件下不能同时实现时，产生冲突的两个目标与使它们产生冲突的条件就构成了对立问题。例如，买卖双方对标的物品的交易价格各执己见，对交付地点难以达成一致的冲突等。

6.1.2 不相容问题的模型

问题包含一定的目标和条件，即问题=目标∗条件，当一个问题只有一个目标，且该目标在现有条件下不能实现时，这个问题属于不相容问题。例如，我想清扫 2.3m 高的天花板，但是胳膊不够长。不相容问题用 P 表示，目标用 G 表示，条件用 L 表示，矛盾关系用符号 ↑ 表示，则不相容问题的模型为

$$P = G \uparrow L$$

G 和 L 都可以用基元或其复合元形式化表述。

【案例 6-1】

曹冲称象故事的不相容问题模型可表示如下：

$P = G \uparrow L$

$$G = \begin{bmatrix} 称, & 支配对象, & G_0 \\ & 施动对象, & 曹操的谋臣 \end{bmatrix} \quad G_0 = \begin{bmatrix} 大象 D_1, & 重量, & x > 200\text{kg} \\ & 可分性, & 不可分 \end{bmatrix}$$

$$L = \begin{bmatrix} 衡器, & 类型, & L_0 \\ & 年代, & 三国时期 \end{bmatrix} \quad L_0 = (秤 D_2, \ 称量, \ [0, 200]\text{kg})$$

【案例 6-2】

小孩子玩皮球时不小心将球掉到一个树洞中了，人的臂长无法取到掉到洞中的球，可用可拓模型描述该问题如下：

$P = G \uparrow L$

$$G = \begin{bmatrix} 取, & 支配对象, & (球 D_1, 位置, (洞 D_2, 深度, 2\text{m})) \\ & 施动对象, & 人 D \end{bmatrix},$$

$L = (人 D, \ 臂长, \ 1\text{m})$

在解决不相容问题时，与目标相关联的条件有很多，但关键是找出那个使目标不能实现的条件。例如，在设计住宅时，人的吃饭、休闲、工作这些活动有时是交叉和连续的，而行业内较普遍的设计方法是把空间按照功能进行明确的分区，对住宅空间的主观需求就与客观的行业设计惯例这一条件产生了矛盾。要解决这个矛盾问题，需要突破建筑行业的设计惯例，以通用空间代替功能分区明确的空间，这样才能够更好地满足住户的使用需求。

6.1.3 对立问题的模型

现有的条件下，想实现两个目标，且这些目标在现有条件下不能同时实现，这个问题称为对立问题。对立问题用 P 表示，两个目标分别用 G_1、G_2 表示，条件用 L 表示，则对立问题的模型为：

$$P = (G_1 \wedge G_2) \uparrow L$$

【案例 6-3】

某企业欲对原有厂房进行翻修并建一座新厂房，翻修的费用需要 50 万元，建新厂房的费用需要 300 万元，但企业目前的可用资金只有 320 万元。在现有资金的情况下，不可能同时完成翻修旧厂房和建新厂房这两个目标，这就形成了一个对立问题。同样，在同一块面积 1000m² 的土地上，既要建占地面积 900m² 的大楼又要建占地面积大于 200m² 的花园，显然，土地面积无法同时满足，该对应问题可用基元模型表达如下：

$$P = (G_1 \wedge G_2) \uparrow L$$

第6章 矛盾问题处理

$$G_1 = \begin{pmatrix} 建设, & 支配对象, & 大楼 \\ & 施动对象, & 房地产商\ D_1 \\ & 占地面积, & 900m^2 \\ & 位置, & D_2 \end{pmatrix}$$

$$G_2 = \begin{pmatrix} 建设, & 支配对象, & 花园 \\ & 施动对象, & 房地产商\ D_1 \\ & 占地面积, & 200m^2 \\ & 位置, & D_2 \end{pmatrix}$$

$$L = (地面\ D_2, \quad 面积, \quad 1000m^2)$$

【案例6-4】

某家有两个宝宝,大宝要学编程,想要买一个3000元的笔记本电脑;二宝非常喜欢航模,参加了航模班,要买2000元的航模。家庭开销大,年轻的爸爸妈妈经济非常紧张,只能拿出4000元,资金显然不足,如何同时满足两个孩子的要求呢?

$$P = (G_1 \wedge G_2) \uparrow L$$

$$G_1 = \begin{bmatrix} 购买, & 支配对象, & 笔记本电脑 \\ & 接受对象, & 大宝 \\ & 价格, & 3000\ 元 \end{bmatrix}$$

$$G_2 = \begin{bmatrix} 购买, & 支配对象, & 航模 \\ & 接受对象, & 二宝 \\ & 价格, & 2000\ 元 \end{bmatrix}$$

$$L = \begin{bmatrix} 资金, & 数额, & 4000\ 元 \\ & 来源, & 父母 \end{bmatrix}$$

政治、经济、文化等各行各业都存在各种各样的对立问题,在现实中随处可见。例如,合作的双方产生不同诉求、企业员工福利与企业发展问题、多个投资方目标不同等。找到对立状态的根源,使对立问题变为共存问题,需要运用独特的思维方法。

更多资料可扫码登录智慧树慕课学习平台"趣味可拓学"公开课程,网络 https://coursehome.zhihuishu.com/courseHome/1000090488#teachTeam 之"在线教程"第四章4.1节"问题的分类与建模"进一步学习。

"趣味可拓学"
学分课、公开课

6.2 解决问题的路径

解决问题主要有三种路径：①目标不变，通过对条件的变换使矛盾问题化解；②条件不变，通过对目标的变换使矛盾问题化解；③目标和条件同时改变，使矛盾问题化解。这三条路径，为处理问题提供了规律性的方法。

6.2.1 变换条件

条件包括资源条件和环境条件。资源条件包括内部资源和外部资源；环境条件包括内部环境和外部环境。大多数条件是客观存在的，但有些条件是可以改变和创造的。在众多条件中，有些是对实现目标有利的，有些是不利的；有些是与目标相容的，有些是与目标矛盾的；有些条件是非限制性条件，有些条件是限制性条件。

由于条件的客观存在或人为给出条件的有限性，人们要实现目标时会受到相应的限制。在确定限制条件时，一定要明确限制的性质：是弹性限制还是刚性限制；是隐性限制还是显性限制；是不确定性限制还是确定性限制。只有明确了限制的性质，才有利于对条件的分析。

例如，某大学生拟毕业后到某外贸公司工作，通过招聘条件他发现自己的外语水平不符合要求。于是，他马上参加培训，报考英语等级考试，这就是条件的变换。

【故事 6-1 德庄绿色毛肚】

利用"毛肚"作火锅配料的四川毛肚火锅一贯享有盛名。毛肚火锅因其醇香可口的独特风味，深受大众欢迎。

但是，大多数处理毛肚的方法对人体健康却是有害的，很多批发市场用工业碱、过氧化氢、福尔马林浸泡毛肚。很多批发商门口都摆着泡毛肚的塑料盆，浸泡用的药品是工业生产的用料，十分浑浊，散发着碱味和臭味。虽然浸泡毛肚后，加工出来的毛肚光泽润滑、色泽鲜美。但经过处理后留存在毛肚中的化学药品对人体健康伤害巨大。

"德庄火锅"的掌门人李德建对这种浸泡方法深恶痛绝，想改变这种以损害消费者利益为代价的做法，还消费者一个健康、卫生的饮食环境。他决心开发出无毒无副作用的毛肚制作方法，打败黑心的毛肚供应商，但这需要科学技术的支持。他找到了西南农业大学的专家，采用高分子生物复合酶嫩化技术，研究无毒、无副作用的处理方法，制作出"德庄绿色毛肚"。这种毛肚不含工业烧碱硼酸和福尔马林等有害物质，色泽自然，口感好，有弹性。味美、安全、健康、有营养的"德庄绿色毛肚"一上市，就深受广大消费者的欢迎，口碑和销量都在行业中遥遥领先。

6.2.2 变换目标

目标是人们行动的依据。一句英国谚语说得好："对一艘盲目航行的船来说，任何方向的风都是逆风。"例如，对于跳高运动员来说，他面前的横杆就是他需要跨越的目标。

目标给予人们信念，清晰的目标激发坚定的信念，当目标模糊时就没有强有力的信念支撑我们完成目标。

【故事6-2 目标的力量】

世界上第一位横渡英吉利海峡的女性——美国34岁的弗罗伦丝·查德威克（Florence Chadwick），决定向另一距离更远的海峡——卡塔林纳海峡发起挑战，即从加利福尼亚海岸以西21mile（1mile=1609.344m）的卡塔林纳游向加州海岸。在查德威克出发的那天，海面上雾气很大，她几乎看不到护送自己的船队。游了15个小时后，她感到又冷又累，决定放弃横渡并请求救护船帮她上船。船上的教练和她的母亲告诉她，其实她距离终点已经很近了，再坚持一下就可以游到对岸。但是，海中的查德威克只感到自己被漫漫迷雾所笼罩，根本看不到加州的海岸。又坚持了近55min（分钟）后，查德威克还是选择了放弃。事后她总结这次横渡失败的原因时说道，令她半途而废的不是身体的疲劳，也不是环境的恶劣，而是她看不到自己努力的方向，这使得她失去了前进的动力。两个月以后，她成功地游过了同一海峡。

同样，清楚而准确地设定目标，是解决某个问题、获得某种效果的必要前提，也是评价决策方案、评估实施结果的基本依据。

目标的变换，是对目标基元的对象、特征和量值分别实施变换，修正指标和目标实现的时间、地点、负责人等。通常人们较多考虑的是单一目标与条件的矛盾，即不相容问题。如果在同一条件下要同时考虑两个主体的不同目标，或同一主体的两个目标，若目标之间产生矛盾，则属于对立问题。

实现目标要从低级向高级一步步迈进，而设定目标，则是从高级向低级一层层分解。

所有的目标构成一个目标蕴含系。下位目标的实现蕴含着上位目标的实现，而同一层次的目标之间也可能有一定的相关性。

如果最上位目标只有一个，则称为单目标问题；如果最上位目标有多个，则称为多目标问题。

目标有单目标与多目标、阶段目标与长期目标、局部目标与全局目标之分，因此在解决问题之初，要先搞清楚目标与目标之间的关系。目标之间的关系可分为以下4种。

1. 从属关系和并列关系

若目标 g_1 是 g_2 的一个组成部分（或 g_2 是 g_1 的一个组成部分），则称 g_1 和 g_2 是从属关系，否则称为并列关系。

在从属关系中，从层次的角度考虑，是上位目标与下位目标的关系（如上述目标蕴含系）；从时间的角度考虑，是长期目标与阶段目标的关系；从系统的角度考虑，是全局目标与局部目标的关系。例如，企业目标和企业内各部门目标之间的关系，就是全局目标和局部目标的关系。一般来讲，下位目标、阶段目标、局部目标必须是为上位目标、长期目标、全局目标的实现服务的，也就是说，其必须有助于上位目标、长期目标、全局目标的实现。

在并列关系中，又有相关目标和无关目标之分。例如，同一层次的各个目标之间是并列关系，但有些目标之间又可能有相关关系。

2. 对立关系和共存关系

若目标 g_1 和 g_2 在某些条件下不能同时实现，则称 g_1 和 g_2 的关系是对立关系，否则称为共存关系。

例如，宁波地质博物馆只有一颗夜明珠，王会长和李总裁都想收藏，两人收藏的目标不能同时实现，则王会长想收藏这颗夜明珠的目标与李总裁想收藏这颗夜明珠的目标是对立关系。如果改为每人每年收藏6个月，两人轮流保管，则他们的目标成为共存关系。

6.2.3 同时变换条件和目标

在变换条件的同时也变换目标，或变换实现目标的准则，可使问题逐步得到解决。例如，大学生在求职过程中一边完善自身的条件，一边变换求职应聘的单位，就属于同时变换条件和目标。某学生很想到美国排名前十的名校留学，但英语成绩并不理想。他在报提高班、请家教辅导提高英语成绩的同时，降低名校目标的标准，选择美国综合排名前100位、专业排名前10位的学校留学，也属于同样的例子。

【案例6-5　围魏救赵的变换策略】

在围魏救赵的故事中，孙膑的目标是：救赵。从蕴含关系考虑，要救赵，必须打败魏军或撤走魏军；从条件出发，可能的方案是齐军到邯郸打败围城的魏军以救赵；从目标出发，可能的方案是不到邯郸救赵，而是让魏国自动撤军。

一方面，如果能围魏国都城，魏王为了保全自己，就必须撤回围赵的魏军，赵国之围会不战而解；另一方面，齐国离魏国更近，因此围魏比赶去赵国攻打魏兵的方案更佳。这就是齐国军师孙膑选择的方案：要救赵国，不如让魏王自己撤兵。于是，他派兵围困魏都大梁。

在这里，实现目标蕴含的下位目标，从"救赵"变成"围魏"，条件也改变了，从"到邯郸作战"变成"到大梁作战"。围魏使得魏王撤兵，因而救赵的原目标得到实现。

更多资料可扫码登录智慧树慕课学习平台"趣味可拓学"公开课程，网络 https://coursehome.zhihuishu.com/courseHome/1000090488#teachTeam 之"在线教程"第四章4.2节"问题求解的路径与不相容问题求解"进一步学习。

"趣味可拓学"
学分课、公开课

6.3 解决问题的可拓创新 METS 四步法

要解决问题首先要清晰地描述问题，基元理论作为创新思维的细胞，通过物元、事元、关系元来描述被研究对象，建立事物之间的联系，将事物形式化，从而便于对事物进一步标准化、精细化、数量化和计算分析。利用这些理论方法研究事物拓展的可能性，以及进一步开拓创新的规律与方法，提高人们的创新能力，以帮助人们处理并解决矛盾。

可拓创新四步法，主要分为四个步骤：创新的入手点——基元建模（Modeling），生成创意的依据——拓展（Extending），生成创意的工具——变换（Transforming），以及创意的选择——优度评价（Scoring），简称为 METS 四步法。用 METS 四步法解决矛盾问题的主要步骤如下。

6.3.1 基元建模

在基元建模的过程中，通过对条件、目标中的组成要素进行物元、事元、关系元分析，根据其元素、准则、论域等组成要素，如图 6-1 所示，进行问题的可拓模型建模。

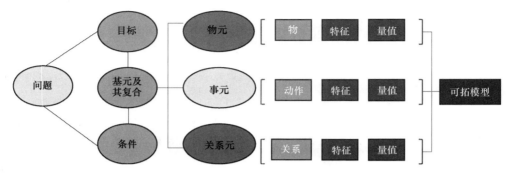

图 6-1 基元建模示意图

6.3.2 拓展

基元建模之后，进入生成创意的拓展阶段。事物都是可拓展的，可采用共轭分析方法拓展事物的特征与量值，利用发散树、相关网、蕴含系以及分合链来进一步拓展对象、特征和量值，为系统性产生创意打下充分的信息基础。

很多时候，已有的视野和思维习惯使人们只注意到事物本身和少量的特征信息，但每个客观事物都有多个特征，因此可以通过思维的发散，得到很多难以想到的创意；一个事物与其他事物之间有千丝万缕的关系，因此可以利用相关的基元或事物提出创意；事物之间具有蕴含性，因此又可以利用蕴含系生成创意；事物具有与其他事物组合或自己分解的可扩性，因此可以利用分合链提出创意。

1. 发散树：多角度系统性拓展问题相关的信息

可以用来处理矛盾问题的事物或关系不止一个，即事物和关系是可以拓展的。利用这种可拓展性，可以从对象特征和量值进行多方面的发散，包括一对象多征、一征多对象、一征多值、一值多征等。这些基本方向的发散组合构成发散树。

2. 相关网：牵一发而动全身

客观世界中，存在对象相关、特征相关和量值相关，对不同对象而言，存在同特征的相关和不同特征的相关，它们间相互影响的联系状态构成一个庞大的相关网。利用相关网，人们可以找到处理问题时需要的相关事物，从而生成创意。

3. 蕴含系：世间万物的存在和因果中具有蕴含关系

事物之间的蕴含关系表现为一物存在会导致另一物的存在，或一事的实现会导致另一事的实现,这种蕴含关系简称蕴含系。在出现矛盾问题时,某一个目标无法达到,可以找蕴含它的另几个目标,先实现这几个目标,通过蕴含关系传递,原目标也就能达到。某一个条件不具备,可以找蕴含它的另几个条件,充分条件具备了,目标也就能达到。

4. 分合链:分解和组合的艺术

事物的分解可以使复杂的问题化为若干简单的问题去处理;事物的组合又可以得到能满足矛盾问题求解所需的条件。分解的路径是分解链,组合的过程形成组合链,统称分合链。研究分解或组合的路径和对象,选择合适的路径,就可以更高效地提出创意去处理矛盾问题。

6.3.3 变换

变换是生成解决矛盾问题的创意的关键步骤,变换的宏观对象为:元素、准则、论域,变换的微观信息为:对象、特征和量值。

1. 基本变换

创意的加减乘除,万变不离其宗。基本变换方法包括置换变换、增删变换、扩缩变换、组分变换、复制变换。这五类基本变换及其运算可以帮助人们按一定的规律生成处理矛盾问题的创意,也可以更有条理地去考虑产品的更新换代,提出新材料、新工艺的创意。

1)置换变换。在实际问题中,当这个对象不能解决问题时,常常利用另一个对象去处理,这种方法就叫作对象的置换变换。一个事物有很多特征,在某个特征上产生矛盾时,可以置换为这个事物的其他特征,去提出处理问题的创意。一个特征可以取很多量值,在某个量值上产生矛盾时,可以置换为另一个量值,从而提出处理矛盾问题的创意。

2)增删变换。对基元某一个要素做增加或删减,就是基元的增删变换。当条件不足时,常常实施增加变换;当条件有余时,常常使用删减变换。一个产品在这个特征上与其他企业竞争得不可开交时,可以增加其他特征,在另一个特征上做文章,将它所吸引的顾客作为原产品的顾客。在处理问题时,可以增加或删减问题涉及的对象或者对象有关的量值,使矛盾得到解决。

3)扩缩变换。扩缩变换指扩大或缩小,包括扩大变换和缩小变换,是另一类基本变换。人们常对基元中的量值或对象进行扩缩变换。对量值乘以大于1的数是扩大,乘以小于1的数是缩小。巧妙运用扩缩变换,是生成处理矛盾问题创意的一类方法。

4)组分变换。组分变换包括组合变换、分解变换、先组合后分解变换、先分解后组合变换四种类型。分而治之,是处理问题常用的方法。处理一个问题力量不足时,可以综合多种力量去解决。组合也是创造。基元的组合或分解,是提出创意的一种基本方法。

5）复制变换。复制变换在信息社会中大行其道。在处理矛盾问题时，无法对涉及的物或事进行直接处理时，可以采用复制的方法，复制出新的事物通过对新事物的处理去实现原目标。复制变换有多种类型，如扩大复制、缩小复制、近似复制、多次复制等。

2. 共轭变换

共轭变换是指利用事物的虚实、软硬、负正、潜显进行相互作用、转化，从而产生新的创意。

1）虚实共轭。物有虚实两部，虚实结合，方成一物。在一定条件下，实部和虚部可以互相转化，实是基础，虚部是有价值的，虚部分为主观虚部和客观虚部。在虚实相结合、转化的过程中，可以产生新的想法。

2）软硬共轭。物有软硬两部，软硬结合，方成一物。在一定条件下，硬部的变化会导致软部的改变，而软部也是有价值的，软有内部联系、外属联系和外联联系等类型，软部的变化会导致硬部的改变。

3）负正共轭。物有负正，对某一特征而言，有正必有负，有负必有正。人们往往注重正部而忽略负部。负部是相对于某特征而言之，是有用的。负部与正部是可以互相转化的，利用这种转化，可以提出很多处理矛盾问题的创意。

4）潜显共轭。物有潜显，潜显结合，是为一物。潜部有有利和有害两种类型。在一定条件下，潜部可以转化为显部，显部可以转化为潜部。

3. 变换的基本运算

一般情况下，单用一个基本变换往往是难以解决复杂问题的，往往需要同时使用多个变换，或先实施某个变换再实施另一个变换才能实现。这些变换通常是由若干个基本变换通过一定的运算实现的。

变换的运算有与、或、积、逆四种。两个或多个变换同时使用，就叫作这些变换的"与变换"。有多个变换，任选其中一个参与后续处理称为这些变换的"或变换"。按顺序先后连续采用两个或多个变换，称作这些变换之积。变换之"与"和"积"的区别在于前者是没有顺序的，后者有先后的次序。

逆变换是相对于某一变换而言，如果一个变换使甲变为乙，则使乙又变为甲的变换就是它的逆变换。反其道而行之，采取的就是与原变换相反的"逆变换"。在处理矛盾问题时，逆变换常常起着重要的作用。

注意：可拓变换具有可组合性但不具有唯一性，条条大路通罗马，殊途同归。

4. 变换的传导

由于事物之间具有的相关性和蕴含性等，对某一事物的主动变换会引起其他一系列事物发生变换，称为变换的传导。一个主动变换所引发的传导效应可以有很多，可分为同对象基元传导、异对象基元传导等。相对于主动变换而言，传导变换的对象可能因主动变换的对象不同而不同，传导的程度也会有相应的不同。

6.3.4 优度评价

当产生一系列创意后就进入创意的选择阶段，需要对已生成的创意进行评价、筛选。一般从功效性、经济性、可行性及稳定性等角度，先由决策者提出衡量创意优劣的条件，然后确定各要素的权重，最后通过计算来评价创意的优劣。根据优度评价的数值，筛选出适合企业或个人发展的相对较优方案。优度评价法主要有以下 7 个步骤：

1) 确定评价指标：由决策者确定非满足不可的条件及各个评价指标。

2) 确定权重：确定各个评价指标的重要程度，即加权系数。

3) 首次评价：根据先前确定的非满足不可的条件，淘汰其中不符合这些条件的创意或方案。

4) 建立关联函数，计算关联度：根据设定的评价指标，建立各个指标的关联函数。

5) 计算规范关联度：计算各个创意或方案在每个评价指标的关联度。

6) 计算综合优度：对每个方案进行综合评价，得到该方案的优度。

7) 按优度的大小排列，选取较优方案：根据优度大小对方案进行排序，选择优度大的方案。

注意：对方案的评价，除了考虑优度外，还必须考虑潜信息和计算的真伪性，否则会导致错误的决策。

可拓创新思维方法解决不相容问题的一般步骤小结如下：

1) 建模：以基元形式化模型表达矛盾问题的条件和目标，找出产生矛盾的核心冲突特征及量值。

2) 拓展：把目标或条件分别进行拓展，如相关分析、共轭分析、可扩分析和蕴含分析等，寻找基元的拓展基元集。

3) 变换：分别从基元、准则和论域出发，把原目标或条件通过五种基本变换和变换的四种运算，得到系统全面的方案。

4) 优选：对变换得到的众多方案进行评价，计算各个方案的优度，由决策者选择较优的方案备用。

更多资料可扫码登录智慧树慕课学习平台"趣味可拓学"公开课程,网络 https://coursehome.zhihuishu.com/courseHome/1000090488#teachTeam 之"在线教程"第三章3.4节"可拓创新四步法及故事解读与训练"进一步学习。

"趣味可拓学"
学分课、公开课

6.4　问题的解空间生成路径

矛盾问题是可变的,随着环境、条件和时间的变化而变化。用基元模型描述信息、知识、方法和各种问题转换的过程,能形式化反映事物拓展的可能性以及其内在关系,基于 METS 方法体系,将每个步骤的方法细化,形成了解决不相容问题的主要方法。

- 三条路径:条件变换、目标变换、目标条件双变换。
- 四种拓展:发散树、相关网、蕴含系、分合链及共轭分析八个部的拓展。
- 五类基本变换:置换变换、增删变换、扩缩变换、组分变换、复制变换。
- 变换的四种运算:与、或、积、逆。

上述方法简记为可拓创新思维解决难题的"三四五四法"。

三四五四法的排列组合应用可为解决问题生成系统性创意。利用变换路径和基本变换方法组合可以得到创新策略生成简化棋盘,见表 6-1。

表 6-1　创新策略生成简化棋盘

变换路径	变换方法			
	置换变换	增删变换	扩缩变换	组分变换
条件	对条件基元进行置换	对条件基元进行增加或删除	对条件基元进行扩大或缩小	对条件基元进行组合或分解
目标	对目标基元进行置换	对目标基元进行增加或删除	对目标基元进行扩大或缩小	对目标基元进行组合或分解

(续)

变换路径	变换方法			
	置换变换	增删变换	扩缩变换	组分变换
条件+目标	对条件和目标同时进行置换	对条件和目标同时进行增加或删除	对条件和目标同时进行扩大或缩小	对条件和目标同时进行组合或分解

在每个棋盘格里按要求进行变换，就可以生成12种基本策略，再考虑复制变换和三种变换的类型等，就可形成一个创新策略生成魔方，如图6-2所示。

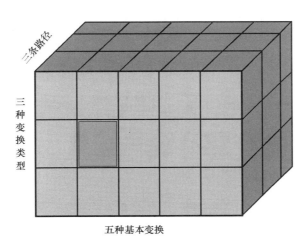

图 6-2　问题求解策略生成的可拓思维魔方

魔方组合的四个维度：
1）从三条路径进行变换：第一变换条件；第二变换目标；第三同时变换条件和目标。
2）信息拓展的四种方法：发散树、相关网、蕴含系、分合链及共轭分析方法。
3）变换的五种基本方法。
4）变换的三种类型：变换对象、变换准则、变换论域。

每个魔方块的基础细胞是基元的对象、特征、量值，得到初始策略再进行四种运算。

通过转动魔方，启发逐一思考解决问题的突破点，可以拓展出把"不行"变成"行"，把"不是"变成"是"的所有可能路径。

展开魔方，可以得到如下可拓创新思维处理问题的解空间路径图（局部）（图6-3）。

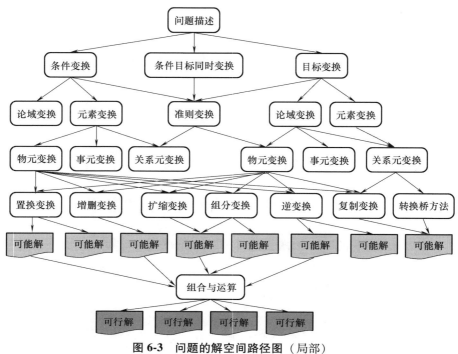

图 6-3 问题的解空间路径图（局部）

【案例 6-6 水晶桃如何卖】

某水果经销商得知 A 地盛产一种皮薄如纸、甘甜如蜜的水晶桃，便与当地的供销社签订了数百吨的供销合同。待到桃子收获前，这位经销商才了解到该种水晶桃正是因为皮薄肉厚汁多才具有怕碰怕破、保存期特短（一般保存 3~5 天）、运输和储存特不方便等致命缺陷。按照正常的销售方式，从采摘、收购、装箱、运输、批发到零售一系列环节，少了 10 天绝对不行。此时经销商面临着进退两难的困境：继续执行合同，定赔无疑；若废止合同，支付巨额赔偿金不说，多年来的商业信誉也会一扫而光。

变换论域和销售方式，水果经销商开辟了"逛桃花山、游桃花河、吃桃花鱼、尝水晶桃"的特色旅游项目，以一种崭新的把原来的"运出去卖"变为"请进来买"方式来销售水晶桃，不仅避免了原来的风险，而且获得了很高的利润。

【案例 6-7 曹冲称象的解读】

1. 列出不相容问题的目标和条件

这个问题的核心问题是：大象的重量大于秤的最大称量范围 200kg，而且大象又不能切成一块一块。

2. 进行拓展

（1）条件基元的拓展——秤能够改变吗？

改进结构，扩大秤的称量范围，看能称重量的除了秤，还有什么？

- 台磅能称 100kg。
- 立磅能称 200kg。
- 地磅能称 2000kg。

把秤变换为上述的秤具，可以把小秤换为地磅。但在三国时期，这些方案都不可行。

（2）称重方法的拓展——除了称量的方法，还有其他测算质量的方法吗？

通过放大缩小变换拓展出一种思路：做一个支点可移动的杠杆，选一个可以称得质量的重物，如已知体重 50kg 的人，调整支点，直到人和大象平衡，分别测出杠杆支点到大象端和到人站立端的长度，如 4 和 84，则大象重量 = 50×84/4kg = 1050kg。

（3）地域的拓展——除了在地上称量，还有其他场所可以用吗？

称量地点从地上——>水上——>空中。

（4）目标的拓展——大象能够改变吗？

目标有两个特征：重量和可分性，与大象一样重的东西可以有很多，如牛、大石头、小石头堆、水、沙、木头、一队人、杂物……

再拓展出另一个特征"可分性"：

- 不可分的有：大象、大石头、牛。
- 可分的有：小石头堆、水、沙、木头、一队人、杂物、………

3. 进行变换

对目标进行变换得到解决问题的方案，从目标的置换变换可以得到：

- 方案1：用同样具有重量的大石头代替大象。
- 方案2：用同样具有重量的一队人和杂物代替大象。

接下来就是等重置换，衡量等重的方法：船吃水相同、杠杆平衡、定滑轮……

方案甲：用跷跷板置换秤，即把大象和石头置于跷跷板两端，使重量相等。

把条件"陆地上"拓展到"空中"，得到方案乙：用杠杆置换秤，即用大树丫把大象和石头置于杠杆两端，使力臂相等，重量相等。

把条件拓展到水中，水里的物有船、木排等。水中的物体与重量相关的特征可以发散出浮力、吃水深度、体积等。于是，得到方案丙，用船做工具置换秤，考虑特征"体积"，即：先把大象拉到船上，计算船排开的水的体积，然后把大象拉走，装上石头，使船排开的水的体积和装大象时的排水体积一样，大象和石头的重量就相等。

用船作工具置换秤，考虑特征"吃水深度"，得到方案丁：先把大象拉到船上记下船的吃水深度,然后把大象拉走,装上石头,使船的吃水深度和装大象时的吃水深度一样,大象和石头的重量就相等。

4. 进行方案评价

根据当时的环境,从成本、实施的便捷性等角度,选择可行性强的方案实施。

更多资料可扫码登录智慧树慕课学习平台"趣味可拓学"公开课程,网络 https://coursehome.zhihuishu.com/courseHome/1000090488#teachTeam 之"在线教程"第四章4.4节"问题求解小结与训练"进一步学习。

"趣味可拓学"
学分课、公开课

6.5 转换桥思维

对立问题是指在同一条件下要实现两个或多个目标,而在这个现有条件下,这些目标是不能同时实现的。关于对立问题的解决,人们通常采用如下三种方法。

1. "非此即彼"的斗争方法

如"肯定一方,否定另一方","听我的"或者"听你的"等,可以称作"一边倒",即只取一个目标,放弃另外一个目标。如6.1.3节中的案例6-4,只给大宝买笔记本电脑,或者只给二宝买航模。在政治斗争中经常采用这种方法。这种方法简单、直接,但容易导致新的矛盾产生。

2. "亦此亦彼"的平衡方法

如"你三成,我七成",通过谈判、讨价还价使矛盾双方各得到一部分利益,在折中点上使矛盾达到调和,如6.1.3节中的案例6-4,给大宝买2500元的笔记本电脑,同时给二宝买1500元的航模。这种方法在一定程度上分别满足不同的要求,但各实现了一部分功能目标。这种方法大多在谈判时使用,被称作"折中调和"。

3. "互利共赢"的转换桥方法

如何使对立问题变为共存问题,需要独特的思维方法。"互利共赢"的转换桥方法使双方或者多方在不同时间,或者在不同空间,或者在不同的位置(或特征)上,或者在其他不同条件下,使对立方的不同目标都得到满足,即通俗说的"双赢"或"多赢"。采取特殊的措施,使对立的目标共存,这是一种比较巧妙地处理对立问题的方法。

6.5.1 转换桥的基本原理

转换桥是指利用一个"桥梁"将两个目标或者对立规则通过一定的原则转

第6章 矛盾问题处理

化为同一个体系，通过创建某种"接口"，将条件与多个目标重新整合，使存在矛盾冲突的多个目标都得以实现，从而达到"各行其道，各得其所"的目的。这一"桥梁"是使对立转化为共存的必不可少的构件，由于它在解决对立问题的过程中起到了转换的作用，形象地称这个"桥梁"为转换桥。其中一个典型的例子就是深圳皇岗口岸立交桥通过"转换桥"方法解决了香港—深圳两地来往车辆"深圳车辆靠右行驶，香港车辆靠左行驶"的问题（图6-4）。

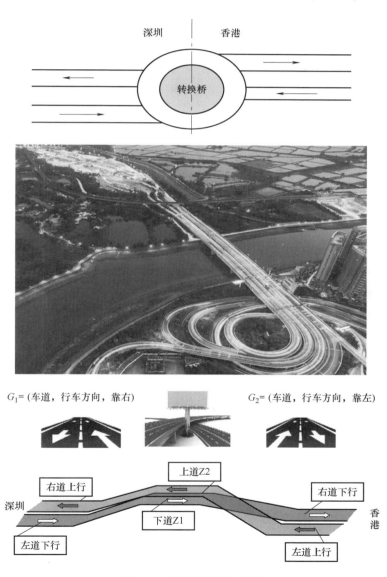

图6-4　深圳皇岗桥示意图

转换桥起到一种特殊的转换"开关"作用,具有连通与分隔的功能。一般包含两部分:转折部和转换通道。转换桥的核心是转折部,在特殊情况下,不需要转换通道,只要有转折部就可以解决问题,此时转折部就是转换桥。转换桥原理示意图如图6-5所示。

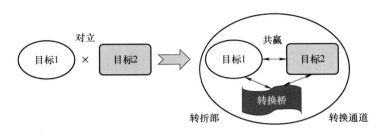

图6-5 转换桥原理示意图

转折部根据作用的方式不同,分为两种类型,一种是连接-分隔式转折部,一种是分隔-连接式转折部。

1. 连接-分隔式转折部

对两个对立系统 S_1 和 S_2,做组合变换 T,把 S_1 和 S_2 连接成一个大系统 S 的部分 Z,称为 S_1 和 S_2 的连接-分隔式转折部。例如,深圳的皇岗桥就是连接两个对立交通系统的连接-分隔式转折部。

2. 分隔-连接式转折部

若两个对立问题的双方 A 和 B 在一个大型系统 S 中,通过对 S 做分解变换后,在 S 中增加一部分 Z 使得 S 分隔为 S_1 和 S_2 后,使问题得以解决。那么增加的这一部分 Z 就是转换桥的分隔-连接式转折部。

例如,要解决"狼羊同笼"这一矛盾问题,在笼子中增加铁栅栏,就可以有效地解决狼吃羊的问题,这里的铁栅栏就是同一个笼子里狼与羊生存的分隔式转折部。再如甲乙二人一同吃火锅,一人喜欢吃辣,一人不能吃辣,找到能同时满足两人需求的锅底似乎很难,但鸳鸯火锅就解决了这一对应问题,使甲和乙都各得其所。

要解决对立问题,有时候转折部并不能直接获得,需要通过一定变换才能构造转折部,使得对立问题共存。把原基元通过变换到达转折部的过程称之为转换通道。

6.5.2 转换桥中转折部的构造

转换桥方法实现的核心是构建转折部,其主要内容为转折要素的构造过程。

第 6 章 矛盾问题处理

在一般情况下,只要找到转折要素,即可使对立问题化为共存问题。用基元方法表达对立问题,进行转折要素构造时可以转折对象或转折量值。

1. 以对象作为转折部——分隔式转折对象和连接式转折对象

分隔式转折对象是指通过对象的增加变换对条件中涉及的对象进行分解变换。下雨天,雨伞可以使人不被淋湿而雨照样下;动物园里关动物的铁笼,及野生动物园里人乘坐的观光车,都是使人与动物共存的转折对象。这些转折对象都是分隔式转折对象。

分隔式转折对象构造的具体步骤如下:
1) 建立对立问题的可拓模型。
2) 做条件基元中对象的分隔部,使对象完全分隔。
3) 做条件基元的分解变换。
4) 做目标基元对应的变换。
5) 判断问题是否转化为共存。
6) 如果 5) 为"是",则 2) 中的分隔部即是可行的分隔式转折部;如果 5) 为"否",则重新回到步骤2)。

下面以一个例子来说明分隔式转折对象作为转折部的转换桥构造方法。

【案例 6-8 野生动物园的转折部构造】

随着大型城市化的发展,人类生活与野生动物的生活相隔越来越远,人类想徜徉于有野生动物的森林中,享受大自然生物多样性带来的愉悦。可是在森林中野生动物会给近距离接触的人带来伤害。如何解决这个问题呢?

解决的步骤如下:

(1) 明确问题的目标和条件,建立对立问题的基元可拓模型

目标 1 野生动物		
对象	特征	量值
居住	地点	森林 A
	施动对象	野生动物

目标 2 游客		
对象	特征	量值
游览	地点	森林 A
	施动对象	游客

条件基元 L		
对象	特征	量值
森林 A	面积	xm^2

通过模型可以看出,在原始森林条件下,两个目标难以同时实现,所以是对立问题。

153

(2) 做条件基元中对象的分隔部,使对象完全分隔

森林 A 分割成两部分 A_1、A_2,工具:观光车,观光车及游客不能进入到部分为 A_2,其余部分为 A_1。

(3) 做条件基元的分解变换

条件基元 L 分解变换后为 L_1		
对象	特征	量值
森林 A_1	面积	x_1
森林 A_2	面积	x_2

(4) 对目标基元做对应的变换

目标 1 野生动物		
对象	特征	量值
居住	地点	森林 A_2
	施动对象	野生动物

目标 2 游客		
对象	特征	量值
游览	地点	森林 A_1
	施动对象	游客

(5) 判断问题是否化为共存

从基元分析可以看出,只要游客和野生动物在森林的不同范围内活动,就不会有影响。这样,通过一个分隔式转折部使原来的对立问题成功化解。

以对象作为连接式转折部一般是在目标的对象之间构建转折部,基本步骤如下:
1) 建立对立问题的可拓模型。
2) 做目标基元中对象的连接部,使两个对象有效连接。
3) 做两个对立对象的扩大变换。
4) 构造新的目标基元,该新目标基元必须蕴含原目标基元的目标。
5) 判断新目标基元下,对立问题是否转化为共存问题。
6) 如果 5) 为"是",则 2) 中的连接部即是可行的连接式转折部;如果 5) 为"否",则重新回到步骤 2)。

下面以一个例子来说明连接式转折对象作为转折部的转换桥构造方法。

【案例 6-9 "狼鸡同笼"问题的转换桥设计】

要想把一只狼和一只鸡放在同一个笼子中而又不让狼把鸡吃掉,在同一时间和地点达成两个矛盾的目标,显然是一个对立问题。

做条件对象笼子 O 的分隔部 Z,将笼子分为两个部分 S_1 和 S_2,形成有条件基元的分解变换;再做目标基元对应的变换,让狼和鸡各处一室,则问题转化

为共存问题。其中，新笼子为分隔式转折物。

2. 以量值作为转折部——分隔式转折量值和连接式转折量值

以量值作为转折部是利用量值的可分解性和可组合性构造相应的基元作为转折部。例如，交通管理中的分时段通车、分时段单行双行等都是这种思路。高层写字楼为缓解在上下班高峰时电梯的使用压力，采取分时段上下班，或根据不同楼层上下班的时段采用直通该楼层的办法，这些均是以量值作为转折部的转换桥法。

6.5.3 转换桥中转换通道的构建

解决对立问题要将对立转化为共存，有时可以直接构造转折部，有时则需要通过一定变换才能构造转折部使目标共存。基元变换到转折部的过程称之为转换通道。转换通道的构建主要有两种方式：①利用蕴含关系转折目标；②利用基元变换转折条件。实际解决问题过程中，可根据情况采用两种转换通道，转换通道的构建路径如图6-6所示。

有些对立问题比较复杂，就需要构造转换通道将矛盾问题转化为共存问题。通常采用蕴含通道转化对立问题的目标，采用变换通道转化对立问题的条件使问题得以解决。有时候不得不同时应用两种通道，才能达到化对立为共存的目的。

实际上，在转折部的构造中，对条件的变换就是一种特殊的转换通道，通常把需要两次以上变换称为转换通道，而把上述对条件的一次变换就能解决对立问题称为转折部。下面通过一个例子简要介绍转换桥中转换通道的构造方法。

图6-6 转换通道的构建路径

【案例6-10 高尔夫练习场和人工湖】

某山庄要在一块20000m^{2}的空地上建一高尔夫球练习场，又想在此处同一地方建一个可供人们钓鱼的不小于600m^{2}人工湖。按照一般的标准，高尔夫球练习场的面积至少要20000m^2，而人工湖的面积也不应太小。显然，该问题为对立问题。

构建转换通道解决该对立问题的步骤如下文所述。

（1）明确问题的目标和条件，建立对立问题的可拓模型

目标1 高尔夫球场G		
对象	特征	量值
建设	地点	场地A
	支配对象	高尔夫球场G
	面积	20000m²

目标2 人工湖H		
对象	特征	量值
建设	地点	场地A
	支配对象	人工湖H
	面积	≥600m²

条件基元L		
对象	特征	量值
场地A	面积	≥20000m²

从上述模型中可以直观看出，在固定的山庄场地范围内，有两个不同的目标，且难以同时实现，显然这是个对立问题。且对条件基元（场地A的面积与目标1高尔夫球场G面积相当）难以直接通过变换形成转折部，满足两个目标的面积需求。

（2）根据蕴含分析原理和相关知识，对目标基元做蕴含分析

从目标出发做蕴含分析。对建设高尔夫球场G和建设场地人工湖H进行分析可知，高尔夫球练习场有击球台和落球场，人工湖必然有湖水和湖岸，并做基元分析。

目标1 高尔夫球场G （G蕴含 G_1+G_2）		
对象	特征	量值
建设	支配对象	击球台 G_1
	面积	S_{G1}
+		
对象	特征	量值
建设	支配对象	落球场 G_2
	面积	S_{G2}

目标2 人工湖H （H蕴含 H_1+H_2）		
对象	特征	量值
建设	支配对象	湖岸 H_1
	面积	S_{H1}
+		
对象	特征	量值
建设	支配对象	湖面 H_2
	面积	S_{H2}

注：这里H_1只考虑游客垂钓等限定活动领域，其他湖岸纳入高尔夫球场。

第6章 矛盾问题处理

通过对基元分析发现,可以将击球台 G_1 建立在湖岸 H_1 上面,这样垂钓人员既可以欣赏风景,又可以坐在阴凉地段垂钓,只要使 $S_{G1}>S_{H1}$,湖水可依据地形特点,建设高尔夫球场的落球场 G_2 和湖面 H_2,其中 $S_{G2}>S_{H2}$。

(3) 建立转换通道,构建新的目标基元,该新目标基元必须蕴含原目标基元的目标

为满足目标 G,将高尔夫球场分为击球场和落球场,将条件基元空地 20000m² 做分解变换,分为面积为 S_{G1} 和 S_{G2} 的 2 部分。则可在面积为 S_{G1} 的建击球台下面建湖岸 S_{H1},而在面积为 S_{G2} 的落球场中建湖面。

条件基元 L			变换	条件基元 L*		
对象	特征	量值		对象	特征	量值
场地 A	面积	20000m²		击球场 G_1	面积	S_{G1}
	位置	某农庄		落球场 G_2	面积	S_{G2}

然后再进一步对目标基元做蕴含分析,构建转换通道,形成新的目标基元。

目标 3 G_1+H_1				目标 4 G_2+H_2		
对象	特征	量值		对象	特征	量值
建设	支配对象	{击球台,湖岸}		建设	支配对象	{落球场,湖面}
	面积	S_1			面积	S_2

其中蕴含的关系元:

对象	特征	量值		对象	特征	量值
上下关系	前项	击球台		隶属关系	前项	落球场
	后项	湖岸			后项	湖面
	维系方式	叠建			维系方式	镶嵌

经过对条件基元的分解变换与对目标基元的蕴含分析和建模,转换通道形成,建立了新的目标基元 3 和目标基元 4,这两个新目标中还蕴含了新的关系元(湖岸与击球台的关系,落球场与湖面的关系),和物元(设计的人工湖的湖岸和湖面的大小范围等),能够满足原来的目标 G 与 H。

(4) 判断新目标基元下,对立问题是否转化为共存问题

从目标 3 和 4 可见,通过对击球台面积与湖岸面积的蕴含关系分析,将击球台和湖岸、落球场与湖面的对立关系转换为共存关系,形成了一个转换通道,湖面就构成了转折部,把对立问题转化为共存问题,从而使建设高尔夫球场和

人工湖的目标均能完成。

如果我们再用可拓学创新思维的思路继续拓展,将落球场全部设立在水面上,是不是会形成一种新的水上高尔夫球场?这样湖边是地毯似的草地,球场是碧绿的湖水,踏进球场,将赏景与练球相结合,让忙碌的身心在无限自由的空间里回归自然的安逸,更有助于释放压力。

通过本例可以看出,通过转折部和转折通道的办法,可以构建转换桥,将对立问题转化为共存问题。很多复杂的对立问题,对立面可能有多个,处理这些问题的时候,可能就要设置多个转折部或转换通道来解决问题。

有时需要构造转换通道将矛盾问题转化为共存问题,转化目标使用蕴含通道,转化条件使用变换通道。有些对立问题只用其中之一即可解决,有些问题需要同时应用两种通道,才能达到化对立为共存的目的。

实际上,在转折部的构造中,对条件的变换是特殊的变换通道,通常把需要两次以上变换的才称为变换通道,而把上述对条件的一次变换称为转折条件。

如果利用变换通道无法使对立问题转化为共存问题,则需要对目标基元分别进行蕴含分析,分别寻找目标基元的最下位基元,直到对立问题可转化为共存问题。

构建转换桥的出发点不外乎基元变换、准则变换和论域变换。其中空间的分隔、时间的分隔均属于对论域变换的转换桥构建策略。

更多资料可扫码登录智慧树慕课学习平台"趣味可拓学"公开课程,网络 https://coursehome.zhihuishu.com/courseHome/1000090488#teachTeam 之"在线教程"第四章4.3节"对立问题求解方法"进一步学习。

"趣味可拓学"
学分课、公开课

6.6 识别核问题与真问题

6.6.1 识别核问题

给定问题 $P = G * L$,其中 G、L 为基元、复合元或基元的运算式,往往包含多个特征及量值。对这些特征和量值进行分析,类似剥洋葱一样逐一去掉表面的、辅助的特征信息，最后剩余的引起矛盾冲突的核心特征与量值，称为核问题，记为 $P_0 = g_0 * l_0$。在案例 6-1 曹冲称象问题中，现有条件秤的最大称量范围 200kg 和目标中大象的重量远远超出 200kg，就是原问题的核问题。

在案例 6-2 中，核问题是树洞深度 2m 和取球人的臂长 1m 难以触到球的矛盾。案例 6-3 中的核问题是大楼占地面积 900m^2 与花园占地面积 200m^2 之和大于可用地面面积 1000m^2 的矛盾；案例 6-4 中的核问题是买一个 3000 元的笔记本电脑和买 2000 元的航模共需要 5000 元资金，而年轻的爸爸妈妈只有 4000 元资金的矛盾。

一般情况下，解决了核问题，原问题也就轻松解决了。它们之间是蕴含关系。识别核问题主要依赖领域专业知识以及蕴含分析、相关分析、分合链和发散树等方法。核问题的提出也体现了哲学中矛盾的主要方面和矛盾的次要方面。

6.6.2 识别真问题

在着手解决问题之前，是否还有别的要素需要我们思考？很多人在接到解决问题的任务或发现问题后往往急于解决问题，费了很大力气最后发现解决的是假问题。在解决问题前，先认真思考分析找出真问题再利用可拓创新思维方法解决，往往能收到事半功倍的效果。下面先看一个例子。

【案例 6-11 轰炸机如何提高返航率】

第二次世界大战时，E 国空军参与了对 D 国本土的轰炸，轰炸机损失惨重。E 国军方对返航的飞机进行了细致的研究，统计发现飞机被击中的部位主要集中在飞机尾翼部分，而其他部分被击中的比率非常小。在讨论加固尾翼时，主要矛盾问题是：加固尾翼会增加飞机重量，减少飞行里程。

后来发现加固尾翼是假问题，尾翼被击中多次还能返航，说明不加固也没关系。真正需要加固的反而是轰炸机机身某些没有弹痕的部位，比如油箱，击中后起火甚至爆炸，飞机坠落在 D 国本土，不在返航统计之列。因此，真正要统计的应该是被击落的飞机。但证据灭失或在敌占区无法统计，只能反向统计返航的飞机，按此思路，发现驾驶室底座钢板太薄，加厚后飞机返航率有所提高。

进一步思考，提高轰炸机返航率是真问题吗？还不是，赢得战争胜利才是真问题。最理想的结果是轰炸机 0 损失，不派出轰炸机到敌方轰炸，运用信息战、反间计等策略，让敌人主动投降。孙子兵法言"不战而屈人之兵，善之善者也。故上兵伐谋，其次伐交，其次伐兵，其下攻城，攻城之法为不得已。"

【阅读材料：地方政府的职责】

地方政府的职责是把蛋糕做大，还是把蛋糕分好？都不是，这是假问题。

地方政府的真正职责：

1）鼓励老百姓自己做蛋糕。
2）保护老百姓拥有自己做出的蛋糕的权利。
3）惩罚抢别人的蛋糕的人。
4）最低限度：政府自己不抢老百姓做的蛋糕。

在此前提下，地方政府可以让人们按照合理比例把所做蛋糕拿出一部分，分给没有能力或机会做蛋糕的人。

识别真问题的基本思考方向：

1）该问题的存在影响了哪个目标的实现？
2）该目标是真正需要的最终目标，还是阶段过程目标？
3）实现最终目标的准则或假设是否确定无误？
4）有没有其他地点、时间和人可以更好地实现目标？
5）是否存在其他路径或绕过该目标达到更高境界的目标？
6）与问题有关的目标能否拓展和变换？
7）该问题是否有必要一定要解决？不解决会怎样？

【阅读材料：红肿、疼痛、发痒，是生病了吗？】

答案是不一定。红肿、疼痛、发痒是病症。生肌长肉的修复工作是身体自己完成的，被刀割伤是背后蕴含的病。身体内部器官存在自愈能力。额外产生的垃圾，导致身体会启用一些平日平时不用的排毒通道，因此出现了红肿、发痒等不适的症状。

中医有一句名言，治病不治症，治疗的目标是去除产生疾病的根源，恢复健康，不是仅仅消除症状。有时候单纯消除症状可能会使身体受到更大的伤害。用药物直接终止症状，结果身体停止排垃圾的工作，垃圾只好继续留在身体内，时间长了会对身体造成更大的伤害。

6.6.3 解决问题的基本思路

在考虑核问题和真问题的情况下，解决矛盾问题的基本思路补充完善为下述几个步骤。

1）首先对实际问题界定目标和条件，然后用基元表示体系建立问题的可拓模型。

2）分析界定真问题，修正真目标。

3）根据真问题提供的指标和要达到目标所需要的相应的指标的取值（或取值范围），确定问题的核问题；视情况建立不相容问题的相容度函数，通过计算判断问题不相容的程度。

4）确定先对目标进行分析还是先对条件进行分析：

a）若目标不变，首先对问题的条件进行分析，则选择拓展分析中的相关分析，建立问题的相关网；

b）若条件不变，首先对问题的目标进行分析，则选择拓展分析中的蕴含分析，建立问题的蕴含系；

c）若目标和条件都需进行分析，则先执行 a）再执行 b），合并建立问题的相关—蕴含树。

5）对相关树或蕴含树的树叶进行发散分析或共轭分析，然后进行可拓变换，再根据传导变换，形成传导变换蕴含树。由可拓变换和传导变换形成的树，通常称为可拓策略生成树。

6）对变换后形成的问题，再计算其相容度函数的值，若其相容度由变换前的小于或等于 0 变为大于 0（注：有些实际问题可能认为等于 0 是相容，有些则不然，需要具体问题具体分析），则此可拓变换或变换的运算式即为解决不相容问题的可拓策略。

在现实世界中，一项大工程，一个地区，都存在各种各样的矛盾问题，它们又是互相联系的。所谓矛盾成山，问题成堆。为了描述这些现象，我们提出矛盾问题系统的概念。

在实际生产生活中，一个地区、一个企业、一个单位等往往都有多个目标（$G_1, G_2, \cdots, G_m$），也有多个条件（$L_1, L_2, \cdots, L_n$）。由于目标与条件之间是互相联系的，它们构成问题系统 P_S。在问题系统中，既有矛盾问题，也有不矛盾问题，从而它们构成矛盾问题系统。解决矛盾问题系统要考虑单个问题的处理，还要考虑问题之间的联系，也要考虑处理后产生的传导矛盾问题。因此，对矛盾问题系统的研究将是十分复杂的工作。在经济、管理、控制、检测和人工智能中，都要碰到大量的矛盾问题系统。它们的解决需要利用基元理论、可拓集合和可拓逻辑及拓展变换方法，也需要结合专业的基础理论和方法综合处理，更需要借助计算机特别是人工智能技术的帮助。

解决问题重要，发现问题更重要，更深层的思考请看下面的智慧树网站上的解读。

请扫码登录智慧树慕课学习平台"趣味可拓学"公开课程,网络 https://coursehome.zhihuishu.com/courseHome/1000090488#teachTeam 之"在线教程"第四章 4.5 节"解决问题进阶"进一步学习。

"趣味可拓学"
学分课、公开课

思考与训练

1. 明朝的靖难之役中,朱棣南下遇到济南的顽强抵抗,朱棣久攻不下。请查询资料后回答,他最后采用了什么策略?试分析该策略的创新路径。

2. 利用本章所学方法,设计成功考入你心仪的知名大学研究生的路径,或入职心仪的知名公司的路径。

3. 利用本章所学方法,分析草船借箭故事中暗合了哪些解决问题的方法,你还能想出哪些解决该问题的新思路?

4. 解读如下"公司反收购策略"故事中的创新思维。

A 集团为了吞并 B 公司,大量收购 B 公司的股票。当收购的股票的数量达到 35% 时,A 集团已经成为 B 公司的大股东,B 公司被吃掉已经是板上钉钉的事实。如何挽救 B 公司,使其不被 A 集团控股?

B 公司的老板郑某进行"反收购"。卖出某公司的股票,联合同行业商人,到处筹措资金,大量收购 A 集团的股票。在 A 集团收购了 B 公司股权的 45% 成为大股东,任命 B 公司的新董事长并派来接管 B 公司时,郑某已经收购了 A 集团 35% 的股权,成为 A 集团的大股东,郑某任 A 集团的董事长。于是,郑某撤销原来 A 集团派往接管 B 公司的董事长的任命,自己兼任 B 公司的董事长,从而挽救了 B 公司被收购的命运。

5. 与你合住一个宿舍的室友生活习惯与你差别很大,你们感觉非常合不来,可一时又无法换宿舍,怎么办?请用转换桥方法找到处理的办法。

6. 上大学了,每次回家都觉得妈妈好唠叨,如何处理好母子(母女)关系?

7. 某学生家庭条件困难,既想上大学,又要打工赚钱,有哪些策略可以解决困境?

8. 某学校实施"以人为本"的教学理念,学生认为应该以学生为本,家长认为以老师为本,没有好老师怎么教学生?请用转换桥理论分析这个问题,谈谈你的看法。

9. 请解读【故事1-4 司马光砸缸】中解决问题的思考过程。

10. 自相矛盾问题自圆其说的训练。

有个卖矛和盾的人，称赞他的盾的坚固："任何矛都穿不透它。"一会儿又赞美自己的矛，说："我的矛锋利极了，什么盾都能刺穿。"有人问他："用你的矛来刺你的盾，结果会怎么样呢？"那人便无言以对了。

请综合利用所学的物理、化学、生物、地理等自然科学知识，用可拓思维帮卖家想出3条以上可以自圆其说、不矛盾的解释。

11. 来料加工困境。

某企业与国外一企业签订了一份原料加工合同，专门为外商精磨加工三种化工原料，合同要求三种化工原料粉末比例混合均匀，并且达到非常细的300目。企业用如图6-7所示的球磨机研磨，磨完后用一个搅拌机搅拌均匀。然而由于研磨时粉尘飞扬，再用搅拌机搅拌，从而导致损耗很高，达5%！本来加工10t原料，加工完了以后只剩9.5t了，这可麻烦了，首批交货就因粒度不均匀和混合不均匀而遭到索赔，严重亏损，但如停止继续加工，造成后期合同违约将面临巨额索赔使工厂有倒闭的危险。加工亏损，不加工要巨额赔偿，怎么办？请阐述你解决该问题的思路。

图6-7 球磨机磨粉的车间（加工起来粉尘飞扬，就什么都看不见啦！）

12. 订单难题。

某食品企业的生意很不稳定，平均4~27天来一个订单，要货量一般在24t以上，生产日期都要求是在最近一周内，并且希望3日内可以交货，但是该食品公司的设备的日产能只有2.4t。如果公司没有库存，按照企业正常生产速度最少需要24/2.4天=10天时间才能完成订单。但如果提前生产，一方面会产生大量的库存需要昂贵的仓储费用，另一方面如果产品生产日期超过7天无人要货则会造成更大的经济损失。因此，该企业长期以来就造成这样的情况：一旦接到订单，工人们加班加点加工资；而订单完成交付之后，企业就必须松松垮垮地养闲人。面对这个问题，该食品企业该如何解决？

13. 咨询公司的管理困惑。

某咨询公司高管能力很强，员工遇到问题，找高管，高管指点正确，下次还来，导致高管越来越忙。按高管的指点行动不成功或者出错，也不是部下的责任，因为是高管让这样做的！甚至有的员工还抱怨"高管水平就这样低"，高管应该怎么办呢？

请先自行思考，再统一解读思考的方向与部分可行方案。

14. 项目申报问题。

某企业在深圳市南山区申报某火炬计划2年未果，原因是高级职称员工比例偏低，如何处理这个问题？

15. 购房的资金缺口难题。

某大学毕业生年薪10万元，拟在3年内自力更生买一套售价300万元的新房，但资金缺口很大。请分析核问题并给出系统性的创新策略。

第 7 章

可拓创新思维案例分析与综合训练

各行各业存在各种形式的矛盾问题,电工中的矛盾问题和机械中的矛盾问题是不同的。行业不同,拓展出来的基元就不同,变换也就不同,通过拓展和变换得到的是具体领域中处理矛盾问题的创意。但是,各行各业用来生成创意的方法却是一样的。可拓学把可拓论和可拓创新方法与若干领域的专业知识相结合,提出了处理这些领域的矛盾问题的可拓工程方法。可拓学的基本理论与方法和各领域的知识相结合,产生了处理该领域矛盾问题的可拓创新思维方法。

本章介绍可拓创新思维方法主要的应用案例并进行综合训练。

 ## 7.1 应用案例分析

7.1.1 可拓营销策划

【案例 7-1 房产销售的可拓营销策划】

中国房地产行业经过近 20 年的高速发展,进入 2014 年后,开始进入明显的"降温"阶段。无锡作为我国二三线城市的典型代表,房地产行业也面临巨大的库存压力。截至 2014 年 3 月份,无锡待售商品房库存量达到 14.3 万套,按 2013 年月销售 3691 套计算,去库存周期将达 38.7 个月,压力极大。如何创新营销模式,在不利的环境下仍有效销售,回笼资金,成为房地产业共同的目标。某上海集团(以下简称 SH)在无锡的房地产项目也遇到了同样的困境。"SH·HD"是 SH 在无锡投资开发的首个房地产项目,同时具有无锡房地产所面临的困境,可以作为无锡房地产市场困境的典型样本,希望可以提出创新的营销策划方案,来摆脱所遇到的回款压力上升和销售额下降的困境。

HD 项目坐落于滨湖区蠡湖大道、隐秀路路口交汇处，东起规划路，西至蠡湖大道，南依金城西路，北靠隐秀路。与湖滨区区政府在同一横轴上，是蠡湖新城最核心的地段。HD 项目占地面积 2.1 万 m^2，建筑面积 7.4 万 m^2。5 幢 19~30 层的高层公寓构成了项目的主体，总户数 455 户，这个高档住宅项目是具有不可复制性、稀缺性的一线湖景项目。

项目策划前的主体利益相关者方包括两个，分别为 SH 和 NR 机构。①SH：成立于 1992 年 12 月的某上海集团，注册资金为 5 亿元，龙头业务为汽车物流，其他支撑企业的六个板块是汽车销售、汽车服务、投资发展、陵园服务、房产置业，这些业务构成了 SH 多元化、跨地区的综合经济规模。②NR 机构：上海 NR 机构成立于 1998 年，该企业将目光集中于大规模高档物业营销代理，打造复合型地产专业品牌，并且是 HD 项目销代方，NR 无锡团队仅有常驻营销员 5 人。

1. 问题界定

HD 项目所面临的问题，简单而言，是与预期相比，存在"地产项目房产销售缓慢"的问题。在具体项目操作中，SH 全权委托 NR 销售代理负责 HD 项目，因此，上述问题可以的进一步界定为"地产项目通过 NR 代理销售缓慢"。对原因的进一步分析，之所以出现问题，有其内在与外在的原因。外在原因体现为国内房地产宏观环境不景气、货币政策紧缩、消费者持币观望等客观原因；SH 与销售代理公司在无锡其所开发区域品牌知名度和影响力有限，并且周边有许多知名房地产商的开发项目在该地产内房地产巨量供给以及项目本身销售成本的影响。因此，问题又可以进一步清晰化界定为："现有市场低迷环境下，SH·HD 项目通过 NR 代理销售缓慢"。

事实上，在市场不景气的环境下，各大小房企均会采取相应的促销措施，传统的"价格竞争"是各种促销措施中最为普遍的一种。例如，SH 项目周边 SN 等项目，用直降 2000~3000 元的促销方式，引发了短期的销售回升。但对于 SH 而言，无锡市场"赤裸裸"的降价促销行为已经使区域市场形成巨大的边际效益递减：一方面，无法带动市场销售的长期回暖，反而会加剧消费者对价格降低的进一步预期，形成"供销困局"；另一方面，作为中小房地产企业而言，大规模、持久地价格促销策略注定无法成为其主导营销策略。因此，策划团队对 SH·HD 项目所面临的问题进一步界定为"现有区域市场低迷与传统促销作用不显著情况下，SH·HD 项目通过 NR 代理销售缓慢"。

问题界定清楚后，HD 项目的目标也显而易见了："在现有区域市场萎缩环境与企业成本约束的条件下，通过促销模式创新，将 SH·HD 房产通过 NR 代理销售给无锡消费者"。

项目的目标可用物元形式化表示为

$$G_0 = \begin{bmatrix} 房产销售, & 数量, & <10,25>套 \\ & 时间, & 6个月 \\ & 施动对象, & NR代销公司 \end{bmatrix} = \begin{bmatrix} G_{01} \\ G_{02} \\ G_{03} \end{bmatrix}$$

项目的条件可用物元表示为

$$L_0 = \begin{bmatrix} HD楼盘N, & 地理位置, & 无锡蠡湖边0.2km \\ & 开发者, & SH集团 \\ & 代销者, & NR公司 \\ & 销售员数量, & 5名 \\ & 促销方式, & 降价 \\ & 购买对象, & 无锡居民 \\ & 贷款方式, & （公积金,商贷） \\ & 已销售数量, & 2套 \end{bmatrix}$$

条件与目标清晰界定将为开展营销策划的可拓解决方案提供了基础与方向。

2. 矛盾问题分解

现实中的策划问题往往都是复杂且多维的，因此需要对问题进行系统分解，以找到解决问题的问题点。问题点是指对于问题解决者而言，针对问题解决目标，那些需要解决并能够解决的问题要素。因此，在可拓策划情境下，问题点应具备以下几个基本特征：

1）应将问题解决者定义为问题点的界定主体，也就是要以问题解决者的视角出发，进而从这个方向去理解和解决问题。

2）问题点是解题者能够并需要解决的问题要素。因此一些问题是不需要给予关注的，以HD为例，其中"区域市场萎靡"和"国家政策导向"等问题，在策划中可以置于非重点注意问题。

3）按照可拓学基本原则，问题点的陈述应突出"矛盾"性结构。

基于以上对问题点的系统认识，将HD项目存在的主要矛盾问题点汇总，见表7-1。

表7-1 项目存在的主要矛盾问题点

（1）销售需要广泛的客户接洽与现有营销渠道有限的矛盾
（2）巨量区域房屋供给与有限本地需求的矛盾
（3）企业降价促销与价格促销边际效益急剧递减之间的矛盾
（4）楼盘品牌优势不显著与周边楼盘品牌效应外溢的矛盾
（5）有限营销人力配给与广泛营销人力需求之间的矛盾
（6）精准客户营销与漫天撒网式推销之间的矛盾

可以看出,"发散树"思维下的上述问题点之间存在潜在关联与内在区分。因此,需要采用一些思维工具,如"蕴含系""相关树"等,对问题点展开深度的拓展分析,为方便形成与展开可拓策划基元,就需要对各个问题点深入的进行归纳,提炼与联结。

3. 拓展分析

从共轭分析等角度对 HD 项目分析如下:

(1) 客户价值

在原有问题界定中,HD 项目的核心交易对象有三个:SH、HD 房产和消费者。SH 是项目的发起人与产品价值提供者,HD 房产是消费产品内容与价值传递渠道,而消费者是项目产品的价值接受者。三者应就产品内容与价值达成共识,进而达成产品的交易。

现有矛盾问题是:①既有消费者群体具有其局限性,无锡市场容量有限,随着近年来巨量房产供给的出现,导致供求关系逆转,房地产交易急剧萎缩,加上限购政策等因素影响,产生"巨量房屋供给与本地有限需求"间的矛盾;②在买方市场下,消费者对房产产品关注焦点从项目地理与价格定位等传统要素,向关注更为广泛的附加价值扩展,家庭发展、邻里契合等软性要素成为房产消费中的新价值与新焦点,出现"企业降价促销与价格促销边际效益急剧递减间的矛盾"。

以上两个问题本质上属于对项目对象"价值挖掘"的范畴,其可拓策划的路径可能是:①对消费群体的可拓思考,即通过扩大消费群体的类型与总量,将"无锡本地"本地的域概念拓展到"无锡周边",甚至是"全国市场"的范畴;②对消费价值的可拓思考,传统价格竞争策略边际效应呈现急剧递减趋势,且进一步强化了市场的观望情绪,因此需要通过"可拓转化",消费者群体进行细分,充分甄别细分群体中的"潜部"与"软部"价值,进而采取差异性的促销策略,形成项目差异化的竞争地位。

(2) 营销渠道

传统房地产销售渠道以企业直营或委托代销两种方式为主,主要通过开放售楼部、举办各类活动或参展房产展会等方式,将自身产品信息予以发布、宣传与推广。长期以来,这种"坐商"模式在"买方市场"环境下行之有效,但一旦进入"卖方市场"环境,这种"坐商"模式对于中小型房地产企业销售形势将产生重大的冲击与挑战。在 HD 项目中,SH 通过委托代理机构 NR 进行项目代理销售。一方面,NR 在无锡存在渠道、资源与品牌积累上的不足。在成本约束条件下,NR 也不具备大规模渠道开发与客户开发的能力,即"有限营销人力配给与广泛营销人力需求间的矛盾";另一方面,在成本与环境约束背景下,精准化客户营销与定制推广会成为 HD 项目与 NR 的必然选择,而这又是

NR无锡团队的资源禀赋所无法实现的,即"精准客户营销与撒网式销售模式间的矛盾"。因此,需要可拓转化的思路对营销渠道进行"置换、增减、扩缩",从而将渠道商的矛盾问题予以解决。

(3) 品牌溢价

在房地产开发项目中,开发企业、销售代理机构乃至物业管理机构,对项目销售均具有一定的品牌溢价或品牌折价影响。在HD项目中,项目开发企业与代理销售机构在无锡本地均并不具备品牌溢价的积累与能力,除了本身在品牌上并没有明显的优势外,随着周边大量知名房地产商开发项目的逐个上市,更加对其品牌折价效果增加了一层冰霜,形成"楼盘品牌优势不显著与周边楼盘品牌效应外溢的矛盾"。这个矛盾导致HD项目在品牌推广上,存在"做不起"与"做没用"的营销困局。一方面,品牌建设需要大量的、持续的资源投入,成本压力对SH和NR在现阶段是难以承受的;另一方面,周边知名企业的品牌积累与外溢,可能存在对SH品牌建设在效果与时效上的质疑。因此,需要通过对品牌建设展开"置换、增减、扩缩"等可拓转化思路,解决相应的矛盾问题。

通过对潜在矛盾问题的拓展分析,NR团队提炼出HD项目可拓策划的基本基元与思路,即在成本约束的条件下,通过可拓变换方法,对项目营销渠道、客户价值以及品牌溢价能力进行拓展变化,进而提高项目的差异化竞争力,打开市场销售局面。

4. 可拓变换

在明确HD项目的关键问题点后,将HD营销关系用多维关系元形式化表达,建立相关的基元模型并拓展,针对关键问题点,对问题从元素、准则与论域三个角度,利用置换、扩缩、增删、分解与复制等基本变换方法进行可拓变换,其主要变换思路见表7-2。

表7-2 项目条件基元的可拓变换思路

类别	对象	准则	论域
价值挖掘	置换:挖掘房屋价值新内涵替代房产传统使用价值 扩缩:以降价等方式,扩大消费者对房产附加值的感知 增删:增加"家"文化挖掘,引入新的消费价值要素,设计新型房产促销形式 分解:细分市场群体,开展有针对性地价值挖掘	置换:置换企业自身单一的价值传递渠道,引入新的消息源与提供方,避免消费者抵触与质疑心理 增删:围绕房产产品,引入外源价值 扩缩:房产产品内源价值的夯实与实现	增删:全国旅游(养老)地产市场 扩缩:本地刚需群体以及无锡周边群体 分解:对"家"文化所内涵附加价值认同、敏感的中产消费者

(续)

类别	对象	准则	论域
营销渠道	置换：启用新代理商 增删：引入新的具有代理性质的机构或组织 扩缩：启动 NR 促销人员扩容与促销强化策略	置换：变传统委托代理关系，为更为弹性的合作关系 增删：增加第三方合作关系 扩缩：增加合作内容与合作规模	置换：用新型营销渠道置换传统房地产渠道 扩缩：扩展影响力及营销渠道 增删：增加"精细营销"内容
品牌溢价	置换：启用更具知名度的企业品牌 增删：引入合作机制，借用其他强势名牌 扩缩：强化品牌宣传与品牌建设投入，短期内提升企业品牌认知度	置换：变"品牌自建"为"品牌合作" 增删：增加合作，协同提升品牌内涵与品牌溢价水平 扩缩：与周边强势品牌联结，形成自身品牌后再定位	置换：换用 SH 内部更具影响力的品牌形象 扩缩：构建（引入）具有全国性影响力的品牌 增删：强化品牌的知名度与影响力

5. 方案策划与评价

从价值挖掘角度考虑。首先，房产的使用属性是房产产品对消费者购买行为最重要的价值体现，同时，房产产品还具有金融属性。但在房地产金融属性边际效益递减的阶段下，对于刚需消费群体而言，使用属性的价值体现尤为重要。因此，期望通过挖掘房产产品中的新消费价值，来置换房产传统的使用价值并不现实。因此，可通过增删、扩缩等可拓变化的思想，充分发掘消费者对房产潜在需求或未满足的附加需求。例如，可以在满足消费者对房产产品使用价值的基础上，围绕现代"家"的深层内涵，对房产产品价值进行内容与内涵的延伸，引入新的价值要素，再根据细分消费群体的不同需求，设计出相应的新的价值导向的促销产品。

其次，从价值传递渠道而言，传统房地产企业往往通过自身产品的价格调整与附加促销等方式对消费价值予以传递，难免让消费者感觉"羊毛出在羊身上"。因此，通过置换、增删价值信息源与价值提供方，从"卖"转为"合作开发"的方式，降低消费者对传统促销方式的顾虑与质疑，提高促销效率。

最后，针对现有 HD 项目在价值受众面上所存在的局限与不足，简单地将当前目标客户群体置换为其他客户群体，存在本末倒置的风险。而可行的方法是，通过扩缩、增删的方法，利用传统与新价值传递渠道相结合的方法，将项目价值从本地细分市场群体扩大为全国范围内更多细分市场的群体。整体而言，通过挖掘现代房产"家"内涵的潜在价值，并通过与第三方渠道合作，向全国范围内更多细分市场的群体予以发布，这是 HD 项目针对价值挖掘问题的基本可拓思路。

第 7 章　可拓创新思维案例分析与综合训练

从销售渠道而言，首先可能的可拓思路是将现有 NR 团队进行变更，替换成新的代理商。第二方面，存在法律与合同上的约束。第三方面，由于现有代理商在项目中的资源、信息与客户积累，置换思路一定程度上可能带来巨大的经营风险。同时，在现有市场环境与营销团队的情况下，传统的人员扩容与促销强化策略也具有显著的边际效益递减效应，增加的成本大于收益的增长。因此，通过增删思路，引入新渠道主体或内容是 SH 所能采取的理性选择，同时也需要结合相应的促销强化措施；第四方面，在引入新促销渠道思路的基础上，必然需要更为灵活的促销产品设计与营销策略调整。通过新渠道在目标客户群体上的影响力，变项目现有的"被动营销"为"精细营销"；最后，针对营销渠道的域属性，新渠道最基本应具备其特征化的营销渠道，以置换现有房地产行业陷入恶性竞争的传统销售渠道。从扩缩、增删变换来看，将重要参照指标引入新渠道开发中，如"全国影响力"与"精细营销"属性。整体而言，通过引入房地产领域外、具有"全国影响力"的营销渠道，开展创新性的产品设计与渠道实现，将项目的"被动营销"变为"精细营销"。

从品牌溢价角度看，首先，利用 SH 现有的其他高溢价品牌替代 HD 品牌，但在实践中并不具备操作性。SH 主要针对上海本地开发房地产项目，在全国范围内并没有重要的影响力，而 HD 项目作为 SH 第一个在无锡市场开发的房地产项目，并不存在强势品牌置换弱势品牌的可能性。通过扩缩与增删方法，为提升自身品牌溢价水平，引入第三方品牌，从而强化 SH、HD 品牌与第三方品牌间的联结与协同，将是 SH 提升品牌溢价水平的现实选择。其次，从品牌构建途径角度看，应用"合作共建"方法置换传统的"企业自建"，即通过与强势品牌协同合作，提升双方的品牌内涵与品牌溢价水平，以达到多方共赢的局面；从品牌影响力与影响域角度看，受 SH 品牌积累与地域性的影响，通过强化宣传与培养自身品牌溢价能力，在短期内也无法形成立竿见影的效果。因此，通过合作引入具有显著影响力的其他品牌，进而通过联合开发、促销宣传产品的形式，强化自身与引入品牌的品牌联结，提升 HD 的品牌知名度与溢价水平，而针对目标客户群体的扩缩，具备"全国影响力"的品牌属性也将是引入品牌的目标属性之一。通过以上分析，实现快速提升 HD 项目品牌溢价水平的有效方法是引入影响力大的第三方品牌，并加强引入品牌间联结。

通过综合分析，SH 选择引入太平洋保险集团品牌来实现品牌水平提升。SH 与太平洋保险集团进行外协和合作，针对 SH·HD 新盘上市联合研发的中国首款复合型房产创新产品——"房五保"产品。"房五保"产品通过房产与保险金融的跨界创新、异业融合，旨在解决并满足消费者在房产消费过程中对资产保值、房产保全、家庭保障、财产保险、诚信保证（简称"房五保"）等多重实际及潜在需求，真正让好房产与好保险的多重利益叠加。新方案的物元模型如下

$$L_0 = \begin{bmatrix} \text{HD 楼盘 } N, & \text{地理位置,} & \text{无锡蠡湖边 } 0.2\text{km} \\ & \text{开发者,} & \text{SH 集团} \\ & \text{代销者,} & \text{NR 公司+太平洋保险} \\ & \text{销售员数量,} & \text{500 人} \\ & \text{促销方式,} & \text{房五保模式} \\ & \text{购买对象,} & \text{全国居民} \\ & \text{贷款方式,} & \text{(公积金,商贷)} \\ & \text{方案传播渠道,} & \text{新闻发布会+媒体+网络} \end{bmatrix}$$

其具体策划方案为：①SH 在对现有周边房产市场基元分析的基础上，确定具有竞争性、公允性的 HD 项目更新定价；②对房价做分解变换，以更新定价后房产售价总额的 10%作为该房产产品的"房五保"保费总额；③以 SH 与太平洋保险集团联合发布的方式，通过"买房送保险"与"太平洋保险回馈老客户"的形式向太平洋保险客户群体开展定向、精准营销；④SH、太平洋保险与客户签订三方协议，协议签订后，由 SH 以 $m\%$ 房价总额作为"房五保"保费，由太平洋保险集团承保；⑤"房五保"保费缴费的具体规定为保费缴费年限为 10 年，即每年 SH 以 $n\%$ 房价总额方式向太平洋保险缴纳。其中，$m\%$、$n\%$ 的具体数值通过计算和协商确定。

6. 方案实施

2014 年 5 月，SH 集团和中国太平洋保险无锡分公司在无锡蠡湖饭店联袂召开了中国首款复合型房产新品"房五保"的产品发布会。200 多位嘉宾来自房地产业界、金融业、新闻媒体以及政府主管部门，参与了此次"房五保"新品发布会，与会专家一致认为，"房五保"通过房产品牌和保险品牌的双向整合，将房地产销售由原先的单一销售方向复合型售房前进，这不仅会积极促进房产销售，带动消费者购买热情，引领购房潮流，而且能给消费者以及市场带来巨大潜力和升值机会，将对推动房地产及保险业发展、维护消费者合法权益将起到促进作用。

从可拓方案开发与评价结果角度看，SH 与太平洋保险的合作具有其内在的优势性与必然性：①太平洋保险作为世界 500 强企业，具有其自身在全国范围内广泛且强势的品牌影响力；②保险行业与房地产行业均是围绕百姓日常生活的"重头项目"，因此，两个行业在业务范畴与业务组合上具有广泛的潜在联结性；③作为保险行业的从业翘楚，太平洋保险公司拥有在全国范围内广泛的营销渠道与客户积累，其渠道的深度与广度对于 SH 而言是实现顾客群体拓展的重要条件；④太平洋保险公司大规模销售人力资源配给是实现 HD 项目更广泛营销推广与市场渗透的重要保障；⑤10 年分期缴纳方式，能够很大程度上降低企业的资金成本，提高资金利用率，也有利于太平洋保险集团自身的业务控制；

⑥作为全国性业务范围的企业集团,"房五保"产品对于太平洋保险与 SH 而言,均具有现实的推广性与复制性。

7.1.2 可拓旅游策划

针对矛盾问题,通过建模、拓展、变换、评价等步骤,生成新颖的方案,解决矛盾问题,实现预定目标,称为可拓策划。下面用一个策划案例说明可拓策划方法的应用。

【案例 7-2 山村旅游的可拓策划】

某山村 N 位于一个较为偏僻的西部山区,道路崎岖,交通闭塞,耕地面积稀少,没有任何人文景观,年轻人都外出打工去了。目前,留村劳动力人数只占全村总劳动力人数的 5%,使该村长期处于贫困落后的状态。但该村空气清新,树木茂盛。如何使该村脱贫致富?有人提出发展养殖业,有人提出发展手工业,但这些都不可能成为该村的优势项目。

下面利用可拓方法来生成"山村致富"项目的策划方案。

1. 项目目标的确定

在此案例中,项目的目标可用物元形式化表示为

$$G_0 = \begin{bmatrix} 山村\text{ N}, & 人均年收入, & <1.0,1.5>万元 \\ & 留村劳动力人数, & 40\%a \end{bmatrix}$$

其中,a 为全村总劳动力人数。

2. 分析项目条件

根据项目目标,分析项目条件。在本案例中,项目目标是使山村 N 脱贫致富,而该村的条件是人均年收入 0.1 万元、位置偏僻、道路崎岖、交通不便、耕地面积少、没有任何人文景观、森林资源丰富、留村劳动力人数只占全村总劳动力人数的 5%。项目条件可用物元表示为

$$L_0 = \begin{bmatrix} 山村\text{ N}, & 人均年收入, & 0.1万元 \\ & 道路情况, & 崎岖 \\ & 人文景观, & 缺 \\ & 资金状况, & 少 \\ & 就业机会, & 差 \\ & 耕地面积, & 少 \\ & 森林资源, & 丰富 \\ & 留村劳动力人数, & 5\%a \end{bmatrix}$$

3. 建立问题的可拓模型

根据所确定的项目目标和项目条件，建立问题的可拓模型，然后确定问题的矛盾类型。

该问题是现有条件的限制与"致富"的目标的不相容问题，即在现有的自然条件下，要使村民通过去外地打工以外的方法提高生活水平，是一个不相容问题。为解决此矛盾问题，必须进行目标与条件的拓展与变换。

4. 资源的共轭分析

山村 N 的硬资源是村民、大树、山地以及清新的空气，软资源是原始的自然景观和宁静的氛围。村民的住所是就地取材并自己建造的木屋。由于交通不便，很少有人在山区出入，致使村民远离发达的文明。而城市里的人，却厌倦了都市的喧哗生活，向往一种返璞归真的原始自然生活。因此，该村的"原始自然景观及宁静的氛围"可成为资源开发的重点。

5. 对不相容问题进行拓展分析

根据该村的资源优势，对条件 L_0 进行发散分析，从一物多征、一征多值等角度拓展山村的特征、村民的特征、道路的特征、山林的特征等。

$$L_1 = \begin{bmatrix} 山村 N, & 空气状况, & 清新 \\ & 自然景观, & 原始 \\ & 绿化情况, & 好 \end{bmatrix}$$

对目标 G_0 进行蕴含分析，即要实现目标，需要建设一能利用该村现有的资源，且需要较少的开发经费的"原始自然、独一无二"的消费场所（考虑村子的承受能力），吸引外面的人来该村消费，即可创造就业机会，从而提高村民的生活水平。

6. 策划创意的生成方法

此消费场所是提供给城市人、外村人和外国游客使用的。通过变换可形成多个方案，再对这些方案进行增删、扩缩、分解与组合，得到一批新的创意方案，它们的目的都是为了实现"建设让城市人或外地人到山村 N 来消费的场所"。生成的部分方案如下：

1）让城市人来参观原始自然景观，感受宁静的氛围。
2）在树上建造木屋，让城市人步行来住，并从自然界获取食物。
3）在地面上建造草屋，让城市人步行来住，并通过种植与养殖获取食物。
4）在树上建造木屋，让城市人步行来住，并通过购买获取食物。

7. 创意的评价

利用上述可拓变换所形成的创意方案不一定都是可行的，必须进行评价筛选。选择衡量指标集为：特点的新颖性、开发经费和资源的易得性等。

第7章 可拓创新思维案例分析与综合训练

该村有很多大树，木材是已有的硬资源，木屋是该村村民自己可以建造的建筑，若能在树上建造木屋让城市人来住，则可让其充分体验人类祖先原始的生活方式。因此，这种创意满足"独一无二"的条件，而建筑工人和建筑材料也是已有的，也满足"节约经费"和"利用现有资源"的条件。而对"交通方式"的选择，若选择"骑车"或"乘车"，则要修路，必定增加开发经费，且失去"原始自然"色彩，故选择"步行"。至于食物来源，则应根据游客在此停留的时间长短和个人爱好而定。

由以上分析，最后选择如下创意方案："在树上建造木屋，让城市人步行来住，并从自然界或自己种植∧养殖或通过购买获取食物"。

8. 生成具体的策划方案，并选取较优的方案

对实现创意方案所需要的资源进行匹配与整合，形成多个策划方案，并根据社会标准、经济标准、技术标准及可行性标准进行评价，筛选出几个方案，供决策者选择：

1）在山村 N 中的森林里，选择多棵大树，在树上建造能住 2~3 人的小木屋，材料可就地取材，村中的村民可作为建屋工人。

2）距该村 5km 以外建停车场。为保持山村的"原始性"，游客须走路进村，禁止开车进村。

3）组织该村一批"原始装束"的村民进城进行宣传，或制造"新闻事件"通过新闻媒体宣传报道，以吸引城市人到该村来旅游、度假，体验宁静舒适的生活。

4）随着市场的打开，积累一部分资金后，可扩建更多的木屋，以吸引更多外地甚至国外的游客。

9. 编制策划方案书，并组织实施与改进（略）

7.1.3 可拓设计与新产品构思

1. 可拓设计的基本概念

可拓设计是利用可拓论和可拓方法研究设计过程中矛盾问题的处理（包括形式化表示、建模、变换、推理、评价与决策），从而寻求较优设计方案的一种新的设计理论与方法。

可拓设计与其他设计方法的最大区别在于它的形式化和定性与定量相结合。它所建立的模型即为可拓模型，避免了数学建模中常常舍去问题的一些实际内容的缺点，同时也避免了目前已有设计方法中形式化和定量化不足的缺陷。它是对现代设计理论与方法的补充、完善和进一步发展。

1998 年开始，浙江工业大学的赵燕伟教授开始研究机械产品的概念设计，运用可拓学理论与方法对概念设计功能、原理、布局、形状、结构等上游设计知识进行形式化描述，提出一种基于多级菱形思维模型的复杂产品定性与定量相结合的设计方法，为概念设计的辩证思维智能化和形式化提供了一条新的途径，取得了很多创新成果。青岛大学杨国为教授于 2002 年开始利用可拓学的理论与方法研究产品创新设计。哈尔滨工业大学建筑学院邹广天教授自 2004 年起研究可拓学与建筑设计结合的问题，探讨将可拓策划方法应用于景观设计，其后，进一步研究了建筑设计创新与可拓思维模式，开展了可拓建筑策划与设计的系统研究。

2. 可拓设计过程中的矛盾处理

可拓设计方法包括用可拓方法进行产品概念设计（或新产品构思）和处理设计过程中的矛盾问题两个部分。在机械设计、建筑设计、工艺设计、工业设计等过程中，设计者会遇到各种各样的矛盾问题，如功能和功能的矛盾问题、功能和需要之间的矛盾问题、功能和成本之间的矛盾问题、功能和结构之间的矛盾问题、子系统和子系统的矛盾问题等。利用可拓方法处理这些矛盾问题是可拓设计方法的核心内容之一。

空间形式矛盾问题是建筑师设计的难点和核心，也是建筑使用者最关注的焦点。空间问题处理得巧妙与否，既能体现建筑师技术水平的高下，同时能够直接检验是否为人们提供了舒适的生活条件。空间问题涉及形体的特征问题，这些特征包括抽象几何形体的数学特征，也包括形体本来的质的特征。所以，空间矛盾问题有功能需求与空间的"形"之间的矛盾，还有功能需求与空间的"质"之间的矛盾。可以利用可拓学提出的可拓集理论和基元理论，以可拓变换和拓展分析作为主要的变换和分析方法，去研究建筑室内空间设计所遇到的各种矛盾问题的解决方法。另外，空间功能与人的行为要求的契合程度，是建筑空间设计的核心内容，也是衡量空间质量优劣的重要评价标准。行为需求包括现实的行为需求（显现行为需求）和未来的行为需求（潜在行为需求）。建筑室内空间设计的矛盾问题包括：空间功能与现实行为需求之间的矛盾问题、空间功能与未来行为需求之间的矛盾问题等。

中国工程院院士何镜堂先生说过："每一个建筑设计项目开始，我先不考虑细节，而是先寻找这项目要有创意的主要矛盾是什么，再考虑解决主要矛盾的方法和途径。这是至为关键的一步，抓对了设计就有特色、有新意，否则最合理的设计也会是平庸的。"建筑师威廉·佩纳（William Penña）说过："作为艺术家，我们建筑师承担社会压力要追求创造性……作为科学家，我们也感受到压力要追求创新，但会用更加严格的规程、更有组织的方法。"可拓设计一方面利用矛盾推动事物发展的思想，从矛盾问题的角度研究策略生成和创新；另一方面还探索创新的思维阶段，研究依靠逻辑推导从非矛盾问题的角度也能进行创新。

一项设计项目/产品首先都要有一个总体目标，总目标之下分解为多个分目标。这些目标既定性又定量地决定了通过设计所获得的产品结果。当目标与量化的问题相关的时候，例如进度和投资，它们可能会非常具体；当目标与定性的问题相关时，它们被表达为一种试图达到的理想状态，并应该具有相当程度的抽象性。例如，以建筑设计项目为例，某地段要建一个文化宫，那么文化宫就是总目标，由这个总目标可以展开建筑场地设计目标——文化宫场地要承载周边社区居民的健康文化活动、建筑空间设计目标——文化宫的空间设计要包容各年龄和各类残障人群、建筑形象设计目标——文化宫要带给人亲切活泼的感觉、建筑技术设计目标——文化宫要实现比同类建筑节能15%的目标。这些分目标还可以继续分解下去，形成一个多级的目标体系。依据这些分解出来的各个分目标的需要，对现有的资料做分析研究并且进行田野调查，所得到的相关条件与各个分目标就共同构成了一个小系统。因此，每一个设计项目/产品应该有多个这样的小系统。

在可拓设计中，这个由设计目标和与其对应的设计条件组成的小系统就是生成策略的基本单元，称为"可拓设计问题"。可拓设计问题是设计目标和与其对应的各种设计条件并包含了两者之间的对应关系，这种对应关系可能是矛盾冲突的也可能是非矛盾的。在可拓设计中，我们更主要的是关注矛盾问题和非矛盾问题中需要创新的这部分问题。矛盾问题的解决过程，也就是设计策略的生成过程，其中也不乏产生有创造性的成果，因此也可以说矛盾为创新活动提供了契机。

在设计过程中，出现的矛盾问题与一般矛盾问题一样，可以分为两类，一类是不相容问题，一类是对立问题。在可拓学中，用计算机辅助处理不相容问题的方法是可拓策略生成方法。处理对立问题的方法是转换桥方法。在设计中，可以利用专业上已积累的基础数据库，通过可拓策略生成方法和转换桥方法，提出处理出现的矛盾问题的较优策略。

运用可拓学对设计所涉及的各种条件、各种矛盾问题和非矛盾问题、各种相互关系进行形式化的表达，可以对设计思维过程进行形式化推导，帮助设计师选择设计创新思维的方向，形成具有创意的设计。将可拓学的原理和方法与设计学、计算机科学结合起来，利用可拓学的形式化模型的优点，可以对计算机辅助设计过程中出现的矛盾问题进行智能化处理。

【案例7-3 大学生机械设计中申请的专利】

原北京交通大学本科生秦某，在大学二年级期间接触了可拓学，在大学三年级期间将可拓学应用于机械零件设计，取得多项发明专利和实用新型专利：

- 电机齿轮一体化传动装置（发明），专利号：ZL03154482.7。
- 节能环保分体式电冰箱（实用新型），专利号：ZL200320100531.5。
- 独立循环式太阳能暖气（实用新型），专利号：ZL200320100532.X。
- 圆柱凸轮电机（实用新型），专利号：ZL2005200007191。
- 一种折叠变形机构（实用新型），专利号：ZL200620004455.1。

部分专利图片如图7-1所示。

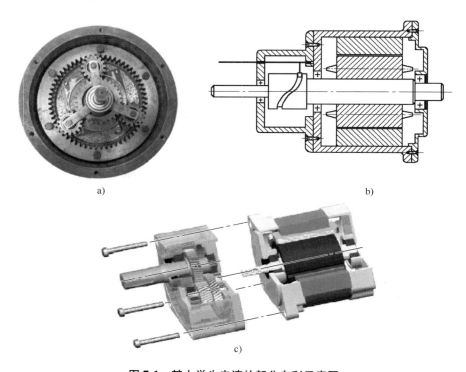

图 7-1 某大学生申请的部分专利示意图

a) 结构紧凑的减速箱　b) 多动力输出的新型传动装置

c) 省去联轴器的减速器

此后，该同学毕业后从教，以可拓学指导学生获得挑战杯等多项大奖，本人也获得北京市创新标兵等很多荣誉，目前为中国人工智能学会可拓学专业委员会副秘书长。

【阅读材料：酒店装修设计创新的可拓方法】

如果说图解方法是一种图形思维方法，图解思维的过程是一个从视觉思考

第7章 可拓创新思维案例分析与综合训练

到图解思考的过程，那么可拓学提供的可拓方法则是一种数学思维方法，可拓分析与变换的过程是一个从图解思考到逻辑思考的过程。可以应用可拓学的原理与方法进行酒店装修设计创新。

可拓学应用于解决矛盾问题的基本方法是可拓方法。酒店设计创新的可拓方法指的是运用可拓学提出的方法，解决酒店装修设计创新过程中的矛盾问题，从而形成酒店设计创新研究中行之有效的方法。

"方法上的变化大半归功于受到建筑领域之外的知识分子的影响。"可拓学研究的是用形式化的模型分析事物拓展的可能性和开拓创新的规律，形成解决矛盾问题的方法。各种各样的矛盾问题同样存在于酒店设计过程的各个环节。这些矛盾有空间与实体的矛盾、目标与实施手段的矛盾、客观条件限制与主观设定目标的矛盾、已确定条件与不确定结果的矛盾等。这些是人们利用可拓学进行研究的前提。运用可拓方法解决酒店装修设计中存在的矛盾问题，是对本领域内一般创新方法的有益补充。

可拓方法对事物特征的描述结合了质和量两方面的规定，对其特征表达的工具依靠语言文字和数字或字母之间的组合。它与以往酒店装修设计图解方法的不同在于，弥补了以往设计过程中的创新思维大量依靠视觉图形的形象思维表达方式的不足，在图解思维方法中纳入逻辑推理的过程，可以说是对以往创新方法的补充，也可以说是把一种全新的语言应用到设计思维的过程。

利用可拓方法解决酒店装修设计创新问题目前处于一个初步应用探索阶段，经过长期的研究和实践，可拓创新方法将会更加完善。

（资料来源：九正建材网，http://news.jc001.cn/13/0508/727149.html）

3. 新产品构思的方法

基于可拓方法的新产品构思实际上就是新产品的概念设计，其本质上就是从解决矛盾问题的角度出发，构思一个 n 维基元。蔡文研究员等人利用可拓方法，分别从消费者的需要出发，或从已有的产品出发，对现有产品进行分析和变换，得到新产品创意或新产品概念，甚至构思一系列新产品。新产品构思主要有以下三种创造法：

1）第一创造法是指在消费者有对某些功能的需要，而客观世界的现有物品又无法满足这一需要的情况下，构思全新产品的方法。

2）第二创造法是从已有的一个或几个产品出发，通过变换它（或它们）的某些物元要素，而构思出新产品的方法。该创造法是构思系列产品或组合产品的常用方法。

3）第三创造法是从已有产品的缺点入手，通过可拓变换或变换的运算而将产品的缺点变为优点的构思新产品的方法。

针对新产品的构思（或产品概念设计）、创意的生成等，除了单独利用上述三种创造法或综合应用几种创造法以外，可拓学还提供了多种思维模式。

1）菱形思维模式，通过发散—收敛的循环思维过程，能够为产品设计提供多种思路和可能性，然后再根据需要进行筛选。

2）逆向思维模式，站在事物的相反角度思考解决问题的策略，意在找出独特的解决问题的途径，是一种创新性较强的思维模式。

3）共轭思维模式，从四对共轭部的角度研究事物的结构，并根据在一定条件下每对共轭部内部可以相互转化的原理，来研究如何解决问题或产品创作的思维方式。应用共轭思维能够从事物的系统性出发，更深入的挖掘事物的本质，为构思产品提供了更广阔的空间。

4）传导思维模式，是指利用一个变换能够引起另一个或几个变换的原理来解决问题的思维模式，主要应用于直接变换无法解决的矛盾问题中。传导思维从研究事物之间相互联系的角度出发，当新产品构思过程中遇到难以解决的矛盾问题时，尝试从研究范畴以外的资源入手，通过事物间的联系与影响，由一个变换引起其他变换来达到解决矛盾的目的，是一种巧妙的解决矛盾的思维模式。

更多资料可扫码登录智慧树慕课学习平台"趣味可拓学"公开课程，网络 https://coursehome.zhi-huishu.com/courseHome/1000090488 # teachTeam 之"在线教程"第四章 4.9 节"可拓学与机械的缘分"进一步学习。

"趣味可拓学"
学分课、公开课

7.1.4　人工智能环境下的客户流失预防

在市场经济时代，客户是最重要的资源，预防客户流失成为企业的一项重要工作。利用数据挖掘技术与可拓学相结合，可以帮助管理客户生命周期的各个阶段，包括争取新的客户、在已有客户的身上赚更多的钱、保持住好的客户。如果能够确定好的客户的特点，那么就能为客户提供针对性的服务。例如，发现购买某一商品的客户的特征，就可以向那些具有这些特征但还没有购买此商品的客户推销这个商品。再如，找到流失的客户的特征，就可以在那些具有相似特征的客户还未流失之前，对其进行有针对性的弥补，因为保留一个客户要比争取一个客户容易得多。

传统的客户流失预防主要依据个人经验，在信息资源非常充足的信息社会，利用数据决策成为可能。决策树（decision tree）是一个类似流程图的树结构，其中每个内部节点表示在一个属性上的测试,每个分枝代表一个测试的输出,而每个树叶节点代表一个类别。决策树主要基于数据的属性值进行归纳分类,从树的最顶层节点(根节点)到存放该样本预测的叶节点遍历,就可以将判定树转换成"if-then"形式的分类规则。以 See5.0 方法得到的规则为例,其形式如下:

"Rule 2:(198/14,lift 2.7)
是否使用××服务=0
POINTS<=6
使用时间长短>92
Type=6
-> class 0 [0.925]

利用可拓转化的思维设计转化树算法,以下是具体的实现步骤:

(1) 读入原规则集

规则格式如上面例子所示,其中,Rule 2 中的 198 表示训练集中符合该规则的记录条数,14 表示训练集中不符合该规则的记录条数,预测准确率=(198-14+1)/(198+2)=0.925,提升度 lift=预测准确率/训练集中该类出现的相对频率=0.925/0.343=2.7。将分类规则依次读入数据库,存入规则表中。

(2) 规则集预处理

剔除重复读入过程中产生的相同规则,建立关键词全文索引等。

(3) 设定挖掘参数

由用户设定各类参数。

(4) 规则挖掘

在规则库中寻找规则相同条数多,不相同条数少的规则,通过比较产生转化的规则输出。

(5) 规则评价指标计算

为评价可拓规则的实用性和新颖性,分别计算准确率、预期转化率、支持度和可信度等指标。

(6) 显示结果报告

挖掘结束后,提供转化规则列表以及挖掘情况的总结报告。

例如,某网站公司曾拥有大量的收费邮箱注册用户,但随着竞争的日益激烈以及其他相关客观原因,有些用户也在流失。通过运用决策树数据挖掘算法,将用户分为"现有用户、冻结用户和流失用户",并预测用户类型,得到了 245 条规则。但无法从这些规则中获取促使用户转化的策略。实际上,冻结用户和正常用户在一定的变换条件下是可以相互转化的。找到不同用户之间相互变换的策略,将为科学决策提供辅助依据。首先,将所有决策树规则导入规则库,如图 7-2 所示。

图 7-2　客户转换策略获取软件规则库示例图

然后设定参数（如从冻结用户到正常用户的转化）进行策略的挖掘，得到了几十条转化策略，如图 7-3 所示。可以看出，对"POINTS<=6"且使用时间长短为 92~795 的用户，只要建议他们不使用随身邮服务，就可以减少其流失。这种直观的智能化转化策略为制定有效的措施发挥了很好的作用。

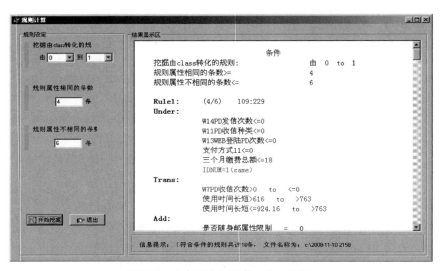

图 7-3　客户流失预防策略获取界面

第 7 章　可拓创新思维案例分析与综合训练

更多资料可扫码登录智慧树慕课学习平台"趣味可拓学"公开课程，网络 https://coursehome.zhihuishu.com/courseHome/1000090488#teachTeam 之"在线教程"第三章 3.7 节"可拓集合应用"进一步学习。

"趣味可拓学"
学分课、公开课

7.1.5　创新能力培养的可拓模式

传统的创新依赖于人的聪明才智和灵感思维，短时间内难以培养大量的创新型人才。创新能力培养的问题主要表现在创新思维提升缓慢、培养的质量难以评估，根源在于创新思维的难以观察性。现有的很多教育培训模式以增强自信、头脑风暴法等零散的方法为主，过于依赖人的灵感和经验产生创意。经验往往需要长期积累，灵感往往可遇而不可求，依托系统性的科学方法论和适应网络信息环境的创新能力培养模式支撑，是提升创新思维培养质量的关键途径。

知识是创新的基础。网络信息时代大学生获取知识的途径发生了重大变化。原有的靠教师传授和书本学习为主的方式已转变为从互联网和移动网络上获取知识，知识获取的方便性、及时性和内容的丰富性、趣味性有了极大的提高，而且可以互动分享自己的理解，学习的成就感更强。因此，网络信息时代必须探索一种新的更有趣味性的教学模式，实现师生之间的良好互动、学生和网络之间的良好互动以及知识和实践应用之间的有效互动，目标在于运用知识创新性地解决实践问题。

移动网络环境为大学生创新能力培养提供了新的条件。创新需要理性逻辑和精确求证，更需要"打破"原有的旧规则。互联网及各类信息系统储存的大量信息已成为创新的原料，搜索发动机、文本挖掘及知识管理等为创新提供了技术工具。基于复杂性系统科学理论，充分利用网络信息环境下的多源、多粒度信息进行整合分析，通过流程化、形式化创新方法，产生近似全解的创意，是提高创新思维质量的根本路径。

引导学生整合认知性知识和方法论知识，以复杂的难题求解和矛盾问题处理为目标驱动，以书本知识、课外资料、网络信息资源等为素材，以可拓创新思维方法为方法论进行思维训练，形成泛在信息环境下创新思维培养的双螺旋互动式可拓模式。利用该模式，学生可以更有效地整合网络资源中的碎片化知识，提高知识的综合运用能力和创新能力，如图 7-4 所示。

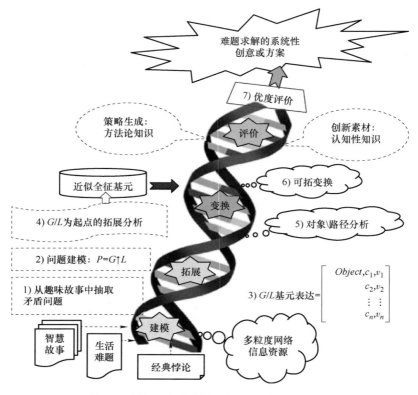

图 7-4 创新思维培养的双螺旋互动式可拓模式

1）从趣味故事中抽取矛盾问题。例如，围魏救赵是处理赵国距离齐国远，时间紧，救兵无法及时赶到的矛盾；曹冲称象是处理大象质量超出秤的称量范围，大象又不能杀死切块来称的矛盾；司马光砸缸是处理小孩个子矮和水缸过高的矛盾；草船借箭解决时间紧，工匠少，制造产能不足的矛盾。

2）对矛盾问题进行建模。问题 $P=G\uparrow L$，G 是目标，L 是条件。矛盾问题表现为现有条件无法实现期望的目标。

3）基于条件和目标建立矛盾问题的基元模型，以基元（对象、特征、量值）三元组表达信息与知识，构建面向问题处理的实践应用导向的信息与知识基元素材库，实现创新素材的可积性。

4）以条件 L 和目标 G 的初始基元为素材，对问题进行虚实、软硬、正负、潜显四个方面的共轭分析和发散、相关、蕴含和可扩等拓展，得到近似全特征基元集。

5）问题处理创新策略生成的对象与路径分析。根据可拓集合理论，创新的对象可以分别从论域、关联准则和元素等对象入手，按三条路径探索：变换现有条件、目标或同时变换条件和目标。

6）可拓变换。在基元信息收集、形式化表达和创新途径分析基础上，分别用置换、扩缩、增删、分解和复制五种变换方法对基元的对象、特征和量值进行变换，得到所有可能的创新方案或创新方向。

7）优度评价。对得到的方案进行评价、选择，得到优度最高的可行的方案。

在此基础上，开发出由可拓创新策略生成的软件，借助信息管理和知识管理方法，以人机交互的方式实现创新能力提升的以下功能：

1）核问题分析。录入目标、条件，分析核问题。

2）基元库建立。选择或录入相关基元，为发散思维和变换打下基础。

3）变换路径选择。选择变换路径和变换对象。变换路径包括条件、目标、同时变换条件和目标；变换对象包括元素变换、论域变换和关联准则变换。

4）可拓思维分析。进行蕴含分析、共轭分析、可扩分析等，拓展思路。

5）可拓变换。对变换对象进行置换、增删、扩缩、组分、复制或逆变换，生成初步方案。

6）方案组合与运算。对初步方案进行组合、运算，生成可执行方案。

7）优度评价。定义评价指标，设定权重值，对方案进行评价，自动排序辅助决策。

8）策略库建立。确认打印策略，并选择性存入策略库，供后续查询和利用。

对比实验结果显示，受训学生的发散思维能力和解决问题能力有明显提升，该模式对企业员工的创新能力提升也具有较好的参考作用。创新能力培养的双螺旋互动式可拓模式趣味性强，初步实现了从掌握知识到运用知识创新性解决实际问题的根本转变。创新思维训练模式普通老师都可掌握，为教师改变教学、考试思路有较好的启发作用，便于持续运用和广泛推广。未来应用中，还可以与政治教育课结合，与专业课结合，完善专业课基元库，促进创新能力培养质量的进一步提升。

更多资料可扫码登录智慧树慕课学习平台"趣味可拓学"公开课程，网络 https://coursehome.zhihuishu.com/courseHome/1000090488#teachTeam 之"在线教程"第四章4.8节"可拓学的应用及展望"进一步学习。

"趣味可拓学"
学分课、公开课

7.2 解读故事背后的可拓创新思维

7.2.1 油篓的玄机

清朝末年,重庆商人刘继陶到川北收购桐油。当他到川北之后发现,桐油尚未榨出,就已被先到的商人订购一空。正当他无计可施时,一个推销油篓的小贩启发了他。他了解到今年桐油大丰收,油篓需求量将会剧增,但由于桐油尚未榨出,还没有人注意到油篓的短缺(潜部)。于是,他果断地将用于购买桐油的钱全部用来订购油篓,垄断了油篓资源。

等到桐油出榨了,榨户和客商才发现满大街没有一只油篓卖。一打听,原来所有的油篓被一个叫刘继陶的年轻人买走了。这一下他们就慌了起来,因为桐油一榨出来,如果不及时装篓封存,很快就会胶化。他们只好找上门来,纷纷表示愿意出高价购买油篓。

于是,榨户和客商开始抬高价格,当价钱抬到平常的三四倍时,刘继陶居然放着白花花的银子不赚,他就是不卖!随后发生的事情,更是让大伙意想不到。只见刘继陶把这些心急火燎的客户请进客栈,好酒好菜地招待。饮酒正酣时,他端起酒杯,对着满堂客商说:"在座的各位都是生意场上的前辈,我作为晚辈初来乍到,日后还要靠大家提携、帮忙。我刚才说的不卖,不是不卖给大家,而是高价不卖,我要原价卖给你们。"众人听刘继陶这么一说,全场都安静了下来,一个个面面相觑,不知道他葫芦里卖的什么药。只见他说道:"晚辈有一个不情之请,不知各位能否把订购的桐油匀三成给在下?"

他的话音刚落,大家就议论开来。他们赞叹这个年轻人太好了,不趁火打劫,再说今年桐油的产量本来就很大,都让他三成又有何妨?大家纷纷表示同意。榨户和客商棘手的问题,一下子就迎刃而解,大家一个个喝得兴高采烈,临走时,纷纷留下商号的名称和地址,表示希望日后生意上与他多加来往,与这样的人打交道信得过!而刘继陶带着伙计,赶着十几驾马车,也满载而归。一到家,伙计们就把一路的经历告诉了他的父亲。父亲把刘继陶叫到跟前,问道:"俗话说'无商不奸,唯利是图',这次生意你本来可以一本万利,赚大钱,但是你却舍多取少,想必有你的缘由,给我说说,为什么要这么做?"

刘继陶看着父亲,笑着说:"父亲,您看我这是第一次出门做生意,没有经验,也不懂什么生意经。但书中古语说得好,'得道多助,失道寡助'。我想,做生意也应该是一样的,朋友多了路好走,咱们广结朋友,细水长流嘛。虽说这次我完全可以狠狠地赚一笔,但这样做必定是焚林以猎,涸泽而渔,成为同行的众矢之的,将来还有谁敢与我们做生意呢?这次虽然钱是赚得不多,但是我们赚了朋友,从长远上看,我们还真是赚大了。"父亲听了,哈哈大笑起来。

从此以后,父亲就放心地把所有生意交给刘继陶打理,自己回家颐养天年。

提示:置换变换(买桐油的钱买油篓),缩小变换(高价不卖原价卖),分解变换(桐油分三成给)。

7.2.2 旧衣服增值的故事

在他13岁那年的一天,父亲突然递过来一件旧衣服。

"你说这件衣服能值多少钱?"父亲问道。

"大概1美元吧。"他回答。

"那你能将它卖到2美元吗?"父亲用探询的目光看着他,对他说道。

"只有傻子才会花那么多钱去买!"他赌气说,以为父亲在愚弄他。

但是,父亲不急不慢地说道,目光真诚却又透着渴求:"那你何不尝试一下呢?你知道的,咱们家日子并不好过,如果你能卖掉这件衣服,那也算帮我和你的妈妈减轻一点负担。"

他这才点了点头,说道:"我可以试一试,但是我不能保证一定可以卖掉。"

于是,他很认真地把衣服洗干净,没有熨斗,就用刷子把衣服刷平,铺在一块平板上阴干。第二天,他独自一人带着衣服来到人流密集的地铁站,经过六七个小时的叫卖,这件衣服终于被卖出去了。

他紧紧攥着2美元,一路开心地往家跑去。以后的日子,他每天都喜欢从垃圾堆里淘出一些旧衣服,小心认真地打理之后,拿到闹市上去卖。

十多天之后,父亲突然又找到他,递给他一件旧衣服:"你说,这件衣服怎样才能卖到20美元,有办法吗?"

"开玩笑,这么一件旧衣服怎么可能卖到20美元,它最多值2美元。"

"那你试一下吧?"父亲启发他,"凡事好好想想,总是会有办法的。"

最后,他想到了一个好办法。他找学画画的表哥在衣服上DIY画了两只正在玩耍的唐老鸭和米老鼠。然后,选择在一个贵族子弟学校的门口叫卖。不一会儿,吸引了一个十来岁的小孩,他非常喜欢这件衣服的图案,于是让管家买下了这件衣服,一高兴,又多给了5美元的小费。25美元,他父亲一个月的工资,这无疑是一笔巨款!

满心欢喜地回到家后,父亲又递给他一件旧衣服,问道:"这次你能把它卖到200美元吗?"

这一回,他没有犹豫,接过衣服,开始了思索。

两个月后,机会终于来了。当红电影《霹雳娇娃》的女主角法拉佛西来到纽约做宣传。在记者招待会结束后,只见一个小男孩子举着一件旧衣服,推开身边的保安,扑到了法拉佛西身边,请她签名。法拉佛西先是一愣,但是马上就笑了,有谁会拒绝一个纯真的孩子呢?

法拉佛西签完名之后。他笑着说:"法拉佛西女士,我能把这件衣服卖掉吗?""当然,这是你的衣服,该怎么处理这是你的自由!"

他一声欢呼大叫起来:"法拉佛西小姐亲笔签名的运动衫,仅仅售价200美元!"引起现场一阵争抢,经过一番竞价之后,这件运动衫被一名石油商人以1200美元的高价买走。

回到家里之后,一家人陷入了狂欢。父亲激动得泪水横流,不断地亲吻着他的额头:"我原本以为你卖不出去,我已经做好准备叫人买下这件衣服。真的没想到你居然做到了!你真的很棒,我的孩子。"

一轮明月升上山头,透过窗户,柔柔地洒了一地月光,显得格外宁静。这个晚上,父亲与他抵足而眠。

第二天,父亲问他:"孩子,你从卖这三件衣服的过程中有什么收获吗"

"刚开始,我以为您在为难我,但后来我明白了。您这是在启发我,"他感动地说,"告诉我,只要开动脑筋,所有事情总是会有办法解决的。"

父亲点了点头,又摇了摇头:"你说得不错,但这并不是我的初衷。"

"我只是想告诉你,一件旧衣服,我们都有办法让它高贵起来。你说更何况我们这些努力生活着的人呢?我们有什么理由对生活丧失信心呢?我们只不过是黑一点、穷一点,可这又有什么关系?我们也同样可以让自己高贵起来,你说呢?"

"是啊,连一件旧衣服都有办法高贵,那我还有什么理由妄自菲薄呢?"

20年后,他的名字传遍了世界的每一个角落。他的名字叫作——迈克尔·乔丹。本故事中的变换策略分析见表7-3。

表7-3 策略分析

策略	方法
把衣服洗干净刷平,拿到人流密集的地铁站	增删变换、扩缩变换、论域变换
DIY 画了两只唐老鸭和米老鼠,贵族学校门口叫卖	置换变换、增删变换、组分变换、论域变换
请当红电影女主角签名	虚实部分析、组分变换、论域变换

7.2.3 在免费中盈利上亿元的秘密

相信不少人都有过搭飞机的经验。我们知道,通常下了飞机以后,还要再搭乘另一种交通工具才能到达目的地。在中国的四川成都机场有一个很特别的景象:当你下了飞机以后,你会看到机场外停了百部休旅车,后面写着"免费

第7章 可拓创新思维案例分析与综合训练

接送"(图7-5)。

图7-5 机场休旅车

如果你想前往市区,平均要花150块人民币的车费去搭出租车,但是如果你选择搭那种黄色的休旅车。只要一台车坐满了,驾驶员就会发车带乘客去市区的任何一个点,完全免费。居然有这样的好事?其实这个惊喜是来自四川航空公司的商业创新。本文来源于《世界经理人》杂志,我们分享给各位,希望创业者在搭建自己的商业模式时,能有所帮助。

请先略读下面这则新闻:

四川航空公司一次性从风行汽车订购150辆风行菱智MPV。四川航空公司此次采购风行菱智MPV,主要是为了延伸服务空间,挑选高品质的商务车作为旅客航空服务班车来提高在陆地上航空服务的水平。为此,四川航空还制定了完整的选车流程。作为航空服务班车,除了要具备可靠的品质和服务外,车型的外观、动力、内饰、节能环保、操控性和舒适性等方面都要能够达到服务航空客户的基本要求。

四川航空的这么大一笔订单当然是为了要提供上述免费的接送服务。四川航空一方面提供的机票是五折优惠,一方面又给乘客提供免费接送服务,这些举措为四川航空带来上亿利润。人们不禁要问:免费接送怎么也能创造这么高的利润?这就是商业模式的魔力。

原价一台14.8万元人民币的MPV休旅车,四川航空要求以9万元的价格集中一次性购买150辆。它提供给风行汽车的条件是,四川航空让驾驶员于载客的途中向乘客提供关于这辆车的详细介绍。简单地说,就是驾驶员在车上帮风行汽车做广告,以销售汽车。在乘客的乘坐体验中,顺道带出车子的优点和车商的服务。每一部车可以载7名乘客,以每天3趟计算,150辆车,带来的广告受众人数是$7×6×365×150$——超过了200万的受众群体,并且宣传效果非同一般。

189

驾驶员哪里找？想象一下在四川那些找不到工作的人，其中有一部分很想要当出租车驾驶员，而从事出租车行业要先缴纳一笔和轿车差不多费用的保证金，而且他们只有车辆的使用权，并不具有所有权。因此，四川航空征召了这些人，以一台休旅车17.8万的价钱出售给这些准驾驶员，告诉他们只要每载一个乘客，四川航空就会付给驾驶员25块人民币了。

四川航空立即进账了1320万元人民币：（17.8万元－9万元）×150＝1320万元。你或许会疑问：不对，驾驶员为什么要用更贵的价钱买车？因为对驾驶员而言，比起一般出租车要在路上到处晃呀晃的找客人，四川航空提供了一条客源稳定的路线。这样的诱因当然能吸引到驾驶员来应征。这17.8万元里包含了稳定的客户源、特许经营费用及管理费用。

接下来，四川航空推出了只要购买五折票价以上的机票，就送免费市区接送的活动。

如此一来，整个资源整合的商业模式已经形成了。

我们继续分析，对乘客而言，不仅省下了150元的车费，也省下了解决机场到市区之间的交通问题，十分划算。

对风行汽车而言，虽然以低价出售车子，不过该公司却多出了150名业务员帮其做广告推销汽车，还省下了一笔广告预算，换得一个稳定的广告通路，十分划算！

对驾驶员而言，与其把钱投资在自行开出租车营业上，不如成为四川航空的专线驾驶员，获得稳定的收入来源，也十分划算。

至于对四川航空而言呢，这150辆印有"免费接送"字样的车子每天在市区到处跑来跑去，将这个优惠信息传遍大街小巷。并且，与车商的合约在期限过了之后就可以开始酌收广告费（包含出租车体广告）。

最后，四川航空还有最大的获利——1320万元。当这个商业模式形成后，根据统计，四川航空平均每天多卖出10000张机票！回想一下，四川航空付出的成本只有多少？

到这里，各位一定发现了资源整合的惊人效益。

分析：商业模式是什么？

从四川航空的案例不难看出，商业模式就是打一个平台，让你在上面既能做好人，又能做好事。模式是要从一个点到一条线再到一个面，再编制一张网，最后形成天罗地网。

模式怎么盈利？

老板的任务不是自己在舞台表演，而是编制这张天罗地网，让更多的人去上面表演，任何人上去表演，老板都可以抽成。

最近一家公司市值超过微软，就是苹果电脑，它打造了世界上最大的软件平台，上面四万套软件可以下载，手机软件也可以下载，但是没有哪个软件是苹果自己花钱做的。这就是苹果的商业模式。凡是成功的商业模式都有这么一个共同之处，找到更多的人给自己支付成本，找到更多的人给自己创造利润。苹果电脑如是，四川航空亦如是。

具体来说，怎样才能找到更多的人给自己创造利润和支付成本呢？

这里要考虑三个关键词："最大化""利益相关者""提供服务"。

"最大化"，就是最大化企业的价值。比如麦当劳，做到24h营业后，租金成本不变，让它的生产资料价值最大化。四川航空让驾驶员当起了业务员，让乘客成为汽车的潜在消费者，在某种程度上让消耗者变成消费者，这本身就是让企业价值得到最大化发挥。

"利益相关者"，就是在这张天罗地网中的各个利益群体。一套好的商业模式是多赢的。四川航空在设计这套商业模式时，设计的企业利益相关者有乘客、驾驶员、风行汽车公司、航空公司。四方的利益都得到照顾，各取所需。

"提供服务"，就是为各个利益相关者提供服务，从而使得他们为你带来业务。

总结：使企业的价值最大化，在企业价值最大化过程中为所有的企业利益相关者提供服务，通过提供服务让他们给企业带来业务，这个过程所中形成的交易结构，就是四川航空的商业模式。请大家从可拓创新思维的角度进一步解读商业模式创新的思维方法。

（资料来源：i 黑马，2013-12-24，http://business.sohu.com/20131224/n392306423.shtml，有改动）

7.3 可拓创新思维综合训练

7.3.1 资源的可拓利用训练

复习本书4.2节的内容，理解资源的虚部与实部、软部和硬部、负部和正部、潜部和显部，进而联系1~2家企业，通过共轭分析及可拓变换，帮企业找出 n 项"第一"。

请同学们分享自己相关的资源信息，分析资源的共轭性及其协同利用策略，思考通过资源的拓展与变换如何创造更大价值。

7.3.2 个人吉尼斯训练

收集自身相关的信息，与年级、班级同学对比，或与小组同学对比，找出排名第一的信息，5人一组，分组演讲个人吉尼斯，每项有效记录根据级别记分，基本要求：

1）排名有数据和事实依据。
2）吉尼斯纪录有现实意义，乐观向上，不低俗，具有正能量。
3）按级别高低整理成 Excel 文件，统计分数，开展小组竞赛。

7.3.3 营销思维训练

陈工是高级工程级，中国电镀协会会员，曾任临沂某国有大型汽油机生产企业高级工程师、电镀车间主任，从事铝气缸镀铬技术四十余年，是首批赴日本、德国留学电镀专业技术专家，精通铝气缸镀铬技术。他通过技术服务，使多家企业产品合格率从不足 60% 提高到 90% 以上，生产率提高 30% 以上。陈工的两项专业技术能力如图 7-6 和图 7-7 所示。

图 7-6　陈工在配制电镀液添加剂

图 7-7　重复利用电镀液的电镀件

第 7 章　可拓创新思维案例分析与综合训练

请为陈工设计几种技术推广模式。思考采用何种模式，才能创造最大价值，实现多方共赢。

7.3.4　如何摆脱手机控

手机方便了通信联络，但有些同学有时管不住自己，容易沉溺于手机游戏、QQ、小说等，影响了上课学习效果（图 7-8）。如何在不影响正常通信功能的前提下，让手机成为学习的"好帮手"，而不是影响学习的"捣乱鬼"？

图 7-8　沉迷于手机的现象

7.3.5　创意设计的可拓思维解读

请指出表 7-4 中的设计分别采用了哪几种可拓创新思维方法。

表 7-4　创意设计解读

设计方案	主要创新方法
变暖让整个地球脱去了外套	

193

（续）

设计方案	主要创新方法
 地球的绿肺	
 看得见的汽车尾气	
 竹子自行车	
 你追求的是时髦，它们失去的却是生命	

（续）

设计方案	主要创新方法
 我们的生活是以牺牲动物的家园为代价的	
 吸烟，还是燃烧自己	
 地毯也是坐具	

7.3.6　古希腊半费诉讼难题的判案

古希腊有一个叫欧提勒士的人，向普罗塔哥拉斯学法律，两人定下合同：学生欧提勒士先付一半学费，另一半学费待毕业以后，欧提勒士第一次出庭打赢官司时付清。欧提勒士毕业后迟迟不出庭打官司，老先生年迈需要钱，就向法庭提出诉讼，并认为一定获胜：

1）如果学生欧提勒士这次官司打胜，那么按照合同，他应付给我另一半学费。

2）如果学生欧提勒士这次官司打败，那么按照法庭判决，他也应付给我另一半学费。这次官司学生或者打胜，或者打败，所以他总应该付我另一半学费。

师良徒高，老师没料到学生也提出了一个截然对立的判决方案：

1）如果我这次官司打胜，那么按照法庭判决，我不应付老师普罗塔哥拉斯另一半学费。

2）如果我这次官司打败，那么按照合同，我也不应付老师普罗塔哥拉斯另一半学费。这场官司或者打胜，或者打败，所以，我不应付老师普罗塔哥拉斯另一半学费。

本场官司的法官左右为难，无法给出合理的判决，只好记录在案待后人解决。没有预料到的是，"师徒法学难题"成为一个千古法学难题、千古逻辑难题、千古哲学难题，流传至今。

如果你是法官，你准备如何来判案？讨论后可扫码登录智慧树慕课学习平台"趣味可拓学"公开课程，网络 https://coursehome.zhihuishu.com/courseHome/1000090488#teachTeam 之"课程资源"4.6.3节"古希腊诉讼难题训练"进一步思考。

"趣味可拓学"
学分课、公开课

7.4 可拓思维方法总结

可拓思维的理论与方法基础是可拓学。可拓学的核心是基元理论、可拓集合理论和可拓逻辑，如图7-9所示。

由于可拓学理论适合用于创新，因此，基于可拓学的方法体系被称为可拓创新方法。可拓创新方法体系框架如图7-10所示。

下面先简要回顾主要的可拓创新思维方法及可拓学处理矛盾问题的方法论。

7.4.1 基元模型化思维

大自然与人类社会是非常复杂的，涉及方方面面的信息。那我们如何用简单的方式把这些复杂的信息进行统一表达呢？基元模型用一种形式化、标准化的方法，为我们描述各种复杂的信息提供了一种方法论。物元是描述物的

第 7 章　可拓创新思维案例分析与综合训练

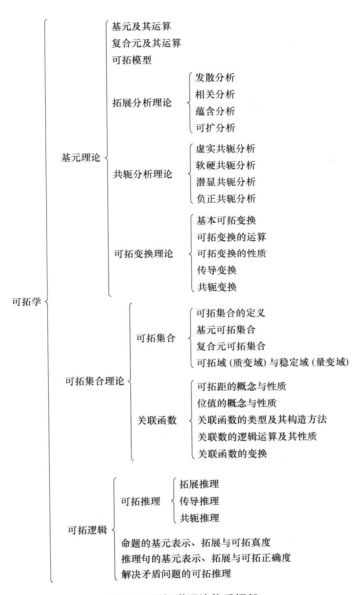

图 7-9　可拓学理论体系框架

基本信息元，它用有序三元组（名词对象，特征，量值）来描述，里面的对象主要是物、人或者抽象名词。某个动作、行为、做一件事情，可以用（动作对象，特征，量值）来描述，事物之间的联系可以用（关系词，特征，量值）来描述。

特征是一事物区别于其他事物的特点，是一个或一组客体共有特性的抽象

197

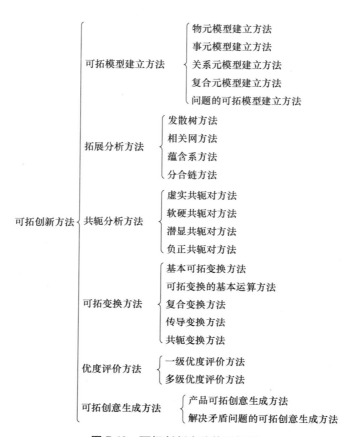

图 7-10 可拓创新方法体系框架

结果,表示物的性质、功能、状态以及物间的关系等特殊的象征或标志。对象在某个特征上所表现出的数量程度或范围称为对象关于该特征的量值。物和人、事、关系往往有很多特征量值,我们用多维物元、事元和关系元来描述。

事物的特征可以分为实义特征、性质特征和功能特征。描述物的物质性部分的特征,比如长度、材质、质量、体积等,是实义特征。性质特征是描述物的性质的特征,比如酸碱度、导电率、放射性等。功能特征是描述物的作用和用途等的特征,比如计算能力、工厂的产能、某一款电器的功率等。更复杂的信息,可以用物元、事元和关系元的复合元来描述。这样的基元模型就为思维发散及信息拓展构建了简单而又可以开放性持续优化和扩充的一种形式化模型。

7.4.2 拓展分析思维

在处理矛盾问题的过程中,要把事物看成可以拓展的。根据事物的可拓性,变换问题的目标或条件,并实现其目标。为使该过程形式化,用基元作为描述物、事和关系的形式化工具,研究表达事物拓展规律,这种方法称作拓展分析方法。该方法为人们提供了解决矛盾问题的各种可能路径,使人们摆脱习惯领域的束缚。

共轭分析方法立足于整体论与还原论相结合的思想。对物的结构的研究,有助于人们利用物的各个部分及各部分之间的相互关系去解决矛盾问题。物具有物质性、系统性、动态性和对立性,统称为物的共轭性。根据物的共轭性,利用物元和关系元作为形式化工具,对物的虚部与实部、软部与硬部、潜部与显部、负部与正部进行的形式化定性分析方法,称为共轭分析方法。通过对物的各共轭部及其相互关系和相互转化的分析,可以得到解决矛盾问题的多种策略。共轭分析方法为人们全面分析物的结构提供了新的视角,也是产生某些解决矛盾问题的奇谋妙计的源泉。

7.4.3 可拓变换方法

使矛盾问题转化的工具是变换。变换包括直接变换和间接变换。不少解决矛盾问题的策略是通过对与问题的目标或条件相关的事、物或关系的变换产生的。因此,在解决矛盾问题的方法中,既要研究直接的变换,也要研究间接的传导变换;既要研究数量的变换,也要研究特征的变换和对象本身的变换。

在对变换的研究中,既要讨论其变换的形式,也要讨论变换的主体、方法、工具、时间和地点,即需要从定性和定量两个角度去研究变换的形式和内涵。基于研究对象之间的相关性,还必须研究传导变换的形式、内涵和传导效应。

根据变换的方式不同,可拓变换方法包括基本可拓变换方法、变换的运算和传导变换方法。根据变换的对象不同,可拓变换包括论域的变换、关联准则的变换和论域中元素的变换。如果变换的对象是物,根据物的共轭分析,可拓变换方法还包括共轭部的变换和共轭部的传导变换。

7.4.4 可拓集合与动态转化思维

可拓学建立了描述距离的新概念"可拓距",突破了经典数学中区间内的点与区间之距离均为零的规定。以此为基础建立的关联函数,就可以定量地描述"类内也有异"的客观现实,进而建立了能表达在某种变换下事物性质发生量变和质变的过程。

可拓集合方法是从动态的、转化的角度对研究对象进行分类、识别和聚类等的方法。针对不同的可拓变换,可拓集合有不同的可拓域和稳定域,从而有不同的分类、聚类和识别形式。它形式化和定量化地揭示了矛盾问题的转化过程和转化结果,使分类、聚类和识别等具有动态性和可转化性,更符合人类思维模式和实际情况。

可拓集合及其关联函数为监控矛盾问题的解决过程提供了定量化的描述计算工具,为事物性质和状态动态转化提供了思维方法。

7.4.5 优度评价方法

优度评价方法是综合多种衡量条件对某一对象、方案、策略等的优劣程度进行综合评价的实用方法。关于一个对象的评价,往往不能只考虑有利的一面,还要考虑不利的一面。例如,某企业生产某产品,虽然盈利很多,但产生的废气对环境的污染十分严重;另一种产品虽然盈利没那么多,但无公害。对于应该生产何种产品,企业必须衡量利弊,进行综合评价,最后才能得到合适的筛选方案。此外,在评价时,往往要考虑动态性和可变性,并对潜在的利弊进行考虑。优度评价方法用关联函数来计算各衡量条件符合要求的程度,由于关联函数的值可正可负,因此这样建立的优度可以反映一个对象利弊的程度,使得评价更符合实际情况。

7.4.6 可拓思维模式的特点

可拓创新方法是可用于对矛盾问题进行分析、变换、推理、判断,最终生成解决矛盾问题的策略的有效方法。它把人类解决矛盾问题的过程程式化,为人们用形式化模型完成"发现问题→建立问题模型→分析问题→生成解决问题的策略"的过程提供了理论依据与方法,并可通过人机结合的方式,借助计算机来实现。基于大数据应用的可拓创新策略生成系统,是未来应用的主要方向之一。

可拓学建立了解决矛盾问题的方法论体系,对人类的创造性思维过程进行形式化、数学化和逻辑化的探讨,用来进行矛盾问题的智能化处理。下面简要分析可拓学处理矛盾问题的方法论意义。

1. 质与量有机结合,并形式化描述量变和质变

客观世界中,一切事物都是质与量的统一体,它们紧密联系、互相制约。数学却是从客体中抽象出量与形,撇去事物的质,因而具有广泛的适应性。但大量矛盾问题的解决,既需要量的变换,也需要质的变换;既需要计算数量、空间关系,也需要理解事物的内涵。基元模型的建立突破了传统数学的框架,反映了对事物的系统认识。

可拓学中建立的关联函数概念表示了量变到质变的辩证规律。与此相对应的是可拓集合对论域的动态划分,能够用形式化语言描述量变和质变,是可拓学的重要功能。这就为表达人类有关的智能活动提供了形式化的模型。

第 7 章 可拓创新思维案例分析与综合训练

2. 用拓展分析方法使人们摆脱习惯领域的控制

可拓学中提出了事物的可拓性,研究了拓展分析方法,从而使人们能够摆脱习惯领域的控制,利用可拓变换和可拓推理推导出多种解决矛盾问题的可能方案;另外,对于处理矛盾问题的多个方案,又利用评价方法进行收敛。通过多次拓展、收敛,最终得到解决矛盾问题的较优策略。这种菱形思维方法成为可以表述创造性思维的形式化工具。

3. 从共轭性的角度分析物的结构与内外关系

可拓学使用形式化模型,从物质性、系统性、动态性和对立性四个角度分析物的结构与内外关系,合称为共轭性。这是对系统性的拓展,使人们更全面地了解物的结构和内外关系,从而为生成解决矛盾问题的策略,特别是奇谋妙计提供了依据。

4. 引入可拓变换及其运算,作为解决矛盾问题的基本方法

可拓变换是可拓学的基本工具,是对大量矛盾处理方法的总结和归纳。解决矛盾问题的策略生成方法的关键,就是把矛盾问题转化为不矛盾问题的可拓变换,以及主动变换引起的传导变换。传导变换表达了元素变换对其相关事物的影响。

5. 整体论与还原论相结合,系统分析矛盾问题的处理路径

可拓学利用基元理论对物、事和关系进行分析,研究它们的不同特征及其拓展的基元,是微观的还原论思维。一方面,可拓学利用传导变换,从整体及其内外研究解决问题的策略;另一方面,可拓学又从可拓集合的角度讨论论域和关联准则的变换,探索从既考虑整体又考虑局部的角度去处理矛盾问题的理论与方法。这说明可拓学采用了系统论思维。

可拓学从系统的角度研究矛盾问题,集成从整体出发与分析还原相结合的处理方法,使矛盾问题可以得到所有可能的解决方向,并从中评价、选择较优的方案。

可拓创新方法与多种创新方法的对比与集成如图 7-11 所示。

更多资料可扫码登录智慧树慕课学习平台"趣味可拓学"公开课程,网络 https://coursehome.zhihuishu.com/courseHome/1000090488 # teachTeam 之"在线教程"第四章 4.10 节"课程总复习一"进一步学习。

"趣味可拓学"
学分课、公开课

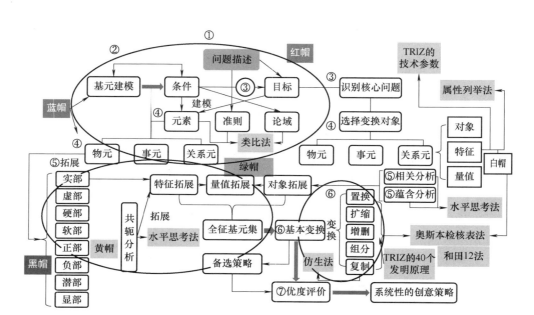

图 7-11 可拓创新方法与多种创新方法的对比与集成

 思考与训练

1. 请从日常生活中和互联网上寻找典型的创新案例，写成生动有趣的案例格式，并用可拓创新思维方法进行解读。

2. 自行联系一家企业或网店，找出一款滞销的商品，思考如何短期内把滞销品变成畅销品。

3. 深入企业生产一线，请教讨论在生产成本提高、产品售价下降的情况下，如何提高利润。

4. 水泥地面上矗立着一座高大的足球门（图 7-12），左侧门柱上套着一个可无限扩大缩小的魔圈，现希望把魔圈套在右侧门柱上，不许经过门梁，不许破坏地面、球门和魔圈。请系统性地考虑所有可能的方案，并阐述思考的过程。

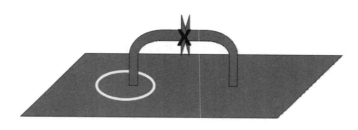

图 7-12 足球门

5. 把一个玻璃杯从 1.5m 高的办公桌上扔到瓷砖地面上，怎样才能使玻璃杯不破碎？

6. A 是医院的保安，一天夜里，他在医院门口抓到一位偷药的病人家属。病人家属跪在保安 A 面前哭诉了不幸，说没有这些药他女儿就活不下去了，请求他无论如何不要报警。但是，不报警就是失职，就是鼓励了非诚信行为。保安 A 应该怎么办？

参 考 文 献

[1] 段倩倩，侯光明. 国内外创新方法研究综述［J］. 科技进步与对策. 2012, 29（13）：158-160.

[2] 刘昌明，赵传栋. 创新学教程［M］. 上海：复旦大学出版社，2006.

[3] 庄寿强. 普通行为创造学［M］. 4版. 徐州：中国矿业大学出版社，2013.

[4] 罗玲玲. 让创意破壳而出：激发创造力［M］. 北京：教育科学出版社，2022.

[5] 甘自恒. 创造学原理和方法——广义创造学［M］. 北京：科学出版社，2003.

[6] Edward de Bono. Six Thinking Hats［M］. New York：Back Bay Books, 1999.

[7] A F 奥斯本. 创造性想象［M］. 王明利，等译. 广州：广东人民出版社，1987.

[8] 孙永伟，等. TRIZ：打开创新之门的金钥匙Ⅱ［M］. 北京：科学出版社，2020.

[9] 窦尔翔，杨勇，周早林. TRIZ 金融（修订本）［M］. 北京：中国财富出版社，2021.

[10] 陈爱玲，创新潜能开发实用教程［M］. 北京：化学工业出版社，2013.

[11] 王兴元. 仿生创新机理、原则及策略途径研究［J］. 科技进步与对策. 2010, 27（17）：1-5.

[12] 杨春燕，李兴森. 可拓学 40 年发展历程及研究进展［J］. 广东工业大学学报，2023, 40（6）：1-11.

[13] 江帆，陈玉梁，等. 基于 TRIZ 与可拓学的盘类铸件打磨方案设计［J］. 广东工业大学学报，2019, 36（2）：20-25.

[14] 楼炯炯，桂方志，等. 基于可拓创新方法的改进 TRIZ 研究［J］. 计算机集成制造系统，2018, 24（1）：127-135.

[15] 路甬祥. 仿生学的意义与发展［J］. 科学中国人，2004（4）：24.

[16] 李兴森，陆琳，许立波. WSR 方法论与可拓学的对比分析及事理知识图谱模型研究［J］. 管理评论，2021, 33（5）：152-162.

[17] 邵云飞，等. 技术创新方法的发展历程及解决方案研究［J］. 电子科技大学学报（社科版）. 2009, 11（5）：15-22.

[18] 陈盛荣. 创新学概论［M］. 广州：中山大学出版社，2021.

[19] 蔡文. 创意的革命［M］. 北京：科学出版社，2010.

[20] 蔡文. 可拓集合和不相容问题［J］. 科学探索学报，1983,（1）：83-97.

[21] 蔡文. 可拓论及其应用［J］. 科学通报，1999, 44（7）：673-682.

[22] 香山科学会议办公室. 可拓学的科学意义与未来发展——香山科学会议第 271 次学术讨论会论文集［C］. 香山科学会议简报，2006（260）.

[23] 蔡文，石勇. 可拓学的科学意义与未来发展［J］. 哈尔滨工业大学学报，2006, 38（7）：1079-1086.

[24] 杨春燕，蔡文，汤龙. 可拓学［M］. 北京：科学出版社，2024.

[25] 蔡文, 杨春燕, 林伟初. 可拓工程方法 [M]. 北京: 科学出版社, 1997.
[26] 蔡文. 物元模型及其应用 [M]. 北京: 科学技术文献出版社, 1994.
[27] 蔡文, 杨春燕, 何斌. 可拓逻辑初步 [M]. 北京: 科学出版社, 2004.
[28] 杨春燕, 张拥军. 可拓策划 [M]. 北京: 科学出版社, 2002.
[29] 李兴森, 石勇, 李爱华. 基于可拓集的企业数据挖掘应用方案初探 [J]. 哈尔滨工业大学学报, 2006, 38 (7): 1124-1128.
[30] 李兴森, 刘艳彬. 可拓学与信息管理、知识管理的关系研究 [J]. 当代经济管理, 2011 (11): 6-9.
[31] 李兴森, 朱正祥, 刘艳彬. 预防客户流失的可拓转化策略研究 [J]. 广东工业大学学报, 2012, 29 (3): 18-22.
[32] 周志丹, 李兴森. 企业自主创新的可拓创新模型构建与应用研究 [J]. 科学学研究, 2010, 28 (5): 769-776.
[33] 杨春燕, 李兴森. 可拓创新方法及其应用研究进展 [J]. 工业工程, 2012, (14) 1: 131-137.
[34] 李桥兴, 刘思峰. 一般位值公式及一般初等关联函数构造方法 [J]. 系统工程, 2006, 24 (6): 116-118.
[35] 胡宝清, 王孝礼, 何娟娟. 区间上的可拓集及其关联函数 [J]. 广东工业大学学报, 2000, 17 (2): 101-104.
[36] 李桥兴, 刘思峰. 基于区间距和区间侧距的初等关联函数构造 [J]. 哈尔滨工业大学学报, 2006, 38 (7): 1097-1100.
[37] 李桥兴, 余建军, 宋山梅. 创新方法理论与实务 [M]. 北京: 科学出版社, 2020.
[38] 李立希, 杨春燕, 李铧汶. 可拓策略生成系统 [M]. 北京: 科学出版社, 2006.
[39] 蔡文, 杨春燕. 可拓营销 [M]. 北京: 科学技术文献出版社, 2000.
[40] 赵燕伟, 苏楠. 可拓设计 [M]. 北京: 科学出版社, 2010.
[41] 杨国为. 基于物元动态系统分析的智能化模型化概念设计 [J]. 计算机工程与应用, 2005, 41 (16): 109-113.
[42] 杨国为, 王先梅, 涂序彦. 面向计算机的产品创新设计的新模型与新原理 (2) [J]. 计算机工程与应用, 2003, 39 (33): 22-25.
[43] 杨国为. 人工脑信息处理模型及其应用 [M]. 北京: 科学出版社, 2011.
[44] 刘晓光, 邹广天. 景观设计与可拓学方法 [J]. 建筑学报, 2004, (8): 9-11.
[45] 邹广天. 可拓学在建筑设计领域中的应用 [A]//. 可拓学的科学意义与未来发展——香山科学会议第271次学术讨论会 [C]. 北京: 香山科学会议办公室, 2006: 61-64.
[46] 邹广天. 建筑设计创新与可拓思维模式 [J]. 哈尔滨工业大学学报, 2006, 38 (7): 1120-1123.
[47] 邹广天. 建筑计划学 [M]. 北京: 中国建筑工业出版社, 2010.
[48] 王涛, 邹广天. 空间元与建筑室内空间设计中的矛盾问题 [J]. 哈尔滨工业大学学报, 2006, 38 (7): 1139-1142.
[49] 王涛. 室内设计创新研究 [M]. 北京: 水利水电出版社, 2012.
[50] 何斌, 朱学锋. 可拓自适应混杂控制研究 [J]. 控制理论与应用, 2005, 22 (2):

165-170.

[51] 余永权. 可拓检测的方案生成 [J]. 中国工程科学, 2002, 14 (1): 64-68.

[52] Xingsen Li, Haolan Zhang, Zhengxiang Zhu, Zhongbiao Xiang, Zhengxin Chen, Yong Shi. An Intelligent Transformation Knowledge Mining Method Based on Extenics [J]. Journal of Internet Technology, 2013, 14 (2): 315-325.

[53] Florentin Smarandache. Generalizations of the Distance and Dependent Function in Extenics to 2D, 3D, and n-D [J]. Global Journal of Science Frontier Research, 2012, 12 (8): 47-60.

[54] 李兴森, 石勇, 张玲玲. 从信息爆炸到智能知识管理 [M]. 北京: 科学出版社, 2010.

[55] 谭建荣, 冯毅雄. 设计知识: 建模、演化与应用 [M]. 北京: 国防工业出版社, 2007.

[56] 陈衍泰. 组合评价及其计算机集成系统研究 [M]. 北京: 清华大学出版社, 2007.

[57] 黄江宏, 陈剑平. 大型活动的可拓策划模型初探 [J]. 广东工业大学学报, 2015, 32 (1): 6-10.

[58] 王体春, 许枫魁. 基于可拓理论的无人驾驶汽车内饰设计 [J]. 广东工业大学学报, 2022, 39 (02): 1-11.

[59] 李仔浩, 杨春燕, 李文军. 可拓创新方法在发电机创新设计中的应用 [J]. 广东工业大学学报, 2020, 37 (1): 1-6.

[60] 桂方志, 任设东, 等. 基于改进可拓学第三创造法的产品创新设计 [J]. 智能系统学报, 2017, 12 (1): 38-46.

[61] 赵燕伟. 机械产品可拓概念设计研究 [J]. 中国工程科学, 2001, 3 (5): 67-71.

[62] 秦建军, 姚燕安, 刘永峰. 基于可拓逻辑的机械装置概念设计 [J]. 哈尔滨工业大学学报, 2006, 38 (7): 1199-1204.

[63] 马辉, 谭建荣, 等. 一种面向大批量定制的产品可拓设计方法 [J]. 中国机械工程, 2005, 16 (15): 1344-1349.

[64] 李千静, 成思源, 等. 基于可拓创新方法的个性化产品设计研究 [J]. 包装工程, 2022, (43) 22: 87-94.

[65] 陈锦成, 成思源, 杨雪荣. 基于功能需求与可拓理论的专利群规避设计 [J]. 广东工业大学学报, 2023, 40 (2): 5-14, 29.

[66] 张健, 邱采芹, 等. 基于可拓理论的定制类汽车产品概念设计方案评价 [J]. 机械设计, 2018, 35 (增刊1): 91-94.

[67] 李仁旺, 彭伟平, 等. 可拓学中优度评价方法在变型设计中的应用研究 [J]. 计算机集成制造系统-CIMS, 2001, 7 (4): 48-51.

[68] 江帆, 陈玉梁, 等. 基于 TRIZ 与可拓学的盘类铸件打磨方案设计 [J]. 广东工业大学学报, 2019, 36 (2): 20-25.

[69] 王军, 孙帅. 基于可拓创新法和 TRIZ 理论的营地手推车折叠机构设计 [J]. 图学学报, 2021, 42 (5): 866-872.

[70] 唐文艳, 俞爱林, 成思源, 等. 基于可拓变换的铰链四杆机构演化: 2020 新时代高校机械教学改革与创新研讨会论文集 [C]. 2020.

[71] 唐文艳, 吕文阁, 张晓伟, 等. 多功能婴儿车的概念设计 [J]. 包装工程, 2017 (6): 118-122.

［72］赵燕伟. 机械产品可拓概念设计研究［J］. 中国工程科学，2001，3（5）：67-71.

［73］郭恒发，李兴森，刘仁湖. 融合可拓学与TRIZ的产品设计创意生成方法——以手机充电器产品设计为例［J］. 广东工业大学学报，2020，37（05）：7-12.

［74］陈爱玲，刘玮，李兴森. 多方法协同提升顿悟能力的机制研究［J］. 广东工业大学学报，2015（3）：18-22.

［75］李萍萍，李兴森. 互联网环境下大学生协同创新能力培养的路径研究［J］. 高等工程教育研究，2017（2）：204-207.

［76］Xingsen Li, Chunyan Yang, Long Tang. Extenics Based Intelligent Innovation for Creative Education［J］. Kindai Management Review，2019，（7）：67-77.

［77］李兴森，洪振挺. 提升创新思维培养质量的路径与模式［J］. 中国质量，2021.9（483）：38-42.

［78］董翠玲，杨春燕. 转换桥方法的改进及其应用［J］. 广东工业大学学报，2023，40（5）：15-20.

进一步学习的渠道

科学网博客"让我们一起建设中国人创立的新学科可拓学！"http://blog.sciencenet.cn/u/anley。

中国人工智能学会可拓学专业委员会和国际可拓学学会（英国 牛津大学）的可拓学网站：https://extenics.gdut.edu.cn/。

可拓联盟 QQ 群：28141102，28200135。

图书：《创意的革命》《可拓学》《策划，我也可以》《不按牌理出牌》《创新，我也行》等。

网易云课堂：可拓学-创意生成与问题处理。

喜马拉雅有声书：可拓学创新思维及训练。

全国可拓学年会（一般每 2 年一次，暑假期间召开，请留意可拓学网站通知）。

可拓学国际会议（一般每 2 年一次，请留意可拓学网站通知）。

中国人工智能学可拓学专业委员会微信公众号：可拓学。

广州可拓学信息科技有限公司微信公众号：脑洞大开的可拓创新。

可拓学

脑洞大开的可拓创新

后　　记

  本书第 1 版以激励学生勤奋向学，培养可拓创新思维、提高解决问题能力，助力创新型、复合型人才培养为目标，通过基于可拓学理论解读中国上下五千年历史长河中涌现出的经典智慧故事，如围魏救赵、曹冲称象、司马光砸缸、草船借箭、空城计等，以生动有趣的方式使读者了解万事万物在一定程度上都可以拓展的思想，掌握产生创意、解决难题的基本思维规律。通过古希腊半费诉讼难题、罗素悖论等经典难题的破解，本书第 1 版拓展大学生的创意思维，训练解决难题的科学方法论，以通俗易懂、生动有趣，边学、边练、边运用的实用特色深受师生欢迎。本书第 1 版入选新华网课程思政示范课程，先后荣获浙江大学教学成果奖二等奖、中国创造学会 2019 年学术年会创造创新与未来发展论坛二等奖、第三届西浦全国大学教学创新大赛三等奖及广东省本科高校课程思政优秀案例二等奖等。

  应广大教师和学生的强烈要求，在教育部人文社会科学研究项目"网络信息环境下研究生可拓创新思维培养的双螺旋模式研究"（18YJAZH049）和广东工业大学新业态教材项目"可拓创新思维及训练"资助和智慧树平台等支持下，作者团队修订出版此第 2 版新业态教材，旨在通过丰富多彩的多媒体形式帮助同学们和读者拓展思维、提升解决难题的能力，并带来更佳的训练体验。